中国工业"十二五"发展回顾

REVIEW OF CHINA'S
INDUSTRIAL DEVELOPMENT
2011-2015

中国信息通信研究院 ◎ 主编

人民邮电出版社

北 京

图书在版编目（CIP）数据

中国工业"十二五"发展回顾 / 中国信息通信研究
院主编. -- 北京：人民邮电出版社，2017.4
ISBN 978-7-115-45660-1

Ⅰ．①中… Ⅱ．①中… Ⅲ．①工业经济－经济发展－
研究－中国－2011-2015 Ⅳ．①F424

中国版本图书馆CIP数据核字（2017）第077950号

内 容 提 要

本报告以全局性视野，结合国内外工业发展环境，系统性地回顾了"十二五"期间我国工业整体发展状况，以及石油和化工行业、钢铁行业、有色金属行业、建材行业、机械行业、汽车行业、纺织行业、轻工业、医药行业、电子信息行业、工业节能与清洁生产11个领域"十二五"期间的发展状况。同时，附录中涵盖了"十二五"期间中国工业发展大事记、重点行业标志性产品及重点行业突破关键性技术。

本报告可供工业系统各行业管理部门的相关人员，各企业的相关人员，以及相关行业的研究人员阅读参考。

◆ 主　　编　中国信息通信研究院
责任编辑　杨　凌
责任印制　杨林杰

◆ 人民邮电出版社出版发行　　北京市丰台区成寿寺路 11 号
邮编　100164　电子邮件　315@ptpress.com.cn
网址　http://www.ptpress.com.cn
固安县铭成印刷有限公司印刷

◆ 开本：787×1092　1/16
印张：21　　　　　　　2017 年 4 月第 1 版
字数：325 千字　　　　2017 年 4 月河北第 1 次印刷

定价：188.00 元

读者服务热线：（010）81055358　印装质量热线：（010）81055316
反盗版热线：（010）81055315

本书主要编写单位

指导单位

　　工业和信息化部规划司

主编单位

　　中国信息通信研究院

参与编写单位（排名不分先后）

　　中国石油和化学工业联合会
　　中国钢铁工业协会
　　中国有色金属工业协会
　　中国建筑材料联合会
　　中国汽车工业协会
　　中国机械工业联合会
　　中国纺织工业联合会
　　中国轻工业联合会
　　中国医药企业管理协会
　　中国电子信息行业联合会
　　中国工业节能与清洁生产协会

本书主要编写人员

特约撰稿人:

十二届全国政协委员、全国政协人口资源环境委员会委员、中国工业
节能与清洁生产协会会长　王小康

中国有色金属工业协会会长　陈全训

中国医药企业管理协会会长　于明德

中国建筑材料联合会副会长　陈国庆

中国电子信息行业联合会执行秘书长　高素梅

中国纺织工业联合会副会长　孙淮滨

主　　编：刘　多

副 主 编：余晓晖　董温彦

编 写 组：（以下按姓氏笔画排序）

于学军	王　成	王庆超	王秀江	王学恭	王贺彬	王晓昕
王　慧	王德春	牛正乾	毛俊锋	文彩霞	邓向辉	冯　旭
朱　军	朱金周	朱　敏	华　珊	刘　欣	李邵华	李拥军
李　杰	李明怡	李　贺	李晓佳	李培松	李媛恒	吴海东
何光明	张　红	张　洁	张洪国	张　倩	范德君	金永花
赵武壮	赵明霞	赵　勇	赵新敏	钟　倩	钟　琼	段德炳
祝　昉	姚　杰	贺　静	郭云沛	黄韦达	智　慧	谢聪敏
蔡恩明	潘东晖	薛学通				

前　言

　　"十二五"时期是我国全面建设小康社会的关键时期，是深化改革开放、加快转变经济发展方式的攻坚时期，是我国发展很不平凡的五年。面对错综复杂的国际环境、艰巨繁重的国内改革发展稳定任务和不断强化的资源要素环境，工业转型升级发展取得显著成就，超预期完成"十二五"规划确定的主要目标和任务。

　　"十二五"期间，工业增长进入新的阶段，增长实现稳步下调但仍保持中高速增长，重点工业产品保持快速增长，投资、消费、进出口增长动力持续优化，向消费驱动型转变。质量效益不断提升，工业利润水平总体良好，引领国民经济全要素生产率提高。结构调整成效显著，高技术产业发展水平上新的台阶，传统产业改造升级步伐加快，淘汰落后产能取得积极进展，技术改造成为加快工业结构调整的重要手段。创新能力实现跃升，企业创新主体地位不断凸显，各项研发投入迅速增加，重点领域技术取得新突破，一批重大装备研发进展可喜，自主研制的首款新一代喷气式干线客机 C919 下线，自主研发了世界首列高寒高速列车、"海马号" 4500 米作业级无人遥控潜水器、"天宫一号"模拟体验舱、"天河二号"超级计算机、400 马力无级变速拖拉机等高精尖产品。绿色发展取得长足进展，节能减排降耗效果喜人，节能环保产业快速发展，创新发展了多种循环经济模式。两化融合深入推进，信息基础设施建设不断升级，4G 全面迅速发展成熟，5G 即将迈入商业化，移动互联网经济如火如荼，"互联网+"引领社会经济发展转型。空间布局不断优化，布局形成京津冀、长江经济带、"一带一路"三大战略区域，工业引领整体布局优化。国际影响力不断提升，制造业大国地位不断强化，发布了《中国制造 2025》战略，扎实推动我国由制造大国向制造强国转变，工业实力、科技实力、国际影响力都又上了一个大台阶。

　　在工业和信息化部的指导下，中国信息通信研究院会同行业协会共同编写了本报告，旨在总结回顾我国"十二五"期间工业发展的成就，为社会各界提供参考，为推动"十三五"工业发展提供有力的发展经验和借鉴资料。

中国信息通信研究院

2017 年 4 月

目 录

综 合 篇

行 业 篇

附　　录

综 合 篇

"十二五"时期是全面建设小康社会的关键时期，是深化改革开放、加快转变经济发展方式的攻坚时期。工业是我国国民经济的主导力量，是转变经济发展方式的主战场。"十二五"期间工业发展的总基调是转型升级。2011 年 12 月 30 日，国务院印发了《工业转型升级规划（2011—2015 年)》，这是落实《国民经济和社会发展第十二个五年规划纲要》的具体部署，是我国工业发展方式转变的行动纲领，也是工业领域其他规划的重要编制依据。"十二五"时期是我国发展极不平凡的五年，在党中央、国务院的正确领导下，完成了规划确定的主要目标和任务，实现了工业综合实力的稳步提升，发展方式加快向绿色集约转变，通过全面优化技术结构、组织结构、布局结构和行业结构，初步实现了工业结构的整体优化提升。

第一章 工业增长迈入新阶段

面对复杂多变的外部环境，"十二五"期间，我国工业增长迈入新阶段，增长实现稳步下调但仍保持中高速增长，提质增效成果显著，发展方式向绿色集约转变。

一、工业保持中高速增长

"十二五"期间我国工业总量稳步增加，2015 年达到 228 974.3 亿元，分别为 2005 年和 2010 年的 3.0 倍和 1.4 倍，工业增加值占国内生产总值（GDP）的比重呈下降趋势，从"十一五"末的 39.7%下降至"十二五"末的 33.8%，五年间降低了 5.9 个百分点，如图 1-1-1 所示，但工业仍是国民经济的支柱产业。

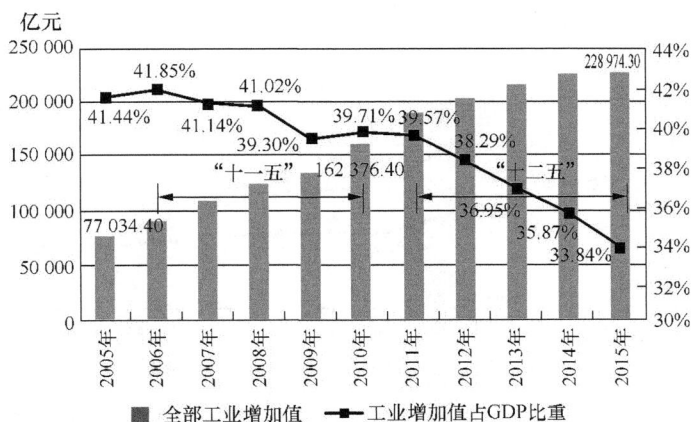

图 1-1-1 2005 年以来全部工业增加值变化（当年价）

面对复杂多变的经济环境，"十二五"期间我国工业总体实现了中高速增长。我国工业长期以来保持两位数高速增长，按照增长规律，工业增速超过10%认为工业处于高速增长区间，将工业增速处于 6%～10%增长区间认为是中高速增长，工业增速处于 4%～6%区间时为中速增长，低于 4%为低速增长。

"十二五"期间，我国工业进入中高速增长区间。2011—2015 年，我国规模以上工业增加值年均增长 8%，分门类看，制造业年均增长 9%，采矿业年均增长 4.5%，电力、热力、燃气及水生产和供应业年均增长 3.8%。分经济类型看，国有控股企业年均增长 4.4%，集体企业年均增长 2.4%，股份制企业年均增长 9.3%，外商及港澳台商投资企业年均增长 6.1%，私营企业年均增长 10.4%。另根据联合国工业发展组织的数据，2013—2015 年，世界制造业年度同比增速仅在 2%～4% 的区间徘徊，我国工业增长在世界主要经济体中仍位居前列。在国内外经济环境趋于复杂、严峻的背景下，我国工业仍实现了中高速增长。

"十二五"期间工业增长实现稳步回落。"十二五"期间，我国进入工业化的中后期、经济结构调整期，工业增速表现出回落趋势，这符合我国工业总体所处阶段和增长规律，且回落趋势总体稳定，未出现大起大落现象。规模以上工业增加值增速从"十一五"末的增长 15.7，回落到 2015 年的增长 6.1%，年度平均降幅为 1.9 个百分点，相比 15.7% 的增速，回落幅度总体不大，如图 1-1-2 所示。这种稳定的回落趋势，为我国"十二五"推动工业转型升级和结构调整预留了空间。

图 1-1-2 "十二五"期间规模以上工业增加值增速与 GDP 增速

重点工业产品产量保持快速增长。生产和生活重要要素的生产保持稳定，2011—2015 年原煤、原油、天然气和发电量年产量基本保持稳中有增，年均产量达到 36.9 亿吨、2.1 亿吨、1 184 亿立方米和 52 991 亿千瓦时，年均增速分别为 1.5%、1.3%、6.7% 和 5.7%，保障了经济社会的生产生活。部分产能过剩产品保持低速增长，粗钢、水泥产量 2011—2015 年年均增速为 3.7% 和 5.7%，2015

年粗钢产量增速为-2.2%，这也与"十二五"期间我国总体房地产政策趋紧有关。新兴产业相关产品保持高速增长，集成电路、移动通信手持机增长较快，"十二五"年均增速均为 11.1%，智能手机、工业机器人、智能电视这些智能化产品符合技术发展和需求趋势，增长尤为迅速，在其他工业产品增长下行压力较大的背景下，2015 年智能手机、工业机器人、智能电视产量增速分别为 11.3%、21.7%、14.9%，具体数据见表 1-1-1。

表 1-1-1 　　　　　　　"十二五"期间重点工业产品产量

产品名称	单位	2011 年		2012 年		2013 年		2014 年		2015 年	
		产量	同比增长	产量	同比增长	产量	同比增长	产量	同比增长	产量	同比增长
原煤	亿吨	35.2	8.7%	36.5	3.8%	36.8	0.8%	38.7	−2.5%	37.5	−3.3%
原油	亿吨	2.04	0.3%	2.07	2.3%	2.09	1.8%	2.11	0.7%	2.15	1.5%
天然气	亿立方米	1 030.6	8.7%	1 072.2	4.4%	1 170.5	9.4%	1 301.6	7.7%	1 346.1	3.4%
发电量	亿千瓦小时	47 000.7	11.7%	49 377.7	4.8%	53 975.9	7.5%	56 495.8	4%	58 105.8	0.3%
粗钢	万吨	68 388.3	7.3%	71 716	4.7%	77 904.1	7.6%	82 269.8	1.2%	80 382.5	−2.2%
十种有色金属	万吨	3 434	10%	3 672.2	6.9%	4 054.9	9.7%	4 380.1	7.4%	5 155.8	6.8%
水泥	亿吨	20.9	10.8%	22.1	5.3%	24.2	9.3%	24.8	2.3%	8 975.7	0.8%
汽车	万辆	1 841.6	0.8%	1 927.7	4.7%	2 211.7	14.7%	2 372.5	7.3%	2 450.3	3.3%
集成电路	亿块	719.6	10.3%	823.1	14.4%	866.5	11.2%	1 015.5	12.4%	1 087.2	7.1%
移动通信手持机	万台	113 257.6	13.5%	118 154.3	4.3%	145 561	23.2%	162 719.8	6.8%	181 261.4	7.8%
微型计算机设备	万台	32 036.7	30.3%	35 411	10.5%	33 661	5.8%	35 079.6	−0.8%	31 418.7	−10.4%
智能手机	万台									139 943.1	11.3%
工业机器人	台（套）									32 996	21.7%
智能电视	万台									8 383.5	14.9%

二、工业增长动力优化升级

（一）工业消费结构升级换代

"十二五"期间，在商品供应的品种和数量不断增多的同时，商品质量和结构也进一步优化，供应优化引导消费升级，消费升级驱动供应进一步优化。"十二五"期间全社会消费品零售总额同比增速，在我国结构调整的背景下有所下滑，但仍保持了两位数的高速增长，2011—2015 年年平均增速达到 13.4%，如图 1-1-3 所示。

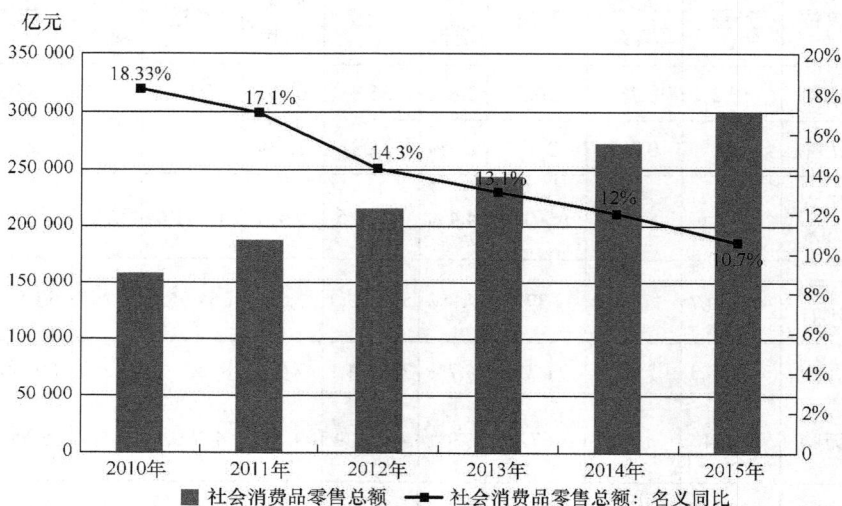

图 1-1-3 "十二五"期间全社会消费品零售总额情况

工业品消费结构升级加速，主要表现为消费商品由以基本生活品为主转变为以发展、享受型消费品为主，消费结构由衣、食消费向住、行消费转移，步入快速转型期。其中，2011—2015 年，家用电器和音像器材类商品零售额年均增长 12.8%，通信器材类商品年均增长 27.8%，文化办公用品类商品年均增长 16.8%，金银珠宝类商品年均增长 23.4%，均高于全社会消费品零售额年均 13.4% 的增速，具体数据见表 1-1-2。在消费品市场中占比较大的汽车类商品"十二五"期间年均增长 9.1%，占社会消费品零售总额的比重提高至 2015 年的 12%。截至 2015 年年底，全国汽车保有量为 1.72 亿辆，其中私家车总量超过 1.44 亿辆，全国平均每百户家庭拥有 31 辆私家车。

表 1-1-2   **"十二五"期间主要工业产品消费零售额同比增速**

	2011 年	2012 年	2013 年	2014 年	2015 年
粮油、食品、饮料、烟酒类	29.1%（粮油类）	19.9%（粮油类）	13.90%	11.10%	14.60%
服装、鞋帽、针纺织品类	25.1%（服装类）	17.7%（服装类）	11.60%	10.90%	9.80%
化妆品类	18.70%	17.00%	13.30%	10.00%	8.80%
金银珠宝类	42.10%	16.00%	25.80%	25.80%	7.30%
日用品类	24.10%	17.50%	14.10%	11.60%	12.30%
家用电器和音像器材类	21.60%	7.20%	14.50%	9.10%	11.40%
中西药品类	21.50%	23.00%	17.70%	15.00%	14.20%
文化办公用品类	27.60%	17.70%	11.80%	11.60%	15.20%
家具类	32.80%	27%	21.00%	13.90%	16.10%
通信器材类	27.50%	28.90%	20.40%	32.70%	29.30%
建筑及装潢材料类	30.10%	24.60%	22.10%	13.90%	18.70%
汽车类	14.60%	7.30%	10.40%	7.70%	5.30%
石油及制品类			9.90%	6.60%	-6.60%

注：2011、2012 年粮油、食品、饮料、烟酒类和服装、鞋帽、针纺织品类消费增速仅分别包含粮油类和服装类。

（二）工业投资结构持续优化

"十二五"期间工业投资规模不断增加。全年工业投资从 2011 年的 13 万亿元达到 2015 年的 22 万亿元，其中制造业投资占总体工业投资的比重不断增加，从 2011 年的 79.5%增到 2015 年的 82%，采矿业投资占比下降明显，从 2011 年的 9%下降到 2015 年的 5.9%，电力、热力、燃气及水的生产和供应业投资占比总体保持稳定。但投资增速有所放缓，从 2012 年的 20%降到 2015 年的 7.7%，其中采矿业、制造业投资增速从 2011 年的 21.4%、31.8%下降至 2015 年的-8.8%、8.1%，如图 1-1-4 所示。

但投资结构持续优化，对经济增长的贡献仍然处于关键地位。高技术产业投资快速增长，2013—2015 年年均增长 18.5%，比全部投资年均增速高 3.5 个百分点，其中，高技术制造业投资年均增长 14.3%，比全部制造业投资年均增速高 1.1 个百分点；高技术服务业投资年均增长 26.4%，比全部服务业投资年均增速高 10.5 个百分点。与此同时，高耗能行业投资增速明显放缓，产能严重过剩行业投资负增长，2013—2015 年，高耗能行业投资年均增长 9.9%，比工业投资年均增速低 2.6 个百分点；占工业投资的平均比重为 29.9%，比 2012 年下降 1.5 个百分点。高技术产业投资保持平稳较快增长，高耗能行业投资降温，表明投资产业结构不断优化。投资对经济增长仍然发挥着关键作用，2013—2015 年，中国资本形成率分别为 46.5%、45.9%和 43.8%，虽然呈缓慢下降走势，但仍保持在 40%以上，远高于 22.2%（2013 年）的世界平均水平，反映了投资对经济增长的巨大拉动作用[1]。

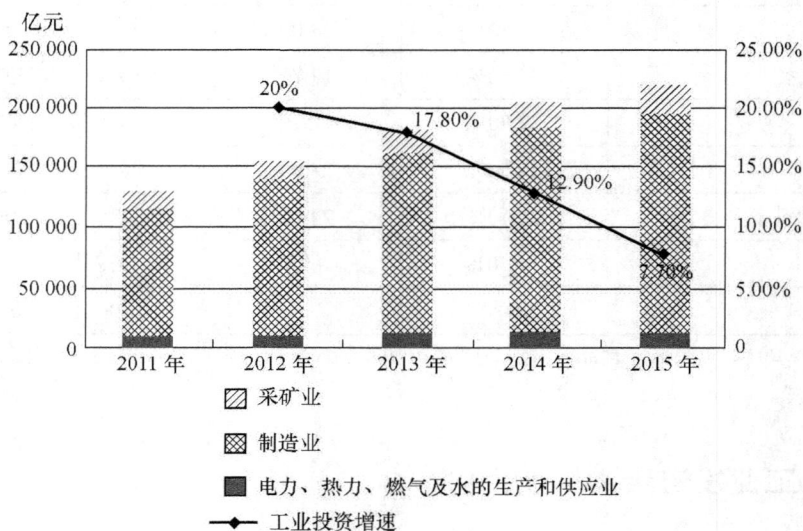

图 1-1-4 "十二五"期间工业投资情况

（三）工业出口结构转换加快

"十二五"期间工业出口稳定发展。面对世界经济复苏乏力、全球贸易规模增速放缓、外需明显减弱的形势，"十二五"期间工业出口仍保持一定的增长速度，年均工业出口交货值增速达到 6.7%，其中通信设备制造业、广播电视设备制造业、电子和电工机械专用设备制造业和汽车零部件及配件制造业等年均增速达到 10%以上。"十二五"期间年均工业品出口规模突破 11 万亿元，到 2015 年工业品出口规模达到 11.8 万亿元，工业增速在内外复杂的形势下，出口增速为−1.8%。亚洲、欧洲和北美洲仍是我国主要出口区域。

---

[1] 此段数据资料主要来源于国家统计局。

工业出口结构向中高端转化。"十二五"期间，我国一般贸易所占比重不断增加，从 2011 年的 48%增长至 53%，简单加工贸易占比减少至 35%，2015 年机电产品和高技术产品出口占比分别达到 57%和 29%。技术密集型的机电产品代替劳动密集型的轻纺工业品成为出口主力，在新一轮高水平对外开放的国家战略下，我国工业出口结构逐步转向中高端的技术、资本密集领域。

第二章　质量效益不断提升

一、工业提质增效成效显著

（一）工业企业利润水平良好

在"十二五"期间工业市场需求持续疲软的背景下，工业企业的利润仍然保持一定的增长。"十二五"期间，我国工业发展面临的市场需求环境异常严峻，典型表现为工业出厂价格指数自 2012 年 2 月以来整个"十二五"时期一直保持长周期深度负增长（如图 1-2-1 所示），且工业成本居高不下，表现为主营业务成本大幅高于 2010 年，2015 年规模以上工业企业每百元主营业务收入中成本占比一度高达 86.1%，比 2010 年提高 1.3 元（如图 1-2-2 所示）。但工业企业的利润仍保持一定的增长，尤其是私营企业。2011—2015 年工业企业利润增速呈现波动下行趋势，但仍保持了年均 8.78% 的增速，主营业务收入保持年均 11.5% 的增速。其中，国企利润与私营企业利润分化明显，国企"十二五"期间年均利润增速为–2.3%，私营企业年均利润则保持了 18% 的增速，高于整体工业企业利

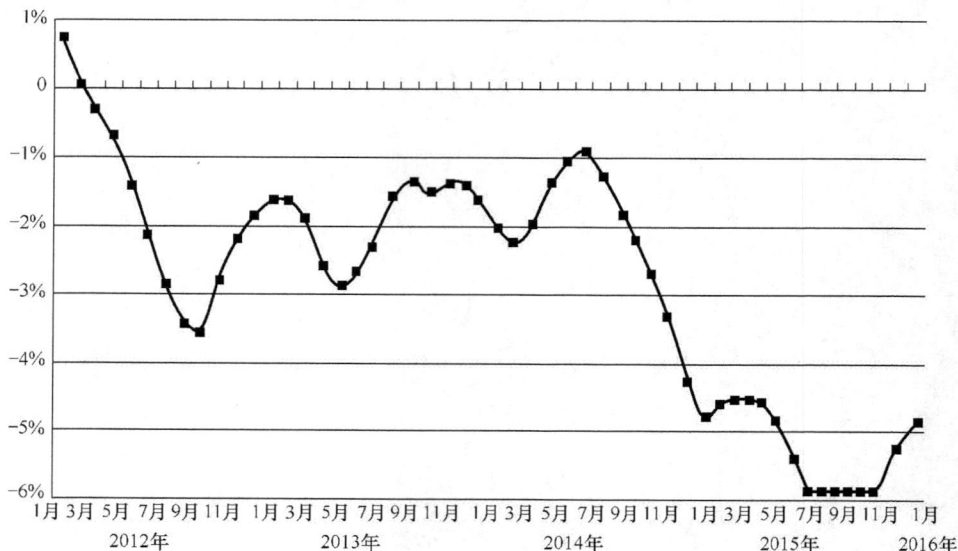

图 1-2-1　2012 年以来工业生产者出厂价格指数变化（数据来源：国家统计局）

润增速近 10 个百分点，2015 年全年规模以上工业企业实现利润同比下降 2.3%，但私营企业也仍然保持了 3.7% 的增速（如图 1-2-3 所示）。与此同时，单位劳动产出上升明显，2015 年，全国规模以上工业人均主营业务收入达 117.4 万元，与 2012 年 98.8 万元的水平相比，三年内提高了 18.6 万元，提高 18.9%。

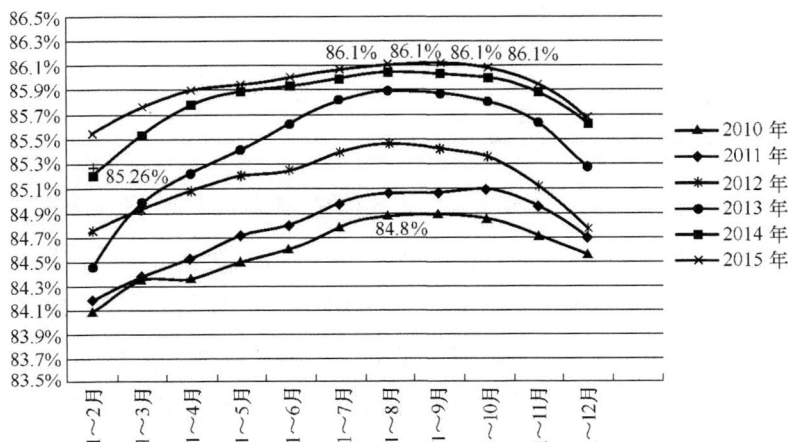

图 1-2-2　规模以上工业企业每百元主营业务收入中成本占比（数据来源：国家统计局）

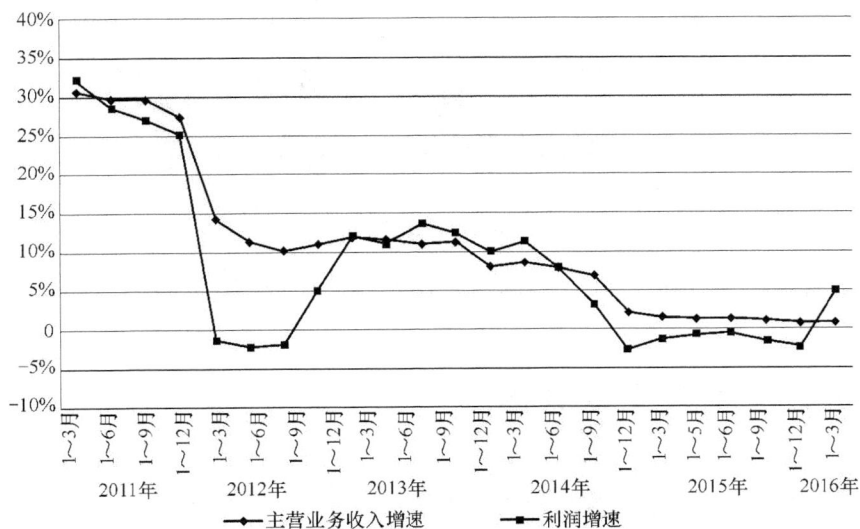

图 1-2-3　"十二五"期间规模以上工业企业主营业务收入和利润增幅（数据来源：国家统计局）

符合产业转型升级方向的产业利润增长情况较佳。 2015 年以来的利润的负增长主要是受原材料行业利润快速萎缩影响，2015 年采矿业利润下降幅度达 58.2%，但制造业与电力、热力、燃气及水生产和供应业仍然保持了 2.8% 和 13.5%

的增速。2013—2015 年，全国规模以上工业中，装备制造业共实现利润总额66 683 亿元，年均增长 10.8%，增速高出规模以上工业 6.6 个百分点；消费品制造业实现利润总额 50 943 亿元，年均增长 8.8%，高出规模以上工业 4.6 个百分点。随着居民生活水平的逐步提高和家庭汽车消费的不断增加，汽车制造业成为 41 个工业大类行业中创造利润最多的行业，三年共实现利润总额 17 170 亿元，年均利润增速达 14.4%。

（二）工业引领国民经济提质增效

制造业引领国民经济全员劳动生产率和全要素生产率不断提高。2014 年我国制造业全员劳动生产率为 219 082 元/人年（见图 1-2-4），比全国平均高出65.9%，比第三产业高出 25.6%，2010—2014 年年均增速达到 10.3%。据测算，"十二五"期间，制造业全要素生产率的增长率快于整体经济 5 个百分点左右。随着工业转型升级的不断推进，工业引领着国民经济全要素生产率的不断提升。

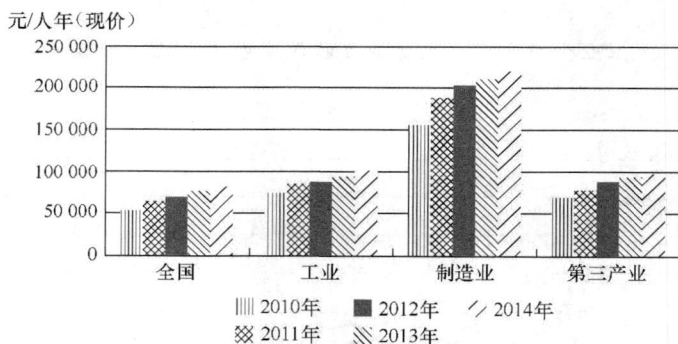

图 1-2-4　2010—2014 年全员劳动生产率（数据来源：国家统计局）

二、各类企业素质稳步提高

（一）国有企业提质增效效果显现

国企改革助力工业企业活力效率提升。"十二五"期间，国有企业改革加快部署，通过改革国有资产管理体制、发展混合所有制经济、推动国资证券化、推动国企整合重组、完善国企现代管理制度等一系列改革，工业企业的活力加快释放，效率不断提升。一方面，股权多元化改革稳步推进。国资投资的混合所有制企业上升幅度较大，年均增长 9.60%，比"十一五"期间高 4.77 个百分点。PPP 模式加快推广，越来越多的重组企业采用引入战略投资者和员工持股的方式，以此对产业链上充分市场化的优质资产进行混改，从而大大提升企业活力。另一方面，整合重组高效实施。国有企业兼并重组交易量逐年攀升，并购金额总体增大，2014 年后平均并购金额有所下降，并购主体从从事能源开发、基础设施建设和机械制造等重资产行业的大型国企向小型地方型国企扩展，显示交易主体更加趋于多元化；与此同时，并购重组更加注重基于产业价值链的改造和整合，促进质量和效率提升。具体情况如图 1-2-5 和表 1-2-1 所示。

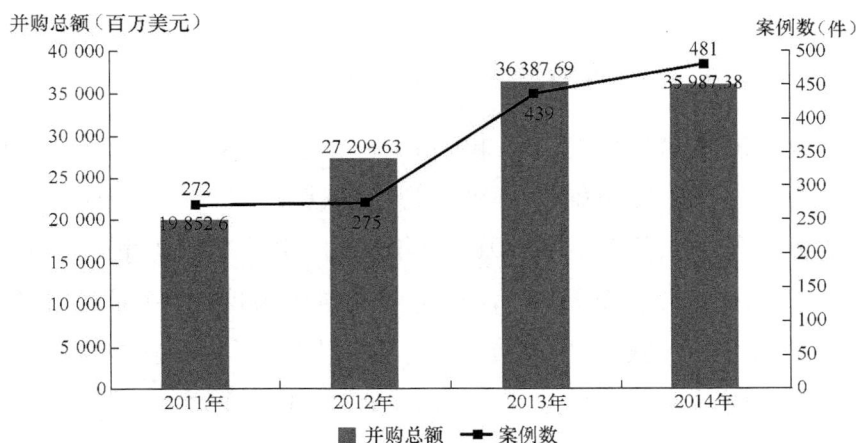

图 1-2-5　2011—2014 年国有企业并购案例和并购总额示意图

（数据来源：私募通统计结果，2015）

表 1-2-1　"十二五"期间国有企业兼并重组市场总体统计

年度	案例数（件）	增长率	案例数（件）	并购总额（百万美元）	增长率	平均并购金额（百万美元）
2010 年	187	325.0%	167	18 992.50	70.7%	113.73
2011 年	272	45.5%	245	19 852.60	4.5%	81.03
2012 年	275	1.1%	238	27 209.63	37.1%	114.33
2013 年	439	59.6%	387	36 387.69	33.7%	94.03
2014 年	481	9.6%	453	35 987.38	−1.1%	79.44

数据来源：私募通统计结果，2015。

国企结构调整推进工业企业优化升级。"十二五"期间，国有企业加大结构调整力度，不断推进工业企业优化升级。一方面，严格落实淘汰落后产能任务。

煤炭、钢铁等产能过剩行业的企业多属国有企业，如煤炭企业上市公司中，国有企业市值超过90%，钢铁行业国企产量占比约为45%。国有企业是"十二五"期间淘汰落后产能的主力，极大程度地盘活了过剩产能中的存量资源和存量流动性，为工业企业设备改造和技术升级奠定了基础。另一方面，积极带动新兴产业快速发展。国有企业基础优势突出，是发展战略性新兴产业的主力军，信息技术、电气设备、汽车、机械、军工等科技或高端制造业的行业龙头均由国企占据。"十二五"期间，国有资本加快向新兴产业集中，三一重工、长春轨道客车股份有限公司、中国商用飞机有限责任公司等在各领域不断实现技术突破，也产生了巨大的产业带动作用。

（二）民营企业市场活力加快释放

民营企业经济贡献持续提升。我国非公有制企业对国内生产总值的贡献超过60%，解决了80%的城镇就业和90%的新增就业。"十二五"期间，非公有制经济比重显著提升，私营企业由2010年年底的845.52万户增长到2015年年底的1 908.23万户，年均增长17.7%，在企业总量中占比由74.4%提高到87.3%，提高了12.9个百分点。截至2014年年底，规模以上工业企业中，私营企业达到21.4万户，占规模以上工业企业总数的56.6%，比2011年提升1.1个百分点；私营企业销售产值占比和利润总额占比也持续提升，到2014年分别达到34.55%和34.34%，比2011年分别提高了4.98个和4.55个百分点，如图1-2-6所示。

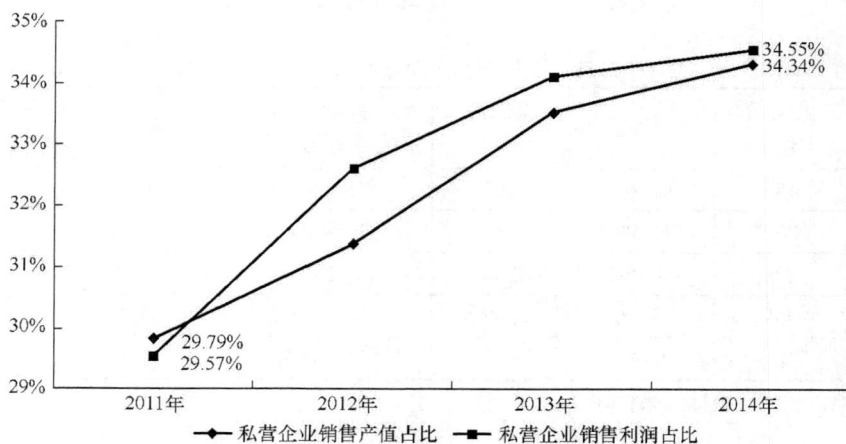

图1-2-6　2011—2014年规模以上私营企业销售产值占比和利润占比变化情况

（数据来源：国家统计局）

民间投资活力加快释放。民间投资是反映经济发展活跃程度的重要表现，对工业平稳较快发展起到了有力的支撑作用。一方面，民间投资持续活跃。"十二五"期间，民间投资总体好于全社会投资，占比不断上升。民间固定资产投资完成额从 2010 年的 123 452 亿元增加到 2015 年的 354 007 亿元，年均增长 23.45%，占全社会投资比重也从 58.17%上升到 64.18%，提高了 6.01 个百分点。受国内外宏观经济形势影响，民间固定资产增速同全社会固定资产投资增速一样呈现持续下滑态势，但高于全社会固定资产投资完成额年均增速 5.48 个百分点，民间固定资产投资中工业投资增速也一直高于工业固定资产投资，如图 1-2-7 和图 1-2-8 所示。另一方面，民营企业涉足领域不断拓宽。"十二五"期间，民间资本在制造业的投资比重保持在 45%左右，在电力、热力、燃气及水的生产和供应业的投资比重年度增速保持在 20%以上，且总体呈现上升趋势，2015 年达到 33.4%，见表 1-2-2。随着"新 36 条"等鼓励、支持、引导非公有制经济发展的一系列政策体系的发布实施，行业壁垒加快消除，准入门槛逐步放开，民营企业进入铁路、水利、公共设施等基础产业或工业关联行业领域的步伐不断加快，有利于激发行业内生动力。

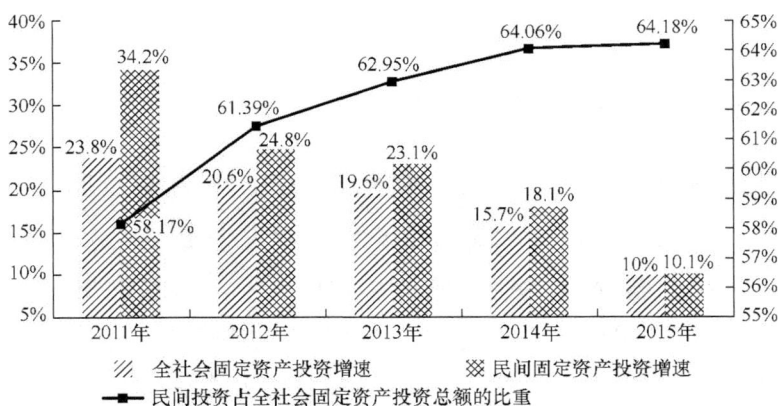

图 1-2-7　2011—2015 年全社会、民间固定资产投资情况

（数据来源：国家统计局）

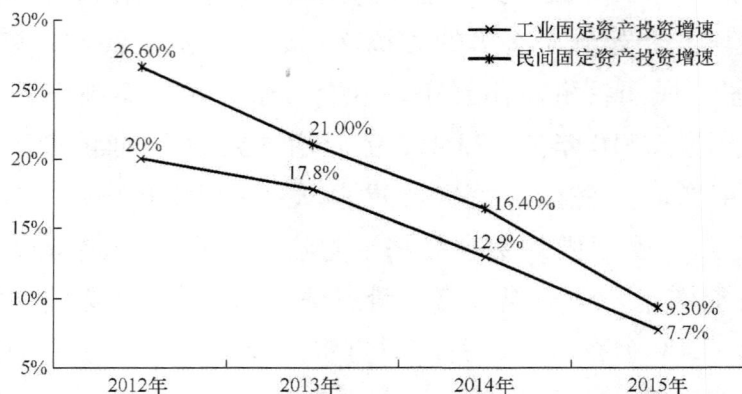

图 1-2-8   2012—2015 年工业固定资产投资和工业民间固定资产投资情况

（数据来源：国家统计局）

表 1-2-2   2012—2015 年民间投资增速持续上升的主要行业民间投资增速情况

行业	2012 年	2013 年	2014 年	2015 年
电力、热力、燃气及水的生产和供应业	22.5%	26.7%	25.9%	33.4%
交通运输、仓储和邮政业	28.9%	36.9%	24.7%	24.5%
铁路运输业	2.6%	28.5%	29.4%	11.2%
水利、环境和公共设施管理业	21.2%	35.2%	35.3%	29.2%
水利管理业	7.3%	44.7%	24.4%	31.7%
公共设施管理业	23.5%	33.5%	35.9%	29.7%

数据来源：国家统计局。

（三）中小企业综合素质全面提升

中小企业创业能力和经济贡献加快提升。在国家"大众创业 万众创新"等一系列扶持政策的推动下，我国占比超过 99%的中小企业实现了蓬勃发展。"十二五"期间，全国新增登记注册企业近 1 500 万户[2]，工业企业中，2014 年规模以上中小企业数量比 2011 年增加了 5.1 万户，占规模以上工业企业的比重提升了 0.18 个百分点；中小企业销售产值和利润总额占全部规模以上工业企业的比重稳步提升，2014 年均已达到 60%以上，如图 1-2-9 和图 1-2-10 所示。中小企业有效地支撑了经济换挡期的工业规模扩张和效益提升。

---

[2] 根据历年国家工商总局公布的新增登记注册企业测算。

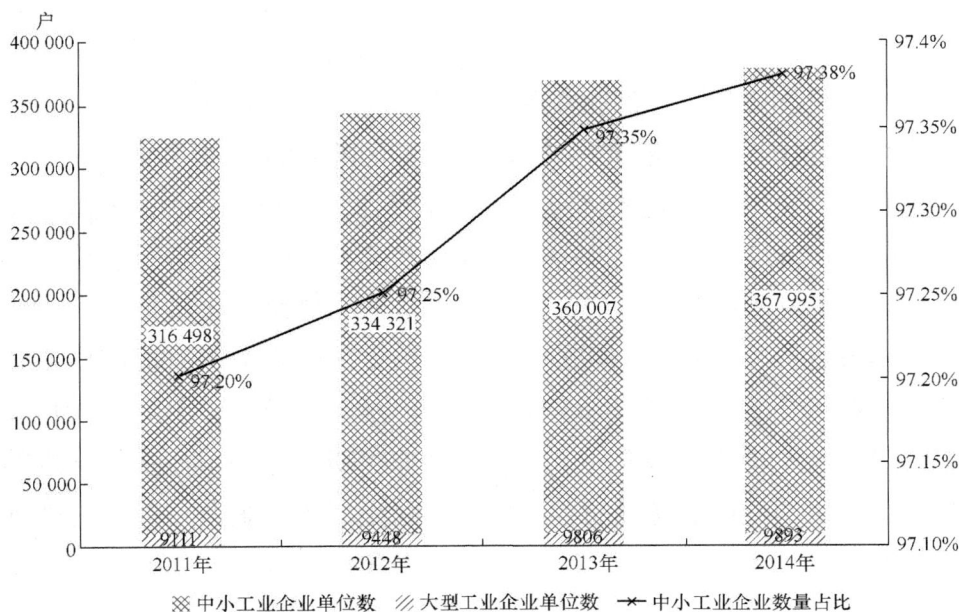

图 1-2-9 "十二五"期间规模以上工业企业数量变化情况（数据来源：国家统计局）

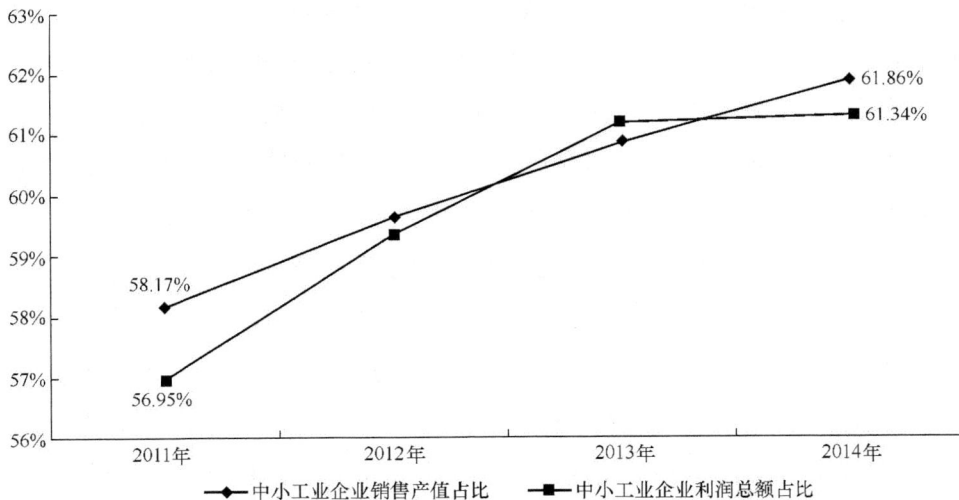

图 1-2-10 2011—2014 年规模以上中小工业企业销售产值和利润总额占比变化情况

（数据来源：国家统计局）

中小企业"专精特新"和集群发展水平不断提高。"专精特新"是中小企业成长的重要路径，集群发展是促进中小企业成长的着力点。"十二五"期间，"专精特新"中小企业不断发展壮大。上海、浙江、山东、陕西、安徽、四川、江西多省市纷纷公布"专精特新"中小企业认定标准，并积极开展"专精特新"中小企业认定工作，培育、扶持、壮大了一批符合国家和当地产业导向、主营业务突出、市场前景良好、竞争力强、成长性好、专注于细分市场和领域，"小而优""小而强"的"专精特新"中小企业。"专精特新"中小企业正逐步成为大企业或龙头企业协作配套产业链中的骨干企业。中小企业集聚发展水平不断提高。截至 2015 年年底，全国以中小企业集聚为特征的产业集群达 2 000 多个，50%的中小工业企业在各类集聚区发展；国家级、省级、市级小企业创业示范基地、中小公共服务平台迅速搭建，2011 年以来共有 437 家国家中小公共服务示范平台获得认定。为进一步鼓励小微企业创业，2015 年工业和信息化部发布了《国家小型微型企业创业示范基地建设管理办法》，在获得认定的省级小企业创业示范基地中遴选了首批 95 家国家小型微型企业创业示范基地。日益改善的产业集群环境和多种类型的产业集群发展模式为中小企业集聚发展奠定了基础。

中小企业人员素质和管理能力大幅增强。"十二五"期间，我国积极开展中小企业管理提升行动，实现了人才资源改善和管理创新提升。一方面，中小企业人才队伍不断壮大。"十二五"期间，中小企业经营管理者、专业技术人才等人员素质和经营管理水平不断提高，形成了一批管理科学、经营规范、成长性良好的示范企业。国家、地方出台的一系列鼓励高校毕业生到小型微型企业就业、创业的政策也促进了中小企业人力资源结构改善。另一方面，中小企业创新管理加快实施。中小企业纷纷实施中小企业管理提升战略，部分中小企业已建立起相对完善的战略、财务、营销、品牌、质量、风险、安全和节能管理制度。中小企业紧抓"互联网+"重要历史机遇，加快实施创新管理实践，开展涉及设计、采购、生产、制造、财务、营销、经营、管理的全流程信息化管理，浙江、江苏等地积极开展中小企业管理创新示范认定工作，大力推进企业管理创新成果推广和标杆示范活动。

第三章　结构调整步伐加快

一、高新技术产业发展迅速

（一）产业规模不断壮大

高技术产业投资力度显著增强。大力发展高技术产业是产业结构优化升级的重要举措。"十二五"期间，我国高新技术产业快速发展，产业投资规模迅速扩大。2014 年，我国高技术产业固定资产投资规模达到 17 451.72 亿元，比 2010 年投资水平增长 151%。重大项目积极推进，2014 年，高技术产业施工项目达到 18 403 个，其中，新开工项目数达到 12 309 个，分别比 2010 年增长 72%、69%。从行业投资结构来看，电子及通信设备制造业行业投资主体地位没有改变，2010 年以来，行业投资额占比基本保持在 48% 左右；医药制造业、医疗仪器设备及仪器仪表制造业投资比重略有上升，2014 年比重达到 43%，比 2010 年上升 3 个百分点，如图 1-3-1 所示。

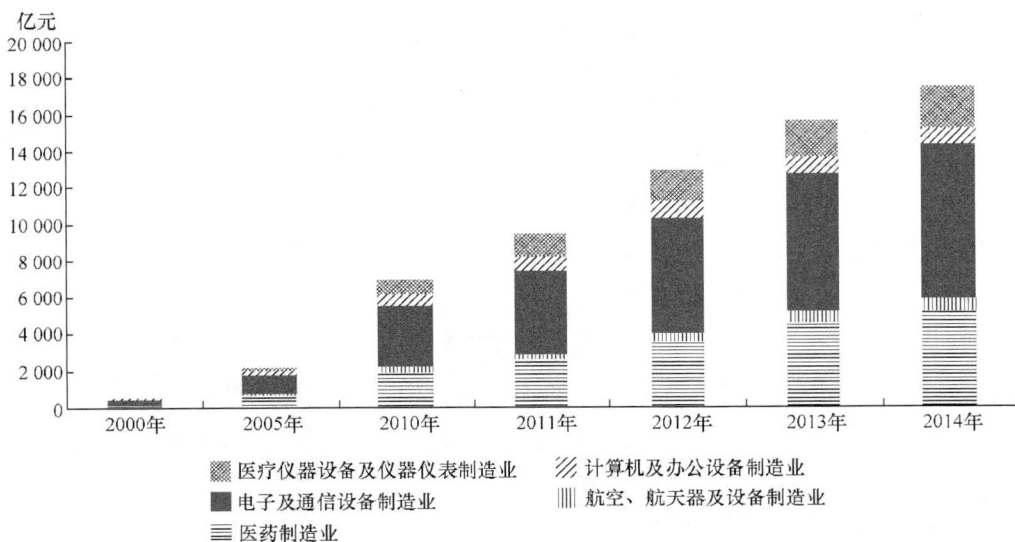

图 1-3-1　高技术产业分行业固定资产投资额

（数据来源：中国高技术产业统计年鉴）

高技术产业逐渐成为工业增长新引擎。 "十二五"期间，我国高技术产业发展良好，在国内外环境复杂多变的背景下，高技术制造产业的领先优势逐步显现。2011 年以来，高技术制造业与规模以上工业增加值增速差逐步扩大，2015 年达到 4.1 个百分点。进入 2013 年，我国高技术产业培育取得较为明显的成效，国家在营造有利于大众创业、市场主体创新等方面出台了多项措施，产业创新发展、成果转化效果显著，带动工业经济稳定增长，逐步成为支撑工业经济稳定增长、顺利实施转型升级的中坚力量。从行业贡献结构来看，电子及通信设备制造业仍然是高新技术行业产值规模增长的主要构成行业。2014 年，高技术行业主营业务收入达到 127 367.7 亿元，其中，电子及通信设备制造业主营业务收入占比达到 53%，比 2010 年提高 5 个百分点，信息技术在制造行业的应用得到进一步深化；计算机及办公设备制造业主营业务收入比重由 2010 年的 27%下降至 2014 年的 18%，医药行业高端化发展趋势明显，2014 年医药制造业和医疗仪器设备及仪器仪表制造业主营业务收入占比达到 26%，如图 1-3-2 所示。

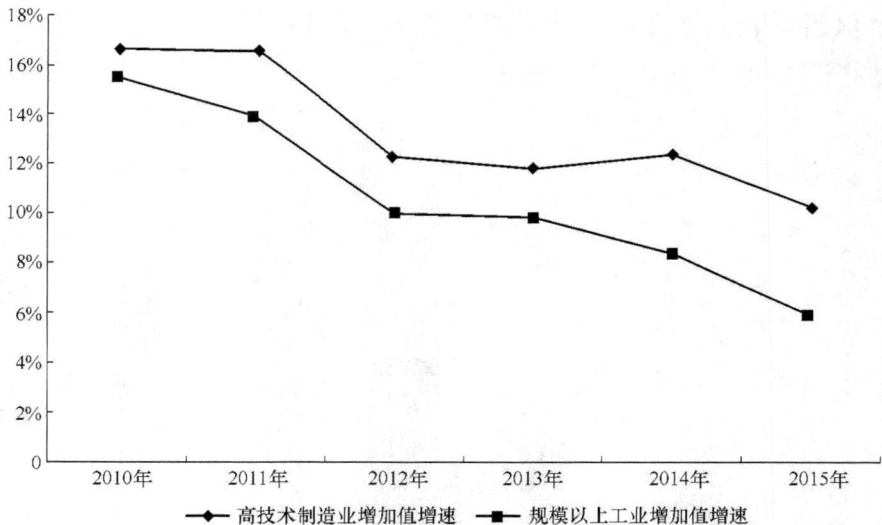

图 1-3-2　高技术产业、规模以上工业增加值增速（数据来源：中国统计公报）

（二）产业水平不断提升

产业创新强度效果显著。 自《国家中长期科学和技术发展规划纲要（2006—2020 年）》实施以来，以企业为主体、市场为导向、产学研相结合的技术创新体系建设取得积极进展，高技术领域技术创新应用效果良好。企业积极发挥自身优势、紧抓市场机遇，在技术研发、新兴产品开发方面取得重大成效。2014 年，大中型高技术产业企业研发经费内部支出为 1 922 亿元，新产品开发经费支出达到 2 351 亿元，新产品销售收入达到 32 845 亿元。但从研发投入收益来看，随着产业研发周期变长，2011 年以来，单位新产品销售收入经费支出有所下降，2010 年，大中型企业高技术企业单位新产品经费支出获得的销售收入为 16，2011 年下降至 13，2014 年达到 14，如图 1-3-3 所示。

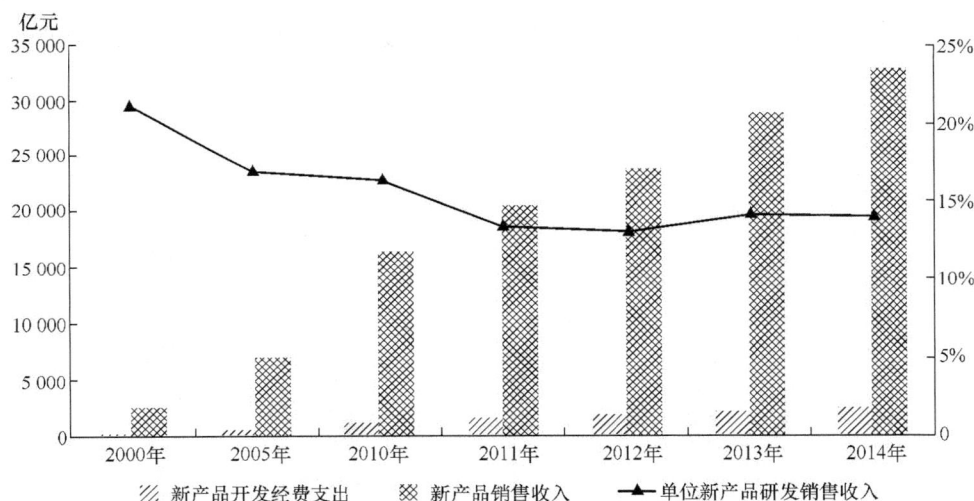

图 1-3-3　高技术产业新产品研发和销售情况（数据来源：中国高技术产业统计年鉴）

高端产品自主创新能力不断增强。"十二五"期间，各地加快实施创新驱动发展战略，大力建设科技创新中心，以企业为主导，重点突破，形成一批有竞争力的科技创新成果。在一系列政策措施的推动下，我国企业先后在新一代信息技术、通信设备、海洋装备、生物医药、节能环保等领域取得了重大突破。信息技术进步带动新兴业态持续涌现。新兴产业的发展更加匹配现实供需要求，根据新兴产业的发展规律，产业创新不断创造新的需求，从而催生新的业务、新商业模式，"互联网+"带动智能制造、共享经济高速发展，目前新兴的开放性互联网平台又充分整合了上、中、下游产业链，不断引领新的消费需求，催生新的制造产业。

（三）区域特色逐渐突出

高技术产业转移逐步推进。高技术产业发展和集聚受区域经济基础、产业基础、创新资源、技术扩散、地理区位等多方面因素的影响，随着各地大力推进产业转型升级，高新产业发展能力有了不同程度的提升，高新技术产业在区域的分布情况呈现出与产业转移同步的特征。"十二五"期间，我国高新产业由东部向中西部转移的现象较为明显，2014 年，东部地区产业主营业务收入占全国的比重为 72%，比 2010 年下降 11 个百分点，中部和西部则分别均比 2010 年上升 6 个百分点，达到了 13% 和 11%，如图 1-3-4 所示。相比于东北地区，中部和西部地区的高新技术产业发展基础较好，未来仍有较大的发展空间。

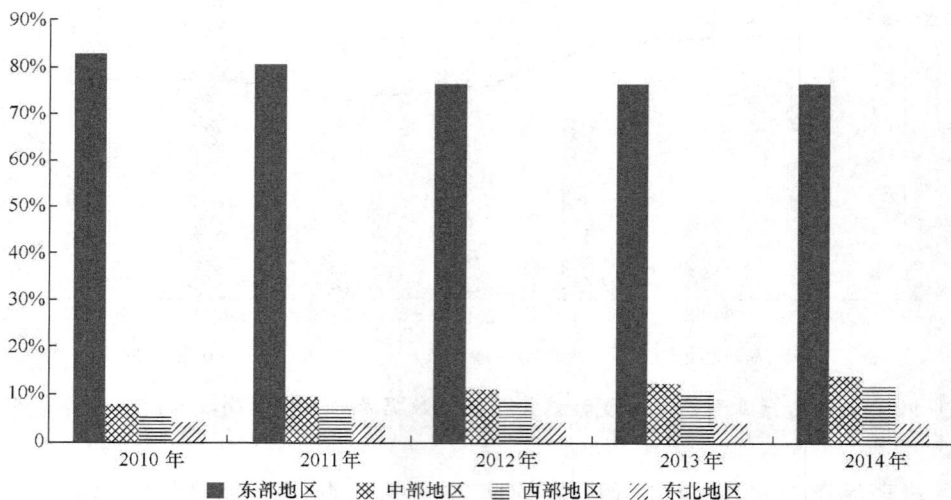

图 1-3-4　区域高新技术产业主营业务收入占比变化情况（数据来源：中国高新技术统计年鉴）

区域高新技术产业行业特色明显。从行业分布来看，受区域产业发展因素影响，各区域行业结构呈现出明显的特征。2014 年，五大高新技术产业主营业务收入在四大区域的分布显示，电子及通信设备制造业、电子计算机及办公设备制造业、医疗设备及仪器仪表制造业三大行业主要集中在东部区域，主营业务收入占全国的比重分别为 80%、73% 和 76%。中部地区和西部地区分别以医药制造业和航空航天制造业发展比较集中。从区域行业分布来看，东部地区电子及通信设备制造业的发展水平远高于其他行业，2014 年行业主营业务收入占高新技术产业主营业务收入的比重达到 58%。中部地区积极承接发展电子信息产业，主导高新技术产业为电子及通信设备制造业和医药制造业。西部地区积极承接东部电子计算机及办公设备制造业，行业主营业务收入达到地区高技术产业比重的 37%。东部地区主导产业为医药制造业，如图 1-3-5 所示。

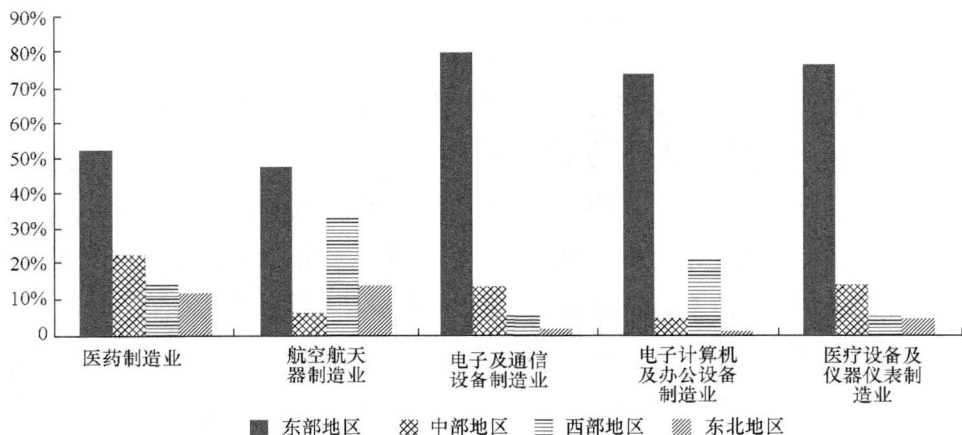

图 1-3-5　2014 年分区域、分行业高新技术产业主营业务收入占比变化情况

（数据来源：中国高新技术统计年鉴）

二、传统产业结构调整深化

（一）产业链优化升级加快

在传统行业在工业中的比重总体上呈走低态势的同时，其结构调整也在深化，通过生产份额、产品结构的优化配置促进发展方式转型升级。从传统行业内部结构变化来看，生产份额更多向附加值高的产业链环节调整，如钢铁、有色工业中，附加值相对较低的冶炼行业生产份额减少、增速走低，而附加值相对较高的压延加工行业生产份额增加。2013—2015 年，钢压延加工生产实现了 8.6% 的较快年均增长；有色金属压延加工生产年均增长 13.5%，利润年均增长 8.8%。另外，合成材料制造、专用化学产品制造、玻璃纤维和玻璃纤维增强塑料制品制造等细分行业这三年的年均生产增速都在 10% 以上。产品结构也在向质量更优、技术含量更高的方向调整。如建材行业中，传统的水泥、平板玻璃产量增长相对较缓，而技术含量较高的钢化玻璃、夹层玻璃、中空玻璃 2013—

2015 年产量年均分别增长 7.4%、11.1%和 14.3%；轻质建筑材料制造、防水建筑材料制造、隔热和隔音材料制造等新型建材产品 2013—2015 年的年均利润增长均超过 10%。如化工行业中，碳纤维增强复合材料、稀土磁性材料等新材料产量 2015 年均实现两位数增长。

（二）产业集中度不断优化

兼并重组工作机制逐步完善。"十二五"期间，各地根据实际，积极建立和完善工作组织协调机制，统筹协调本地区企业推进兼并重组，化解过剩产能，优化产业结构。多个省（区、市）建立跨部门工作机制，联合工业和信息化、发展改革、国资、财政、工商、税务等多个部门，全力保障兼并重组工作。建立企业兼并重组工作联席会议制度，设立企业兼并重组工作协调小组等。

产业集中度持续提高。在国内外经济形势复杂多变的背景下，各地方面临经济下行压力，产能过剩问题愈加突出，促进行业内优势企业实施兼并重组。从行业分布看，汽车、船舶、水泥、钢铁等传统行业是推进兼并重组、提升行业集中度的主要领域，各地方根据自身行业发展情况，纷纷制定行业集中度提升计划，对接《工业转型升级规划（2011—2015 年）》产业集中度提升要求。近年来，为应对日益严峻的市场形势，我国优势造船企业紧抓市场机遇，发挥市场基础和创新优势，抢占市场份额，行业产业集中度进一步提升。2015 年，全国造船完工量前 10 家企业的完工量占全国的比重为 53.4%，比 2014 年提高 2.8 个百分点；新接订单量前 10 家企业的接单量占全国的比重为 70.6%，比 2014 年提高 15.1 个百分点，我国分别有 3 家和 4 家企业进入世界造船完工量和新接订单量前 10 名，比上年有所提高。水泥行业集中度水平不断提升。据统计，截止到 2014 年年底，中国（不含港澳台）前 50 家大企业集团的水泥熟料设计产能共计 13 亿吨，占全国总产能的 74%[3]。其中，前 10 家大企业集团的水泥熟料产能占全国总产能的 52%。2015 年，水泥行业完成 20 多起并购案例，大大提升了行业集中度水平。2010 年，我国汽车行业前 10 家企业销售量之和占国内销售总量的 85.5%，之后逐年上升，2014 年和 2015 年均为 89.5%，如图 1-3-6 所示。

---

[3] 数据来源于数字水泥网。

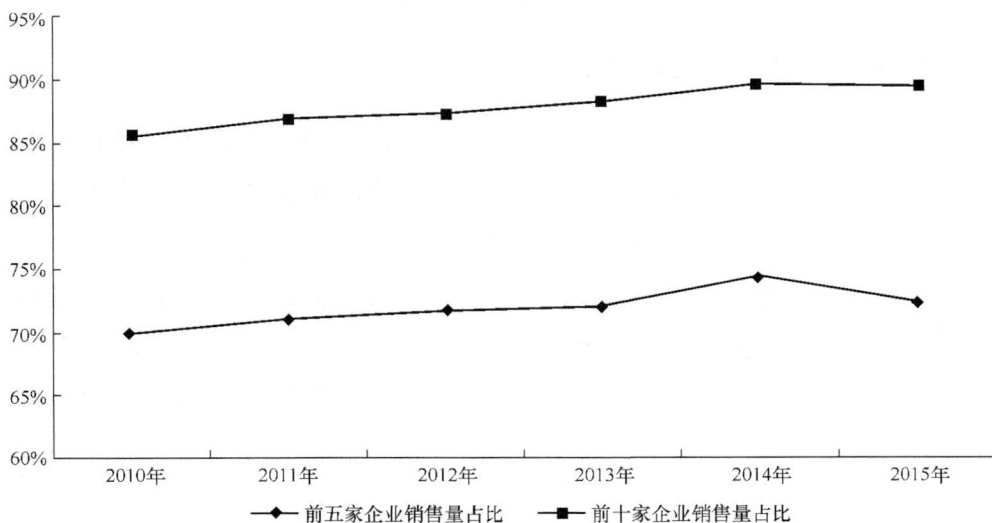

图 1-3-6　汽车行业产业集中度变化趋势（数据来源：汽车产业统计年鉴）

前五家企业销售量占比　　前十家企业销售量占比

三、化解过剩产能初见成效

（一）淘汰落后产能任务提前完成

2011 年，工业和信息化部向各省（市、自治区）下达了"十二五"期间工业领域 19 个重点行业淘汰落后产能目标任务。在部际协调小组、各地方的大力支持和共同努力下，淘汰落后产能工作取得了显著成效，于 2014 年提前完成了"十二五"淘汰任务。"十二五"期间，全国累计淘汰落后煤矿 7 250 处、落后产能 5.6 亿吨，其中，2015 年全国淘汰落后煤矿 1 340 处、落后产能约 9 000 万吨；钢铁行业粗钢产能实际完成的淘汰量高达 6 470.2 万吨，高于 6 000 万吨的"十二五"目标（含 2014 年追加的 1 500 万吨），任务完成率高达 107.8%。2012 年以来，完成淘汰落后产能水泥 2.3 亿吨、平板玻璃 7 600 多万重量箱、电解铝 100 多万吨。过剩行业产能结构逐步优化。截至 2015 年年底[4]，全国煤矿数量 1.08 万处，其中，年产 120 万吨以上的大型煤矿 1 050 处，比 2010 年增加 400 处，产量比重由 58% 提高到 68%；年产 30 万吨以下的小型煤矿 7 000 多处，比 2010 年减少了 4 000 多处，产量比重由 21.6% 下降到 10% 左右。

---

[4] 资料来源于煤炭工业协会网站。

（二）产能过剩产业增速放缓

"十二五"期间，我国传统工业行业积极推进产业结构调整，重点产能过剩行业合理控制规模扩张，高耗能、高污染行业投资和生产呈现逐步下降趋势。2010 年以来，钢铁、水泥、平板玻璃、电解铝、煤炭五大过剩行业产品产量增速逐步下降，2013 年之后，受国内外经济下行压力和产业结构调整政策推进实施影响，行业生产增速进一步放缓。与此同时，五大行业固定资产投资增速也呈现逐步下降趋势，黑色金属冶炼及压延加工业、煤炭开采和洗选业固定资产投资增速大幅下降，2015 年行业投资增速分别下降至–11%和–14.4%，如图 1-3-7 所示。

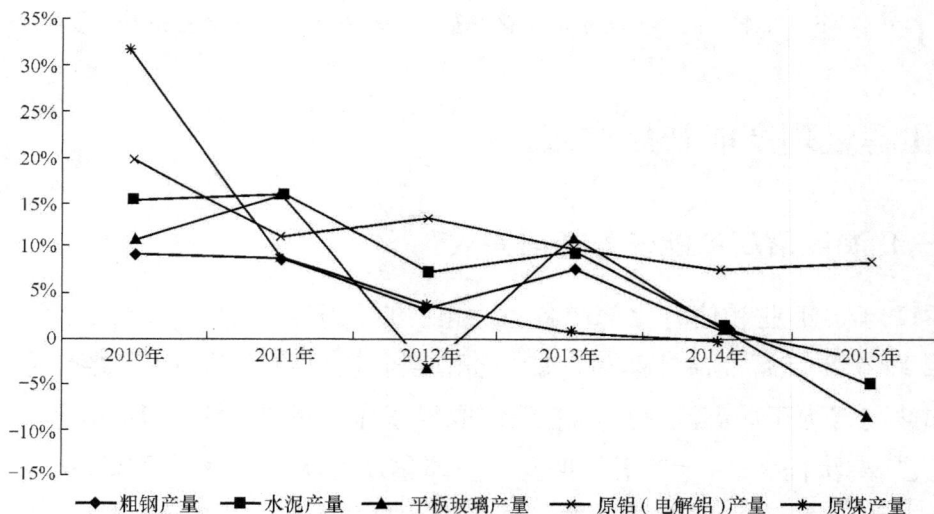

图 1-3-7　2010—2015 年主要行业产量增速情况

（三）化解产能过剩难中有进

"十二五"期间，全球市场需求持续疲软，国际竞争更加激烈，导致全球产业利用率降低，例如钢铁行业从 2012 年之后整体进入需求低迷期，带动国内钢铁行业产能利用率持续下滑（见图 1-3-8）。但面对如此复杂多变的国际环境，我国主要行业化解产能过剩仍然取得了不易的进展。从行业看，船舶[5]行业经过淘汰、消化、整合、转移近 2 000 万吨，全国规模以上船舶工业企业从 2013 年

---

[5] 数据来源于中国航运网。

的 1 541 家减少到 2014 年的 1 491 家，国内船舶企业总数量有所下降，但行业产能利用率从 2010 年的 75%下降至 2013 年的 65%，2014 年全年的产能利用率仍处在 60%左右。

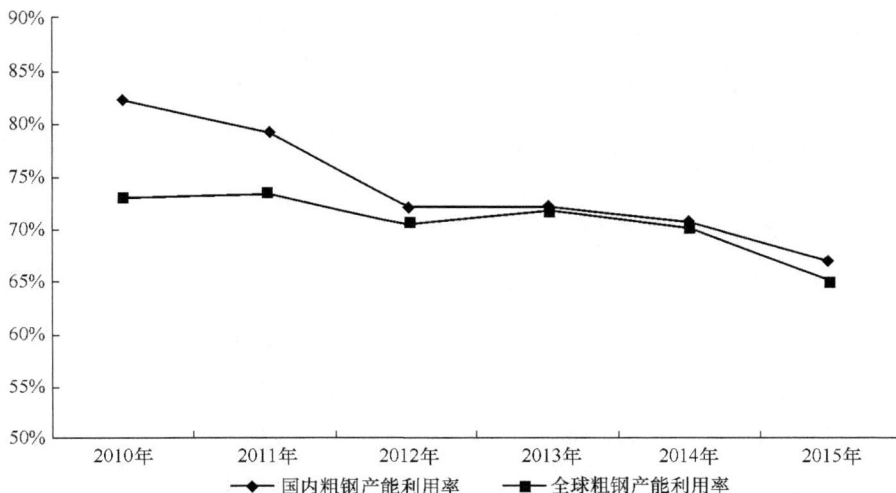

图 1-3-8　国内及全球粗钢产能利用率变化情况

四、技术改造推动结构调整

（一）技术改造资金规模不断扩大

"十二五"期间，技术改造工作与经济形势相结合，在促进工业转型升级中发挥了重大作用。"十二五"期间，全国累计完成技改投资 37.5 万亿元，是"十一五"期间的 2.7 倍，其中 2015 年技术改造投资完成 9.5 万亿元。企业技术改造使一大批新技术、新工艺和新装备得到应用，提升了整个工业的发展水平。

各地积极推进技术改造。根据国家政策要求和产业发展需求，各地纷纷出台"十二五"技术改造规划，推动传统产业生产工艺和节能降耗水平显著提升。其中，江苏累计完成技术改造投资超过 3 万亿元，四川技术改造投资突破 2 万亿元，是"十一五"期间的 2.38 倍。技术改造投资推动传统行业有效转型升级。重点行业在原材料开采、生产工艺提升、节能环保方面取得了重大进步。钢铁、煤炭等行业在推动行业关键产品研发、提升产业关键工艺技术、关键节能减排工艺技术方面取得了重大成就。环保压力倒逼行业技术改造。随着国家对重污染行业排查力度的加强，2013 年，钢铁行业固定资产投资中约有 20%投向了环保技术改造，鞍钢 2012、2013 年在亏损的情况下，投入 74[6]亿元进行环保改造。技术改造拉动经济效益作用明显。江苏省重点技改竣工项目进展情况显示，技术改造平均每投入 1[7]元，可实现年新增销售收入 3.09 元、利润 0.25 元、利税 0.40 元，对工业增长的拉动以及全省工业的稳增长、调结构作用明显。

（二）中高端产业技术改造力度加强

"十二五"期间，我国高新技术产业技术改造经费规模不断扩大，技术改造在高新产业技突破、产业链延伸方面取得了重大突破。2011 年，高技术产业技术改造经费支出达到 3 047 235 万元，其中，电子及通信设备产业技术改造投资占比最高，达到 38%。2013 年，高技术产业技术改造投资经费支出大幅增加，达到 4 256 677 万元，医药制造业和电子及通信设备业投资增幅较大。2014年，高技术产业技术改造经费支出同比有所下降，总体与 2012 年水平持平，如图 1-3-9 所示。总体来看，电子及通信设备制造业和医药制造业是技术改造的重点领域。

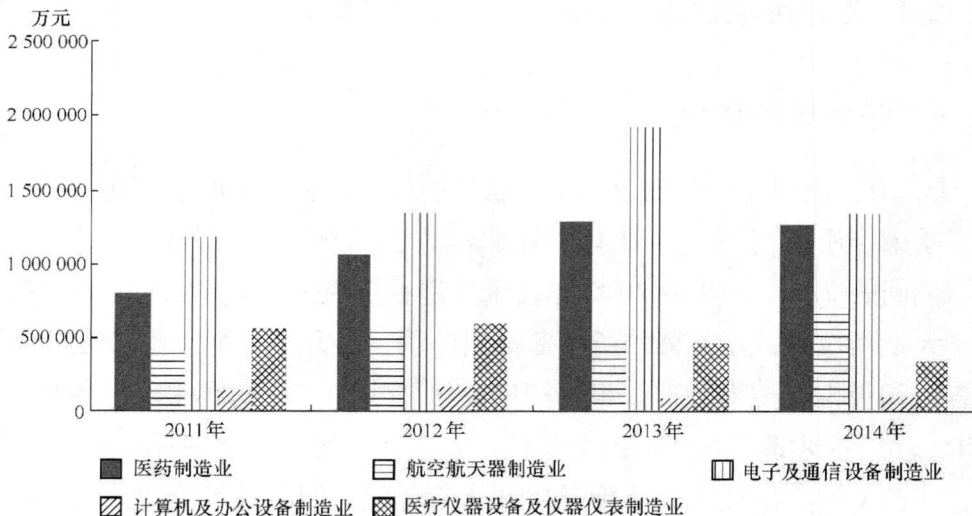

图 1-3-9　2011—2014 年高技术产业技术改造经费支出情况（数据来源：《中国高技术产业统计年鉴》）

---

[6] 数据来源于中研网讯。
[7] 数据来源于江苏省经信委网站。

（三）信息技术引领技术改造方式创新

随着信息技术的快速发展，信息技术在工业领域的应用范围和方式不断扩大和创新。信息技术搭载互联网平台开创传统工业经济转型升级新模式。航天云网以推动要素资源集聚、开放、共享为目的，以"互联网+智能制造"为主导，充分发挥互联网在生产要素配置中的集成与优化作用，在助推工业企业转型升级方面取得了不小成就。目前，航天云网注册企业突破 3 万家，涉及装备制造业、电气机械及器材制造业、金属制造业、纺织业等多个行业，通过分享和交流，促进企业提高资源配置效率、生产配套流程等方面的能力。借助"互联网+"模式，通过高效对接行业龙头企业和产业链配套中小企业，大大提升了企业研发能力、产业级协作服务应用能力。

第四章　创新能力实现跃升

一、创新要素投入增长迅速

（一）研发投入规模保持全球领先

"十二五"期间，我国研发经费继续保持高速增长的态势。2011—2014 年研发经费平均增长速度达到 16.4%（按当年价计算），是全球研发经费大国中增长最快的国家，高于全球研发经费年均增长速度（5.2%）11.2 个百分点，分别高于韩国（10.4%）和美国（2.1%）6 个和 14.3 个百分点。其中，2014 年，我国研发经费总量为 13 015.6 亿元，比上年增加 1 169 亿元，增长 9.9%（按当年平均汇率折算为 2 119 亿美元），研发经费总量排名继续保持世界第 2 位，但却只有美国研发经费的 46.4%，美国继续位居第一，占全球研发经费总量的 30.8%。而我国占比增至 14.3%，高于日本（11.1%）、德国（7.4%）、法国（4.3%）、韩国（4.1%）和英国（3.4%）等发达国家，全球研发经费仍然集中在少数几个国家，其他国家和地区的研发经费合计只占到 24.6%，详细数据见表 1-4-1。与此同时，"十二五"期间我国研发经费投入占 GDP 的比重保持稳步增长态势，到 2014 年达到 2.09%，与世界发达国家的差距逐步缩小，如图 1-4-1 所示。

表 1-4-1　　　　　　　　　2011—2014 年主要国家研发经费

单位：百万美元（当年价）

	2011 年	2012 年	2013 年	2014 年	年均增长速度
中国	134 443	163 148	191 205	211 826	16.4%
美国	429 143	453 544	456 977		2.1%
日本	199 795	199 066	170 910	164 925	−6.2%
德国	104 956	101 993	109 515	109 941	0.16%
法国	62 594	59 809	62 616	63 826	0.1%
韩国	45 016	49 225	54 163	60 528	10.4%
英国	43 868	42 607	43 528	50 832	0.5%
全球	1 325 026	1 368 363	1 395 802		5.2%

数据来源：OECD。

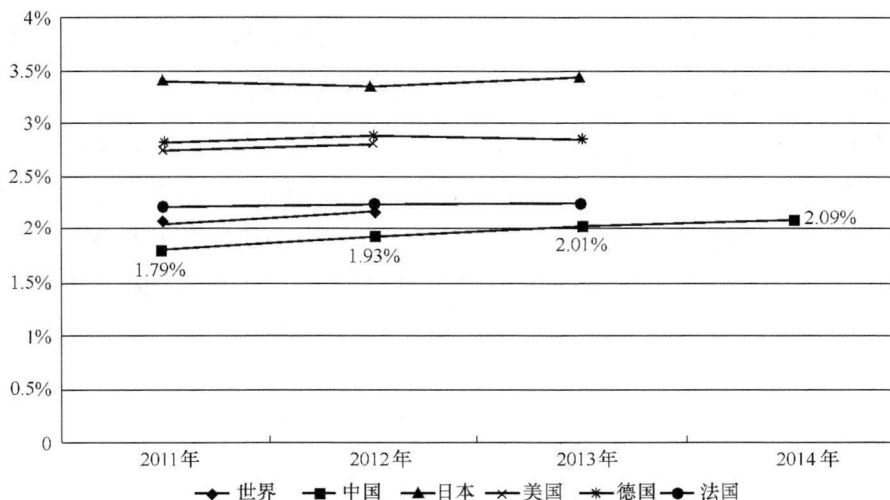

图 1-4-1　研发经费投入占 GDP 比重的变化情况（数据来源：世界银行及国家统计局）

（二）创新人才投入保持较快增长

创新人才保持规模优势。按全时当量统计，2014 年我国研发人员总量为 371.1 万人年，比上年增加 17.8 万人年，增幅为 5.0%。根据 OECD 对 41 个主要国家和地区的统计，中国研发人员全时当量数占全球总量的比重从 2009 年的 18.4%上升到 2014 年的 21.4%，美国的比重则从 19.9%下降到 17.8%。

"十二五"期间我国研发人力投入强度增长显著。我国每万名就业人员的研发人员数从 2010 年的 33.6 人年/万人上升到 2014 年的 48.0 人年/万人，完成并超过"十二五"科技规划目标（43 人年/万人）。但我国每万名就业人员的研发人员数在国际上仍然落后，从国际比较来看，2014 年我国每万名就业人员的研发人员在研发人员总量超过 10 万人年的国家中仅高于土耳其等发展中国家，韩国、法国等国家的每万名就业人员研发人员数量是我国的 3 倍以上。2014 年我国每万名就业人员的研发研究人员在研发人员总量超过 10 万人年的国家中排名倒数第 2，如图 1-4-2 所示。

（三）企业创新主体地位更加突出

"十二五"期间企业创新主体地位更加突出。2014 年，我国研发经费中企业投入的资金为 9 817 亿元，占全部研发经费的 75.42%，比 2011 年（73.9%）提高 1.5

个百分点，如图 1-4-3 和表 1-4-2 所示。与此同时，政府不断加大对科技创新的投入力度，2014 年财政科技拨款达到 6 455 亿元，占财政总支出的 4.25%，如图 1-4-4 所示。财政科技拨款继续保持高速增长，但随着企业研发投入的高速增长，财政科技拨款占财政支出略有下降，2011—2014 年，财政科技拨款占财政总支出的比重呈现出稳步下降的趋势。总体来说，"十二五"期间，企业研发经费投入的力度不断增强，这也表明在创新型国家的建设中，企业作为技术创新主体的作用愈加凸显。

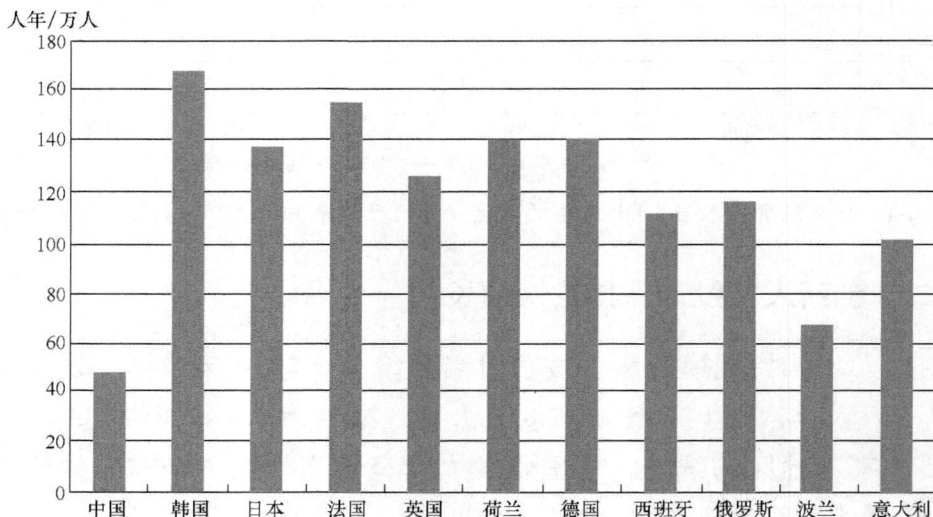

图 1-4-2　2014 年各国每万名就业人员研发人员数（数据来源：OECD）

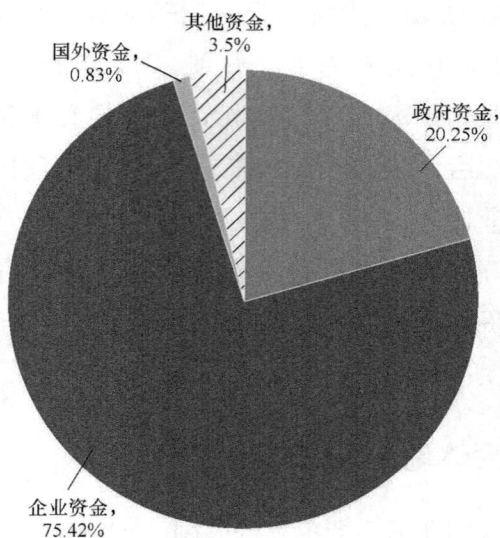

图 1-4-3　2014 年研发投入主体占比

表 1-4-2   2011—2014 年研发经费的资金来源构成

年份	政府资金	企业资金	国外资金	其他资金
2011 年	21.68%	73.91%	1.34%	3.08%
2012 年	21.57%	74.04%	0.97%	3.41%
2013 年	21.11%	74.6%	0.89%	3.4%
2014 年	20.25%	75.42%	0.83%	3.5%

数据来源：根据《中国科技统计年鉴》数据计算。

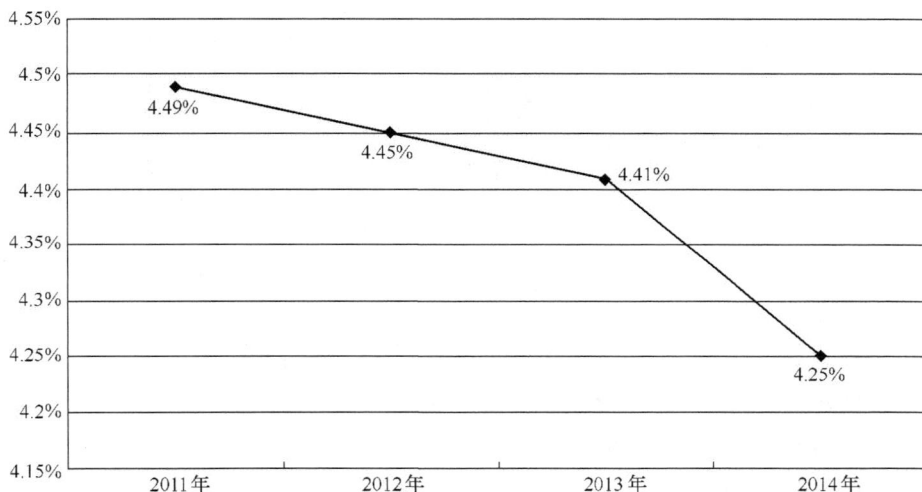

图 1-4-4   2011—2014 年财政科技拨款占财政支出的比重

（数据来源：根据《中国科技统计年鉴》数据计算）

二、工业领域创新成果显著

（一）工业企业专利数高速增长

2014 年，国家知识产权局共受理发明专利申请 92.8 万件，同比增长 12.5%，连续 4 年位居世界首位。共授权发明专利 23.3 万件，其中，国内发明专利授权 16.3 万件，比 2013 年增长了近 2 万件；我国工业企业有效发明专利数为 44.89 万件，比 2011 年增长 123.2%，如图 1-4-5 所示，"十二五"期间年均增长 30.7%。2014 年，我国发明专利授权量排名前五位的国内（不含港澳台）企业依次为：华为技术有限公司（2 409 件）、中兴通讯股份有限公司（2 218 件）、中国石油化工股份有限公司（1 913 件）、鸿富锦精密工业（深圳）有限公司（524 件）、海洋王照明科技股份有限公司（516 件）。根据 WIPO 的统计，我国专利申请数居世界第一，远高于位于第二位的美国，如图 1-4-6 所示。

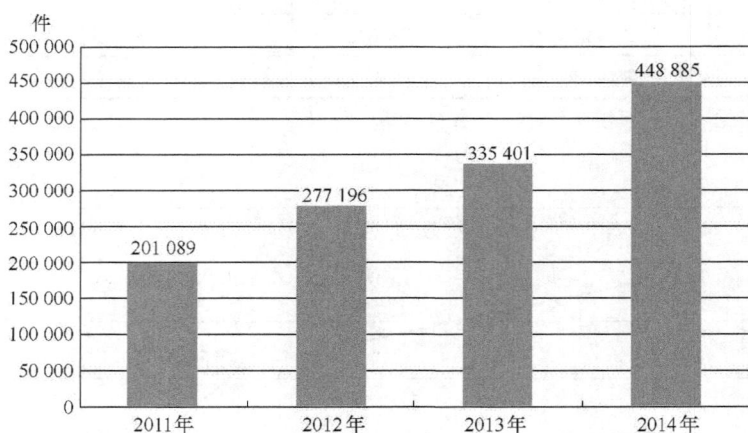

图 1-4-5　2011—2014 年我国工业企业有效发明专利数（数据来源：《2015 年中国统计年鉴》）

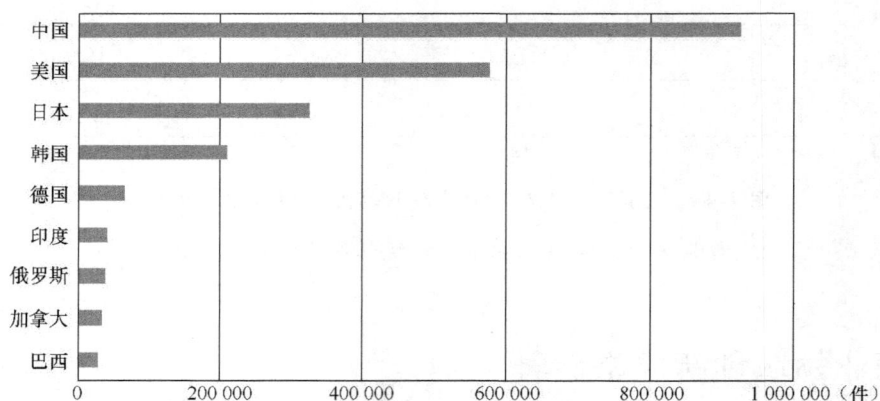

图 1-4-6　2014 年各国专利合作协定（PCT）申请数（数据来源：WIPO Statistics Database）

（二）重点领域取得创新突破

重点技术产品在国际上处于领先水平。根据麦肯锡公司的计算，部分领域在全球的份额已经远远超出我国 GDP 在全球的份额，比如高铁占全球总收入的41%、通信器材占全球总收入的 18%、风力涡轮机占全球总收入的 20%。重点领域技术取得新突破，一批重大装备研发进展可喜，自主研制的首款新一代喷气式干线客机 C919 下线（如图 1-4-7 所示），标志着我国成为世界上少数几个掌握研发制造大型客机能力的国家；高速列车（如图 1-4-8 所示）关键核心技术取得重大突破，自主研发了有"高铁大脑"之称的列队网络控制系统，创造了每小时 605 公里的试验室滚动试验最高速度，研发了全世界首列高寒高速列车，这也是目前世界上适用于零下 40 摄氏度高寒地区、运营速度最快的动车组。与此同时，自主研发了"海马号" 4 500 米作业级无人遥控潜水器（如图 1-4-9 所示）、"天宫一号"模拟体验舱、"天河二号"超级计算机、400 马力无级变速拖拉机等高精尖产品。

图 1-4-7　国产 C919 大飞机

图 1-4-8　高速列车

图 1-4-9 "海马号"4 500 米作业级无人遥控潜水器

第五章　绿色发展成效显著

　　"十二五"期间，我国把节能减排、绿色发展作为转变发展方式、经济提质增效、建设生态文明的重要抓手，通过采取加强宏观调控、优化产业结构、实施重点工程、加快技术推广、加大投资力度、大力培养环保产业、促进循环经济发展、调整优化政策、加强监督执法等主要政策及措施，节能减排降耗工作取得重要进展，环境质量持续改善，节能环保产业快速发展，循环经济初见成效，资源节约、环境保护取得显著进步。

一、节能减排降耗成效显著

　　"十二五"期间，我国节能减排降耗工作取得了重要进展，发布了《"十二五"节能减排综合性工作方案》《节能减排"十二五"规划》《"十二五"控制温室气体排放工作方案》《大气污染防治行动计划》《2014—2015年节能减排低碳发展行动方案》等系列规划及方案，通过优化产业结构、淘汰落后产能、实施重点工程、推动重点领域节能减排、加大节能环保投资等措施，全面完成了"十二五"规划纲要提出的约束性目标要求，环境质量改善成效显著。

（一）能耗和二氧化碳排放大幅下降

　　通过对工业、交通等重点领域加强节能治理，遏制"两高"行业盲目新增产能，严把能评、环评、用地审查关，积极发展绿色低碳产业，使我国能源消费结构发生深刻变化，单位产出能耗水平及二氧化碳大幅下降，全部超额完成"十二五"规划目标（见表 1-5-1）。2011—2014 年，我国以能源消费年均 4.3%的增速支撑了国民经济年均 8%[8]的增速，能源消费弹性系数由 2010 年的 0.69 下降到 2014 年的 0.3，单位 GDP 能耗降低率逐年增加（见图 1-5-1）。2015 年，水电、风电、核电、天然气等非化石清洁能源消费量占能源消费总量的 17.9%，比 2010 年提高了 4.5 个百分点（见图 1-5-2）。据发改委统计，"十二五"前三年，

---

　　[8] 新常态 新战略 新发展——"十二五"时期我国经济社会发展成就斐然。

通过节能提高能效累计节能约 3.5 亿吨标准煤，减少二氧化碳排放 8.4 亿吨，为应对全球气候变化做出了重要贡献[9]。

表 1-5-1　　　　　　　　"十二五"规划能耗及二氧化碳指标完成情况

"十二五"规划指标	规划目标	2015 年实现情况
单位工业增加值用水量降低	30%	34.9%
非化石能源一次能源消费比重[10]	11.4%	17.9%
单位国内生产总值能源消耗降低	16%	28.0%
单位国内生产总值二氧化碳排放降低	17%	19.4%

数据来源：根据国家统计局数据测算。

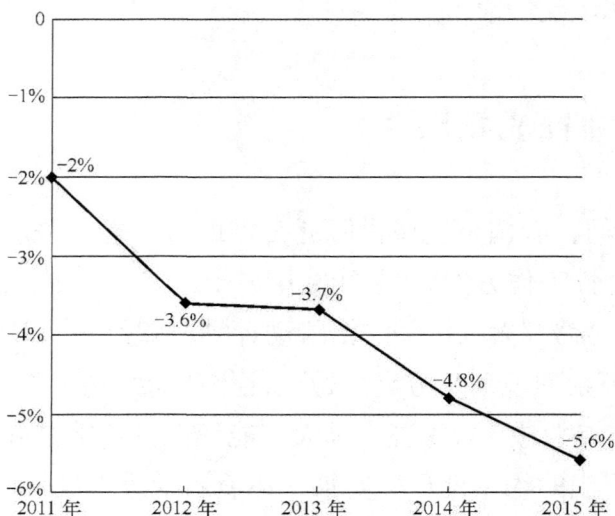

图 1-5-1　2011—2015 年万元国内生产总值能耗降低率

（二）主要污染物排放总量显著减少

深入实施大气污染防治行动计划，强力推行区域联防联控。2014 年，全国化学需氧量排放总量 2 294.6 万吨，同比下降 2.47%；氨氮排放总量 238.5 万吨，同比下降 2.9%；二氧化硫排放总量 1 974.4 万吨，同比下降 3.4%；氮氧化物排放总量 2 078 万吨，同比下降 6.7%。如表 1-5-2 所示，4 项污染物排放量较 2010 年分别下降 10.1%、9.8%、12.9% 和 8.6%，其中化学需氧量和二氧化硫已提前完成"十二五"目标，氨氮接近完成，氮氧化物减排逐年加速（见图 1-5-3）。

---

[9] 国务院关于节能减排工作情况的报告。
[10] 水电、风电、核电、天然气等非化石清洁能源消费量占能源消费总量的比重。

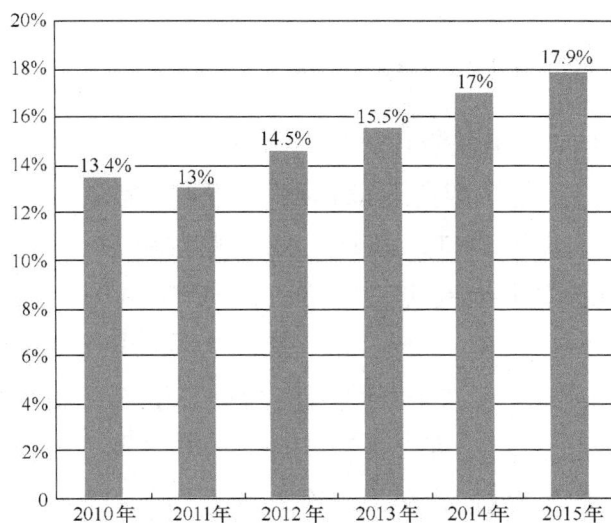

图 1-5-2 2011—2015 年清洁能源消费量占能源消费总量的比重

表 1-5-2 "十二五"规划主要污染物指标完成情况

"十二五"规划指标		规划目标	2014 年实现情况
主要污染物排放总量减少	化学需氧量	8%	10.1%
	二氧化硫	8%	12.9%
	氨氮	10%	9.8%
	氮氧化物	10%	8.6%

数据来源：根据国家统计局数据测算。

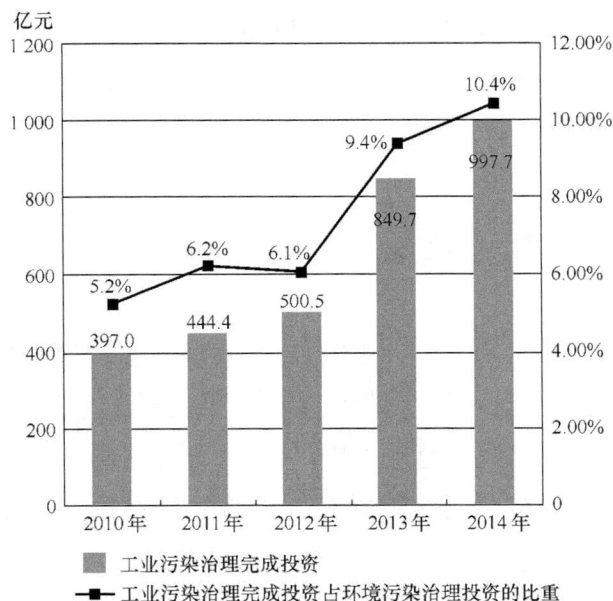

图 1-5-3 2010—2014 年我国工业污染治理投资及占比情况

（三）整体环境质量取得明显改善

"十二五"期间，《环保法修订案》、"大气十条""水十条"等严格法律规章制度及政策的落地，强化了产业政策和项目管理，提高了节能环保准入门槛，严把土地、环保、信贷等关口，调整出口退税和配额，逐步清理和纠正各地在电价、地价、税费等方面的优惠政策，遏制了高耗能、高排放行业过快增长。同时，如图 1-5-3 所示，"十二五"期间工业污染治理投资显著增加，前四年年均增速达 25.9%，远高于环境污染治理投资 5.9%的增速，近年来投资更是提速，2014 年投资额接近 2012 年的 2 倍。工业污染治理投资占环境污染治理投资的比重近年来提高较快，2014 年达到了 10.4%。此外，我国碳排放权交易试点自 2013 年开始，目前共有北京、上海、天津、重庆、湖北、广州、深圳 7 个碳交易试点，截至 2014 年 6 月，7 个试点市场的总成交量约为 695 万吨，总成交额超过 2.5 亿元。这些投资及政策措施的落实使我国的整体环境质量取得了明显改善。根据环保重点城市空气质量监测[11]，大气污染治理工作初显成效，与 2013 年相比，74 个重点城市的空气质量总体改善，达标天数比例由 60.5%提高到 66.0%，达标城市数量由 3 个增加到 8 个，主要污染物浓度均有不同程度的下降，重度及以上污染天数比例由 8.6%下降为 5.6%，下降了 3 个百分点。七大水系国控断面好于三类比例由 2010 年的 57.1%上升到 2014 年的 72.1%，地表水国控断面劣五类水质比例由 2010 年的 20.6%下降到 2014 年的 9.2%。

二、节能环保产业快速发展

"十二五"期间，节能环保产业作为七大战略性新兴产业发展之首，随着我国下大力度推进节能减排，以及《"十二五"节能环保产业发展规划》《国务院关于加快发展节能环保产业的意见》《关于加快推行合同能源管理 促进节能服务产业发展的意见》等系列文件的发布，节能环保产业迎来了巨大的机遇和市场需求，产业得到了快速发展。

---

[11] 中华人民共和国环境保护部。

（一）节能环保产业规模快速扩大

"十二五"期间，我国环保投资 3.4 万亿元，比"十一五"期间增长了 62%，占到 GDP 的 3.5%[12]。2015 年，节能环保产业总产值达到 4.5 万亿元，较 2010 年增长 1.28 倍，年均增速达 17.9%，大幅超过了工业增速（见图 1-5-4），节能环保产业增加值占国内生产总值的比重为 2%[13]左右。"十二五"期间我国培育形成了中国节能、远大集团、方大集团、凯达环保等一批具有国际竞争力的节能环保大型企业集团，同时非环保类大型企业集团通过资本、技术、工程和设备等途径也在纷纷涌入节能环保领域。为了推广节能环保产品，我国实施了"节能产品惠民工程"，2011—2013 年推广节能汽车 700 万辆、高效照明产品 2.2 亿只、高效节能家电 9 600 万台（套）、高效电机 2 000 多万千瓦、再制造产品 110 万台。同时，随着我国环境保护产品的技术水平和产品质量不断提高，国内有实力的环保企业正走入国际市场，中国制造的一体化水处理装备为联合国维和部队提供了清洁饮用水，中国垃圾焚烧发电企业走出国门，到美国、新加坡、泰国提供运营服务。

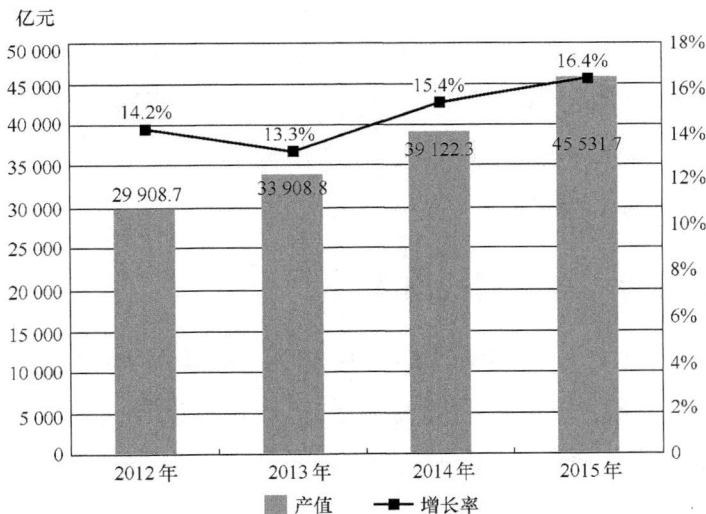

图 1-5-4　2012—2015 年我国节能环保产业产值规模（数据来源：环境保护部）

（二）节能环保技术及装备水平大幅提升

"十二五"期间，经过多年的投入及快速发展，我国节能环保装备和产

---

[12] http://finance.sina.com.cn/china/20151102/222723655477.shtml。
[13] 我国节能环保产业的特征、现状及发展趋势，作者：国家信息中心王庆华等。

品质量、性能大幅提高，节能环保产业已经拥有一批较为成熟的常规节能环保技术和装备，部分关键、共性技术已经开始实现产业化。半导体照明、超临界循环流化床锅炉、烟气脱硫脱硝等一批关键技术取得突破，研发了干法熄焦、纯低温余热发电、高炉煤气发电、炉顶压差发电、等离子点火、变频调速等一批重大节能技术装备，低温余热发电、稀土永磁无铁芯电机等一批先进技术和产品得到大范围推广应用。具体专项领域也取得了突出的成绩，例如水专项重点突破了流域"减负修复"关键技术、流域水环境监控预警"业务化"运行技术等 951 项，申请国内、国际专利 2312 项；"有机废物生物强化腐殖化及腐植酸高效提取循环利用技术"项目获国家技术发明二等奖，"环境一号卫星环境应用系统工程"和"湖泊底泥污染控制理论技术与应用"均获国家科技进步二等奖[14]。此外，环保技术与多领域融合加速，例如，环保物联网已经初步实现污染源实时监控、环境质量系统监测、环境风险应急管理、综合管理及服务等功能，成为环境治理现代化的重要手段。为加快推进节能技术进步，引导用能单位采用先进适用的节能新技术、新装备，"十二五"期间我国共发布 7 批《国家重点节能低碳技术推广目录》，大力推进政府采购。总体来看，我国节能环保产业技术及装备正不断升级，已经初步形成了门类较为齐全的产业体系，为产业大规模快速发展奠定了坚实的基础。

（三）节能环保服务得到快速发展

随着节能环保被提升至国家战略发展层面，政策扶持力度不断加大，"十二五"期间，我国节能服务市场同样发展迅速，节能服务业呈快速增长趋势。截至 2014 年年底，节能服务业企业数量、从业人员、产值分别为 5 125 家、56.2 万人、2 650.4 亿元，比上年增长 5.6%、10.6%、23%[15]。"十二五"前四年，节能服务企业产值平均增速达到了 33.4%（见图 1-5-5），与 2010 年相比从业人员增长了 48.7%，与 2011 年相比节能服务企业增长了 31.4%（见图 1-5-6）。全国运用合同能源管理机制实施节能项目的节能服务公司从 2010 年的 782 家增加到 2013 年的 3 000 家，增长了 2.84 倍。

---

14 国家环境保护"十三五"科技发展规划（征求意见稿）。
15 数据来源：国家发改委。

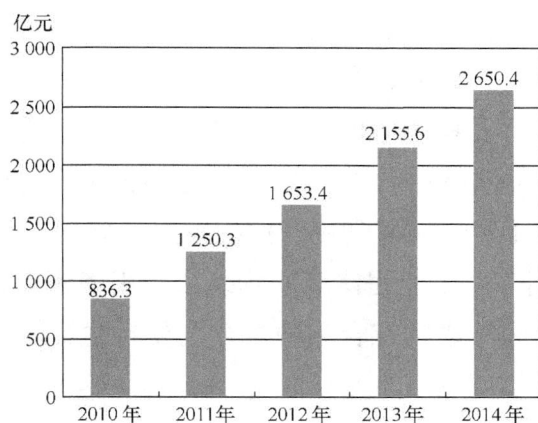

图 1-5-5　2010—2014 年我国节能服务产业产值情况

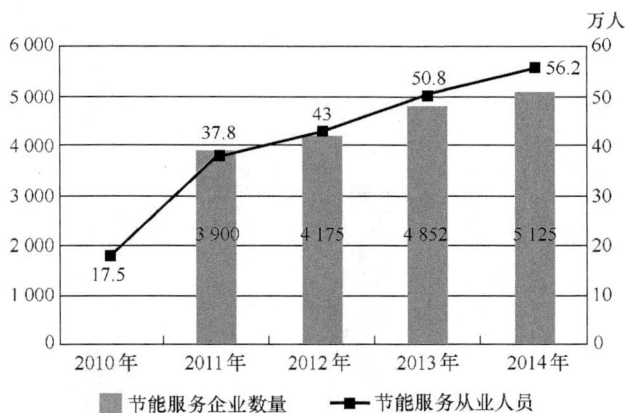

图 1-5-6　2010—2014 年我国节能服务产业企业及从业人员情况

三、全面推行循环生产方式

"十二五"期间,我国发布《循环经济发展战略及近期行动计划》,提出分行业构建循环型工业体系,全面推行循环型生产方式。开展深化工业资源综合利用基地建设试点,实施水泥窑协同处置生活垃圾污泥示范工程,推进资源再生利用产业规范化、规模化发展,开展电器电子产品生产者责任延伸等试点,以及节能减排综合示范城市、"城市矿产"示范基地、园区循环化改造示范试点、

43

海绵城市等多个循环经济领域示范试点创建实施工作，培养形成了多个循环经济产业园区。通过培育太空板业、富春环保、万福生科等建材、造纸、食品、环保循环经济领域的龙头企业，有效整合再生资源"回收—初处理—深加工"链条，加大循环技术研发投入力度，通过提高技术水平提升回收体系效率，提升产业链附加值，同时积极利用"互联网+"等新技术推动资源循环利用产业回收体系精准化，促进了资源循环利用产业的发展。如图 1-5-7 和表 1-5-3 所示，2011—2014 年，我国一般工业固体废弃物综合利用率逐年提升，能源产出率、水资源产出率、工业固体废物综合利用量及主要再生资源回收利用总量均显著提高。

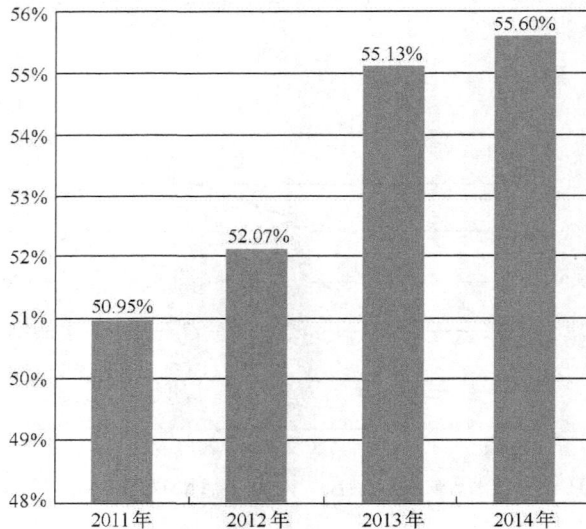

图 1-5-7　2011—2014 年我国一般工业固体废弃物综合利用率（数据来源：国家统计局）

表 1-5-3　　　　　　　　　　2011—2014 年我国循环经济发展情况

指标名称	单位	2010 年	2014 年	2014 年比2010 年提高	规划目标（2014 年比 2010 年提高）
能源产出率	万元/吨标准煤	1.24	1.49	20.2%	18.5%
水资源产出率	元/立方米	66.7	104.33	56.4%	43%
工业固体废物综合利用量	亿吨	16.18	20.59	27.3%	93.2%
主要再生资源回收利用总量	亿吨	1.49	2.45	64.4%	43.6%

指标名称	单位	2010 年	2014 年	2014 年比 2010 年提高	规划目标（2014 年比 2010 年提高）
主要再生有色金属产量占有色金属总产量比重	—	26.7%	26.1%	-2.2%	3.3%
农业灌溉用水有效利用系数	—	0.5	0.52	4%	6%

数据来源：国家统计局，环境保护部，农业部。

第六章　两化融合深入推进

一、信息基础设施能力增强

（一）宽带网络加快升级

宽带接入网络加快升级，FTTH 成为主流接入技术，光纤接入网快速发展，自 2014 年 4G 牌照发放以来，仅用一年时间，就建成了全球最大 LTE 网络，基本实现全国城市和县城的连续覆盖。互联网骨干网结构持续优化，骨干中继持续提升，截至 2014 年年底，我国互联网骨干网带宽超 100Tbit/s，网络结构持续扁平，骨干网络逐渐从星形向网状网演进。

（二）新技术应用提升互联网能力

以下一代互联网示范城市为依托，不断加大 IPv6 改造力度。CDN 快速发展，网络覆盖与分发能力日益提升，实现了全国 31 个省（市、自治区）覆盖，峰值带宽储备超 10TB。数据中心基础设施朝绿色化方向快速发展，"十二五"期间，全国共规划建设数据中心数百个，已投产比例超过 2/3。

（三）加快工业互联网的研究和标准化

研究制定工业互联网整体网络架构方案，推动建立工业互联网标准体系，推进工业和 ICT 领域联合研制标准，开展工业互联网试验验证，2015 年进一步加快标准化工作的总体布局，支撑工业互联网的研究和标准化。

二、两化融合水平迈上新台阶

"十二五"期间，我国网络基础设施建设迈上新台阶，成为国家战略性基础设施，建成全球最大规模的宽带通信网络，有力支撑了两化融合工作，两化融合由单项覆盖向集成提升阶段逐步过渡。

（一）两化融合向集成提升阶段发展[16]

"十二五"期间，我国两化融合整体水平处于单项覆盖阶段，且逐步向集成提升阶段过渡和发展。截至2015年年底，我国45.3%的企业处于起步建设阶段，初步将信息系统引入到企业；40.1%的企业处于单项覆盖阶段，信息通信技术开始向企业单一业务环节渗透；已有11.6%的企业处于集成提升阶段，推动了企业内跨部门、跨环节的业务集成，逐步实现了系统集成基础上的业务优化与流程创新；有3.0%的企业处于创新突破阶段，信息化应用由量变发生质变，融合创新突破企业边界，实现了跨企业的业务协同和模式创新。

从行业分布来看，大型冶金和电力行业两化融合发展水平较高，处于集成提升及以上阶段的企业最多，达到了30%以上；电子、交通设备制造、石化、医药、机械等行业处于集成提升及以上阶段的企业占比均接近20%；而建材行业仍有接近50%的企业仍处于起步建设阶段。

从企业规模分布来看，大型企业处于集成提升及以上阶段的占44.3%，中型企业处于集成提升及以上阶段的占27.3%，小微型企业中只有10.5%达到了集成提升及以上阶段。

从区域发展来看，两化融合区域发展水平差异较大，2014年东部省份的两化融合平均指数是75.20，西部是54.78，中部是63.94，东中、中西、东西部差值分别是11.26、9.16、20.42，仍然有着较大的差距。

"十二五"期间全国两化融合主要指标情况见表1-6-1。

表1-6-1　　　　　　　"十二五"期间全国两化融合主要指标情况

序号	指标	指标计算	大型企业	中型企业	小微型企业
1	信息化投入占比	近五年信息化平均投入×100%/销售收入	0.23%	0.28%	0.30%
2	设置专职信息化部门的企业比例	信息化部门是专职一级部门建制的规模以上企业数量×100%/规模以上企业总数量	68.83%	46.59%	25.63%
3	生产设备数字化率	数字化生产设备数量×100%/生产设备总数量	48.21%	42.72%	32.59%
4	实现企业级编码统一的企业比例	主要编码均实现企业级统一的规模以上企业数量×100%/规模以上企业总数量	56.24%	34.22%	14.89%
5	数字化研发设计工具普及率	应用数字化研发设计工具的规模以上企业数量×100%/规模以上企业总数量	80.49%	71.97%	54.67%

---

[16] 数据来源：《中国企业两化融合发展报告》。

续表

序号	指标	指标计算	大型企业	中型企业	小微型企业
6	关键生产工序数控化率	数控化的关键生产工序数量×100%/关键生产工序总数量	54.18%	41.62%	26.11%
7	实现关键业务环节全面信息化的企业比例	实现关键业务环节全面信息化的规模以上企业数量×100%/规模以上企业总数量	54.55%	46.47%	30.87%
8	实现能源管理信息化的企业比例	实现能源管理信息化的规模以上企业数量×100%/规模以上企业总数量	30.95%	19.00%	11.35%
9	应用电子商务的企业比例	应用电子商务的规模以上企业数量×100%/规模以上企业总数量	60.80%	57.04%	50.25%
10	实现管控集成的企业比例	实现管控集成的规模以上企业数量×100%/规模以上企业总数量	30.66%	23.24%	14.45%
11	实现产供销集成的企业比例	实现产供销集成运作的规模以上企业数量×100%/规模以上企业总数量	33.90%	22.94%	12.60%
12	实现产业链协同的企业比例	实现产业链协同的规模以上企业数量×100%/规模以上企业总数量	10.93%	8.35%	4.99%

（二）信息技术推动工业转型升级

数字化研发设计能力持续加强，助推企业研发模式创新。信息通信技术推动了研发设计手段创新，提高了企业产品开发能力，缩短了产品研制周期，降低了开发成本。2015 年，我国工业企业数字化研发设计工具普及率为 56.7%。传统的数字化研发设计工具正向综合集成设计、虚拟仿真、数字模型等一体化方向发展，产业链协同设计体系更加完善，产品全生命周期数字化设计模式加速普及，创新了制造企业的研发设计模式，催生出了大规模个性定制、众包设计等新的研发模式。

生产设备数字化、网络化水平提升引爆我国工业企业效率革命。生产设备的数字化、网络化促进了企业全员劳动生产率的提升。我国企业的生产设备数字化率由 20%以下提升至 80%以上，全员劳动生产率由 39 万元增长至约 60 万元；当数字化生产设备联网率超过 80%，其平均全员劳动生产率将达到 65 万元以上。2015 年，我国工业企业生产设备数字化率为 45.1%，数字化生产设备联网率为 39.0%。

工业企业各业务环节的信息化普及率提升，促进现代企业管理体系建立。

2015 年，实现关键业务环节全面信息化的企业比例已达 31.2%。其中，消费品行业中实现关键业务环节信息化的企业比例最高，为 31.5%，原材料行业、装备行业则分别为 26.1%、31%。信息化提升了业务协同能力，深化了财务管理与采购、生产制造、销售、物流配送等核心业务的无缝衔接和集成应用。

提升工业企业物流信息化水平，带动全供应链协同运作。随着物联网技术的成熟与普及，逐步实现产品物流运作的可追溯管理、市场正确管理、产品质量可追溯管理，提高了企业的物流运作效率，降低了物流成本。企业通过建立面向供应链的物流体系，建立与上下游企业的沟通和协作，强化供应链关键流程，有效降低供应链成本。

（三）信息产品和服务向生产领域加速渗透

"十二五"期间，信息消费已经成为消费领域中增长最为迅猛的新兴消费领域。2014 年信息消费总体规模突破 2.8 万亿元，同比增长 25%，占 GDP 的 4.46%。2015 年，信息消费规模约为 3.35 万亿元，占 GDP 的比重达 4.88%。信息产品和服务由消费领域向生产领域加速渗透。线上线下互动的新兴消费持续扩张，互联网金融、移动支付等快速增长态势不减；大规模个性定制、网络制造、服务型制造等生产方式变革不断涌现，电子政务、在线医疗、智慧交通能力大幅提升。信息消费创业创新模式初显，成为大众创业、万众创新最活跃的领域。依托资产优势基础设施平台，开展云平台租用服务，利用应用运行环境优势提供快速孵化的平台，借助行业资源优势，构建创业创新生态平台。

（四）工业电子商务健康发展

"十二五"期间，国务院出台了《关于大力发展电子商务 加快培育经济新动力的意见》等系列文件，对工业电子商务相关工作做出了重要战略部署。2012年，工业和信息化部印发了《电子商务"十二五"发展规划》，制定了推进工业电子商务发展、促进工业从生产型制造向服务型制造转变的重要任务。2013 年，积极开展工业电子商务试点示范工作，在大企业电子商务和供应链信息化提升等领域确立了 342 个"电子商务集成创新试点"项目，引导一批大中型工业企业电子商务的深入应用和重点工业行业第三方平台的集成创新发展。2014 年，工业和信息化部聚焦工业电子商务支撑体系集成创新等领域，确定在北京市朝阳区等 6 个地区开展工业电子商务区域试点工作。2015 年，工业和信息化部全面开展工业电子商务运行形势监测分析工作。

（五）建立推广两化融合管理体系

围绕指导企业形成两化融合科学的推进机制和管理模式的需求，编制了《两化融合管理体系要求》《两化融合管理体系基础和术语》《两化融合管理体系实施指南》《两化融合管理体系审核指南》以及两化融合管理体系指导性标准《工业企业信息化和工业化融合评估规范》。2014 年，在全国范围内选择了 502 家国家级贯标试点企业；2015 年，在全国遴选了 600 家国家级贯标试点企业。截至 2015 年年底，共计有 2 000 余家企业实践两化融合管理体系标准，并在体系框架下识别和打造信息化环境下的新型能力。

三、新技术为两化融合带来新手段

（一）推动互联网与工业融合创新

2014 年 7 月，在工业和信息化部的指导下，工业和信息化部电信研究院（中国信息通信研究院）等多家单位共同发起成立了中国互联网与工业融合创新联盟，发布了《互联网与工业融合创新蓝皮书》，系统总结工业产业界创新实践，全方位展现中国互联网和工业融合创新的做法经验。积极开展互联网与工业融合试点示范，2014 年筛选了 23 家首批试点企业，2015 年又选出第二批 100 家试点企业。通过开展试点工作，了解各行业企业在利用互联网方面的做法，研究互联网在提升市场营销与客户服务水平、优化生产与商业模式等方面的作用，为政府部门制定政策提供参考依据，也为企业开展融合创新工作提供参照标杆。

（二）全面实施智能制造试点示范

智能制造是落实《中国制造 2025》的主攻方向，2015 年是我国大力推动智能制造工作的元年，2015 年 12 月 29 日，工业和信息化部、国家标准化管理委员会共同组织制定了《国家智能制造标准体系建设指南（2015 年版）》，着手大力实施智能制造试点示范专项行动。2015 年聚焦制造的关键环节，在基础条件好和需求迫切的重点地区、行业，分类开展流程制造、离散制造、智能装备和产品、智能制造新业态新模式、智能化管理、智能服务 6 个方面的试点示范专项行动，连续实施 3 年后，根据试点示范情况，再做相应的调整和深化。试点示范项目实现运营成本降低 20%，产品研制周期缩短 20%，生产效率提高 20%，产品不良品率降低 10%，能源利用率提高 4%。2015 年在全国 300 多个申报企业中，选出 46 家企业作为首批试点示范项目，涵盖 21 个省（市、自治区），涉及 20 多个行业。

（三）积极部署工业云平台

各级政府科学规划工业云平台布局，合力推进。2013 年，工业和信息化部确定北京、天津、河北、内蒙古、黑龙江、上海、江苏等 16 个省（市）开展首批工业云创新服务试点，注册用户数超过 1 500 万，企业用户数超过 20 万家，提供软件工具和软件服务超过 3 000 个，模型、图纸、手册等技术资源超过 4 万个，培训视频超过 7 500 部。加强与科研院所、IT 服务商、重点企业的合作，充分整合各方的优势资源，不断丰富工业云平台资源、应用和服务内容，积极构建工业云应用生态体系，为企业提供计算资源以及计算机辅助设计、制造、管理等方面的软件工具和服务。成立第三方机构，共同推进工业云发展，联合政、研、学、商、企等多方单位，建立工业云产业联盟等第三方机构，不断完善推进服务体系。

（四）提升工业大数据应用水平

工业大数据是在工业领域信息化相关应用中产生的海量数据，不仅包括企业内，还包括客户、用户、产业链及互联网上的数据，核心是机器数据。大数据和物联网、云计算共同支撑制造生命周期各环节的业务模式创新。通过大数据驱动的创新产品设计、智能制造、智能服务，实现提升产品质量和生产效率、节省成本。2015 年 8 月，国务院发布《关于印发促进大数据发展行动纲要的通知》，这是我国第一份专门面向大数据的国家级政策文件，对大数据在工业中的应用提出了具体要求。一是深化工业大数据应用，推动大数据在工业研发设计、生产制造、经营管理、市场营销、售后服务等产品全生命周期、产业链全流程各环节的应用，分析感知用户需求，提升产品附加价值，打造智能工厂。二是发展工业大数据新兴产业，充分发掘数据资源支撑创新的潜力，带动技术研发体系创新、管理方式变革、商业模式创新和产业价值链体系重构，推动跨领域、跨行业的数据融合和协同创新，探索形成协同发展的新业态、新模式，培育新的经济增长点。2015年，在工业和信息化部的指导下，中国电子学会、电子科学技术情报研究所等单位联合成立了"中国工业大数据创新发展联盟"，共同推动大数据在工业领域的应用创新。

第七章 空间布局不断优化

一、重点战略区域稳步发展

（一）长江经济带工业实力不断提升

"十二五"期间，在国家"三个支撑带"战略下，长江经济带经济总量、工业实力不断提高，发展成就令人瞩目。2011—2015 年，长江经济带地区国内生产总值占全国比重逐年上升，从 2011 年的 43.91%上升到 2015 年的 45.12%，已占据我国的"半壁江山"（见图 1-7-1）。从 GDP 的增长速度来看，"十二五"期间，长江经济带的年均增长率为 10.45%，各年的 GDP 增长率均高于全国平均水平。尤其是中西部地区（重庆、四川、贵州）经济高速增长，带动长江经济带经济加速增长，展现出旺盛的经济发展活力（见图 1-7-2）。

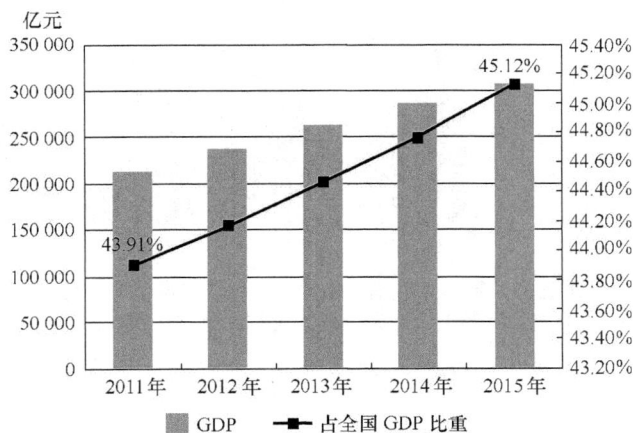

图 1-7-1 长江经济带 GDP 及其占全国 GDP 比重变化情况

（数据来源：根据各省 GDP 数据计算而得）

长江经济带工业实力增强。2011—2015 年，长江经济带平均工业增速达 12%，高于全国平均水平的 9.6%（见图 1-7-3）。以上海为中心的长江三角洲地区是我国最大的综合性制造业基地，已形成加工工业和基础工业全面发展的较完善的生产体系，一些重要的工业和企业在全国均处于领先地位，市场份额比重高，对整个国民经济都有巨大的影响力和推动作用。

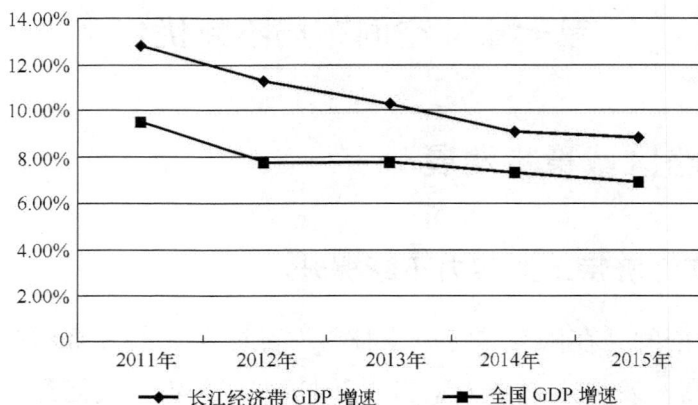

图 1-7-2　长江经济带 GDP 增速与全国 GDP 增速比较

（数据来源：根据各省 GDP 增速数据计算而得）

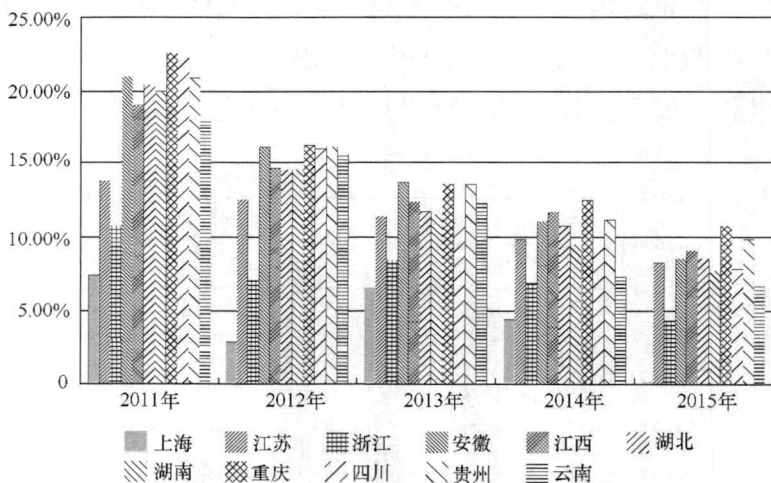

图 1-7-3　2011—2015 年长江经济带工业增速

长江经济带产业结构不断升级，产业转移和产业承接速度加快。"十二五"期间，长江经济带加快对现有产业结构的调整步伐，上海等核心城市推进产业结构升级，大力发展电子通信、生物医药、新材料等高端产业。欠发达地区承接发达地区某些成熟的传统产业，对原有比较落后的传统主导产业进行升级换代。

（二）京津冀一体化实质性推进

"十二五"时期，京津冀区域一体化进入实质性发展阶段。2004 年，国家发改委正式启动了"京津冀都市圈"区域规划的编制，但多年来，京津冀一体化并无实质性的进展。国家"十二五"规划纲要明确提出推进京津冀区域经济一体化发展，打造首都经济圈。这一政策的出台，标志着京津冀地区的发展已是国家层面的发展战略，京津冀区域经济一体化进入实质性阶段。2014年2月26日，习近平总书记在听取京津冀协同发展工作汇报时强调，实现京津冀协同发展是一个重大的国家战略。2014年3月5日国务院总理李克强在做政府工作报告时指出，要加强环渤海及京津冀地区经济协作。2015年3月23日，中央财经领导小组第九次会议审议研究了《京津冀协同发展规划纲要》。中共中央政治局2015年4月30日召开会议，审议通过《京津冀协同发展规划纲要》。纲要指出，推动京津冀协同发展是一个重大的国家战略，核心是有序疏解北京非首都功能，要在京津冀交通一体化、生态环境保护、产业升级转移等重点领域率先取得突破。这意味着，京津冀协同发展的顶层设计已基本完成，推动实施这一战略的总体方针已经明确（见表1-7-1）。

表1-7-1　　　　　　　　国家层面对京津冀一体化战略的推进活动

2014年	事　件
2月26日	习近平总书记在北京主持召开座谈会，专题听取京津冀协同发展工作汇报，强调实现京津冀协同发展
3月5日	李克强总理在做政府工作报告时指出，要加强环渤海及京津冀地区经济协作
3月31日至4月1日	张高丽赴河北调研，要求推动京津冀协同发展
4月9日	国务院成立京津冀协同发展领导小组，张高丽任组长
2015年	**事　件**
3月23日	中央财经领导小组第九次会议审议研究了《京津冀协同发展规划纲要》
4月30日	中共中央政治局审议通过《京津冀协同发展规划纲要》
9月7日	中办、国办印发《关于在部分区域系统推进全面创新改革试验的总体方案》
8月1日	京津冀漫游费和长途费取消
12月8日	发改委、交通部共同印发《京津冀协同发展交通一体化规划》

在国家高度重视京津冀一体化发展的大背景之下，京津冀三地纷纷签署了战略合作协议并进行了一些实质性的对接活动。2013年，京津冀三省市针对加强经济与社会发展及区域合作分别签订了《北京市—天津市关于加强经济与社会发展合作协议》《北京市—河北省2013年至2015年合作框架协议》《天津市与河北省深化经济与社会发展合作框架协议》，都对产业转移及对接进行了明确的规划及定位，为未来的产业转移及对接指明了方向。

2014 年，北京、天津、河北三地规划部门已经建立协同发展机制，在一体化的空间布局上，实施稳妥推进"北京和天津、河北建立了京津冀协同发展机制，中关村和天津建立了产业园等"。三地在交通、环境、医疗卫生、海关等领域签署了战略合作协议（见表 1-7-2）。

表 1-7-2　　　　　　　　　京津冀三地关于京津冀一体化的活动

2014 年	事　件
2 月	天津市启动京津冀城市群区域规划研究，为构建京津"双城记"提供保障
4 月	签署《北京市科委、天津市科委、河北省科技厅共同推动京津冀国际科技合作框架协议》
5 月	京津冀及周边地区大气污染协作第二次会议召开
6 月 17 日	北京市卫计委、天津市卫生局、河北省卫计委在京共同签署了《京津冀突发事件卫生应急合作协议》
7 月 1 日	京津冀海关区域通关一体化正式启动
7 月 31 日	河北党政代表团来京考察，双方签署了 7 项合作文件
8 月 6 日	京津双方签署了 6 项区域合作协议及备忘录，其中交通一体化为优先领域
2015 年	
11 月 19～21 日	由工业和信息化部、北京市政府、天津市政府、河北省政府共同举办 2015 京津冀产业转移系列对接活动，共促成约 150 个项目，总投资达 4 500 多亿元

2015 年，京津冀产业对接进一步推进。北京与河北共建曹妃甸协同发展示范区，20 多家北京企业到曹妃甸落户发展；北京现代第四工厂落户河北沧州并于 4 月实现开工建设；北京推动 22 家生物制药企业集中签约落户沧州渤海新区生物医药产业园；推动中关村示范区、亦庄开发区与津冀合作共建大数据走廊、保定中关村创新中心等科技园区，加快打造跨京津冀科技创新园区链，努力建设京津冀全面创新改革试验区。2015 年 1～10 月，北京、河北在天津投资资金到位额超过 1 520 亿元，占天津全市利用内资的 43%，从北京转移到天津的华泰汽车总部等一批项目已建成。天津企业到河北省投资项目 648 个，到位资金约 300 亿元。国资委和河北省举办了"央企进河北"活动，87 家央企参与对接洽谈，签署协议 69 项；工业和信息化部举办的产业转型对接活动，1 000 多家企业参会，签约项目 150 个[17]。

（三）"一带一路"国际产能合作取得积极进展

自 2013 年提出"一带一路"倡议以来，我国对外投资合作快速增长。根据商务部的统计数据，2015 年，我国境内投资者共对全球 155 个国家和地区的 6 532

---

[17] 2015 京津冀协同发展十大事件点评，凤凰财经，http://finance.ifeng.com/a/20151217/14128259_0.shtml。

家境外企业进行了非金融类直接投资，对外投资额达到 1 180.2 亿美元，其中制造业投资额 143.3 亿美元，制造业投资增长率逐步上升（见表 1-7-3）。

表 1-7-3　　　　　　　　2015 年我国对外投资情况

	1～5 月	1～6 月	1～7 月	1～8 月	1～9 月	1～10 月	1～11 月	1～12 月
对外直接投资额（亿美元）	454.1	560	635	770	873	952.1	1 041.3	1 180.2
对外直接投资同比增长	47.4%	29.2%	20.8%	18.2%	16.5%	16.3%	16%	14.7%
制造业投资额（亿美元）	39.9	50.9	58.6	68.2	91	99.4	118	143.3
制造业投资同比增长	61.5%	63.1%	61.4%	54%	85.7%	82.8%	95.4%	105.9%

数据来源：商务部走出去公共服务平台数据。

其中，对"一带一路"相关的 49 个国家进行了直接投资，投资额合计 148.2 亿美元，投资主要流向新加坡、哈萨克斯坦、老挝、印度尼西亚、俄罗斯和泰国等。如表 1-7-4 所示，2015 年 1～10 月，与"一带一路"沿线国家的贸易总额达到 8 203.93 亿美元，占全国总贸易额的 25.4%。其中，出口占比达 61.5%。

对外承包工程方面，2015 年，我国企业在"一带一路"相关的 60 个国家新签对外承包工程项目合同 3 987 份，新签合同额 926.4 亿美元，占同期我国对外承包工程新签合同额的 44.1%，同比增长 7.4%；完成营业额 692.6 亿美元，占同期总额的 45%，同比增长 7.6%[18]。

表 1-7-4　　　　　　　2015 年我国与"一带一路"沿线国家贸易情况

指标	1～3 月	1～4 月	1～5 月	1～6 月	1～7 月	1～8 月	1～9 月	1～10 月
与"一带一路"沿线国家双边贸易额（亿美元）	2 360	3 161	3 984	4 854	5 735	6 570	7 428	8 203.93
占全国进出口总额比重	26.0%	25.9%	25.8%	25.8%	25.4%	25.7%	25.6%	25.4%
我国对"一带一路"沿线国家出口额（亿美元）	1 445	1 915	2 440	2 958	3 486	4 009	4 550	5 044
占全国出口总额比重	28.0%	27.8%	27.7%	27.6%	27.1%	27.4%	27.34%	27.2%
从"一带一路"沿线国家进口总额（亿美元）	915	1 245	1 544	1 896	2 249	2 562	2 878	3 160
占我国进口总额比重	23.4%	23.4%	23.3%	23.4%	23.2%	23.4%	23.2%	23.0%

数据来源：商务部走出去公共服务平台数据。

---

[18] 商务部走出去公共服务平台—服务"一带一路"，http://fec.mofcom.gov.cn/article/fwydyl/tjsj/。

我国企业与"一带一路"沿线国家产能合作的方式日益多样化。截至2015年年底,我国企业正在建设境外经贸合作区75个,已通过确认考核的13个。在建的75个合作区中,有53个分布在"一带一路"沿线国家;已通过考核的13个合作区中,有10个位于"一带一路"沿线国家。在建75个合作区中,有一半以上是与产能合作密切相关的加工制造类园区,累计投资70.5亿美元,入区企业1 209家,累计总产值420.9亿美元,带动了国内纺织、服装、轻工、家电等优势传统行业部分产能向境外转移[19]。另外,2015年广西钦州与马来西亚彭亨州的关丹建设的"两国双园"——中马钦州产业园和马中关丹产业园已顺利开园。2015年,中国企业园区国际合作联盟成立,旨在开辟新时期国际经济和贸易合作的新模式。

企业是"一带一路"产能合作的主体。国有企业中,中央企业是"走出去"的主要力量,已有约100家央企在"一带一路"沿线国家设立分支机构。也有许多民营企业参与对外投资,助力"一带一路"产能合作。

二、工业区域协调发展能力增强

为促进区域协调发展,中国逐步形成了"东部率先、西部开发、东北振兴、中部崛起"的四大区域板块,构成了国家"十一五""十二五"规划的区域发展总体战略。"十二五"时期,国家围绕"四大板块"战略主要采取了三类举措和行动,包括研究制定区域性规划和指导意见,促进重大基础设施建设、重点区域和特色优势产业培育;选择重点地区实现引领示范;推进基础设施、生态治理等重大工程项目[20]。

(一)四大板块增长协调性增强

在经济总量方面,东部地区的经济总量仍占据全国的"半壁江山",中部地区和西部地区的比重均保持在20%左右,东北地区的比重仍未突破全国的1/10。2011—2015年间,东部地区的经济总量占全国的比重小幅下降了0.5%,

---

[19] "一带一路"产能合作现状、问题与对策,http://finance.huanqiu.com/br/analyze/2016-04/8806396.html。
[20] 孙微等,"四大板块"战略实施效果评估与"十三五"规划建议,中国科学院院刊,2016年第31卷第1期。

中部地区的比重小幅上升了 0.3%（见表 1-7-5），西部地区的比重由"十二五"初期的 19.2% 上升到 2015 年的 20.1%，东北地区的比重由 2011 年的 8.7% 下降至 2015 年的 8.0%。相对应，从经济增速和工业增速来看，均是西部增长最快，其次为中部和东部地区，东北地区经济增长速度的下降趋势非常明显（见图 1-7-4 和图 1-7-5）。

表 1-7-5   "十二五"期间四大板块的国内生产总值占比

年份	东部	西部	东北	中部
2011 年	52.0%	19.2%	8.7%	20.0%
2012 年	51.3%	19.8%	8.8%	20.2%
2013 年	51.2%	20.0%	8.6%	20.2%
2014 年	51.2%	20.2%	8.4%	20.3%
2015 年	51.5%	20.1%	8.0%	20.3%

数据来源：国家统计局。

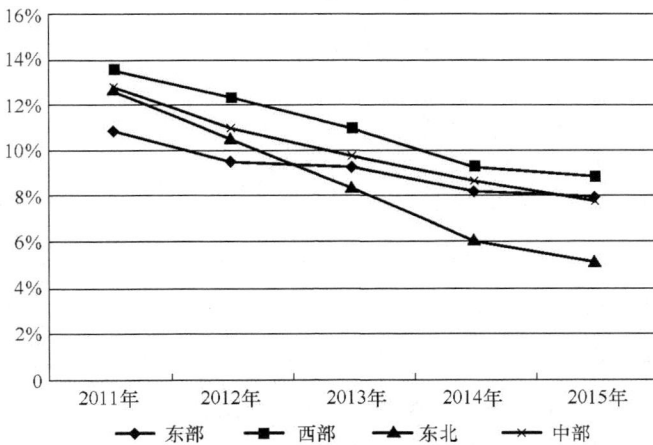

图 1-7-4 "十二五"期间四大板块的 GDP 增长率（数据来源：国家统计局）

（二）投资继续向中西部倾斜

投资结构呈现向中西部地区倾斜的特征。2013—2015 年，中部地区投资年均增长 16.7%，比全部投资年均增速高 1.7 个百分点，占全部投资的平均比重为 28.7%，比 2012 年提高 0.7 个百分点；西部地区投资年均增长 16.7%，比全部投资年均增速高 1.7 个百分点，占全部投资的平均比重为 24.8%，比 2012 年提高 1.1 个百分点；东部地区投资年均增长 13.1%，比全部投资年均增速低 1.9 个百分点，占全部投资的平均比重为 45.3%，比 2012 年下降 1.3 个百分点。中、西部地区投资年均增速均比东部地区高 3.6 个百分点,占全部投资的平均比重合计为 53.5%,比 2012 年提高 1.8 个百分点。中西部地区投资较快增长,有利于缩小中西部地区与东部地区经济发展的差距,促进地区间协调发展。

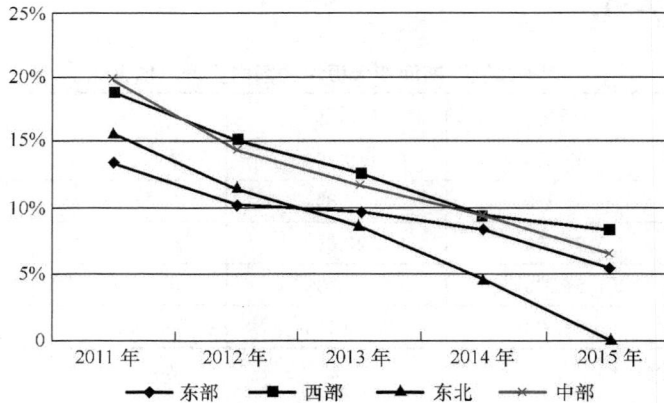

图 1-7-5 "十二五"期间四大板块的工业增速(数据来源:国家统计局)

(三)产业转移呈现加速趋势

"十二五"期间,我国各地区产业转移有序推进,成为地区产业调整和产业结构升级目标的有效方法。东部地区规模以上工业企业数量呈波动下降,发展重点开始由资源依赖性较强的加工制造业、重工业企业向技术型产业发展,着重加快第三产业的发展。由于各种因素导致的生产成本的上升及市场需求的变化,东部地区第二产业面临发展瓶颈,进而通过向中西部地区进行传统工业的转移,实现东部地区的经济扩散。中西部地区利用本地区人力资源与自然资源的优势,积极通过承接东部地区产业转移,快速发展本地工业企业、加工制造业等第二产业[21]。

东部地区向中西部地区产业转移速度不断加快,但仍以低端产业为主。"十二五"期间,纺织服装、木材家具、造纸等行业出现了不同程度的从东部地区向中西部地区转移的趋势,转出规模也大幅增加。从产业转移的行业来看,东部向中西部地区产业转移仍以能源原材料和劳动密集型等低端产业为主。

---

[21] 林柯、徐珊珊,我国东中西部地区产业转移的区域差异研究,决策咨询,2015(6):74-75。

中部地区仍为主要产业转入地区。由于东部地区工业生产成本上升和资源环境压力造成的产业推力，以及中部地区相对较好的区位条件和相对较低的生产成本引起的产业拉力，在这双重动力下，许多劳动密集型产业选择落户中部。"十二五"末期，在中央政府力促中西部地区成为产业转移首选地的举措下，东部向西部转移以及东中部向西部转移趋势明显。

低端制造业及劳动密集型产业加速向中西部地区转移。东部地区为电力及采掘业净转出地区，主要转移至西部地区。同时，中部地区也有部分电力及采掘业向西部地区进行转移。东部地区也是劳动密集型产业净转出地区，主要转移至中部地区。资本密集型产业的净转入地区为东部，西部地区为主要净转出地区。技术密集型产业处于向东部地区集聚的阶段。

<h1 style="text-align:center">第八章 国际竞争力显著增强</h1>

"十二五"期间我国工业在国际上的地位显著提升，工业企业"走出去"进展顺利，中高端领域的国际影响力与知名度也稳步提升，中国正从制造大国向制造强国转变。

一、工业大国地位持续巩固

（一）工业规模稳居世界首位

"十一五"期末，我国已成为全球制造业大国，2010 年，中国制造业占全球总量的 18.9%，一举超越美国（18.2%），成为世界第一制造业大国。"十二五"以来工业大国地位持续巩固，总体规模大幅提升，是支撑世界经济的重要力量，2012 年、2013 年，我国制造业产出占世界比重达到 19.4%和 20.8%[22]，至 2015年连续 6 年保持世界第一大国地位。"十二五"期间，我国工业增加值率同世界工业增加值率趋势相同，呈下滑趋势，但总体仍然大幅高于世界工业增加值率，如图 1-8-1 所示。

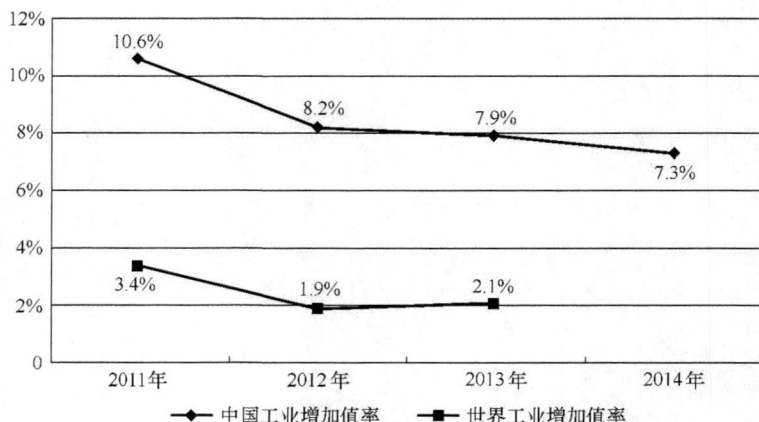

图 1-8-1 "十二五"期间工业增加值率的变化（数据来源：世界银行）

---

[22] 数据来源：世界银行。

"十二五"期间我国工业产品产量稳居世界第一。据统计，2013 年在 500余种主要工业产品中，我国的钢铁、水泥、煤炭、服装、彩电、手机、汽车等约 220 多种产品产量位居世界第一。我国出口大国地位进一步强化。"十二五"期间我国高技术产品出口占制成品出口比例总体呈现增长趋势，虽然 2014 年有所下降，但仍高于世界平均水平，如图 1-8-2 所示。而且我国高技术产品出口额占全球比重在"十二五"期间呈现稳定增长趋势，到 2013 年该占比达到 26.6%。

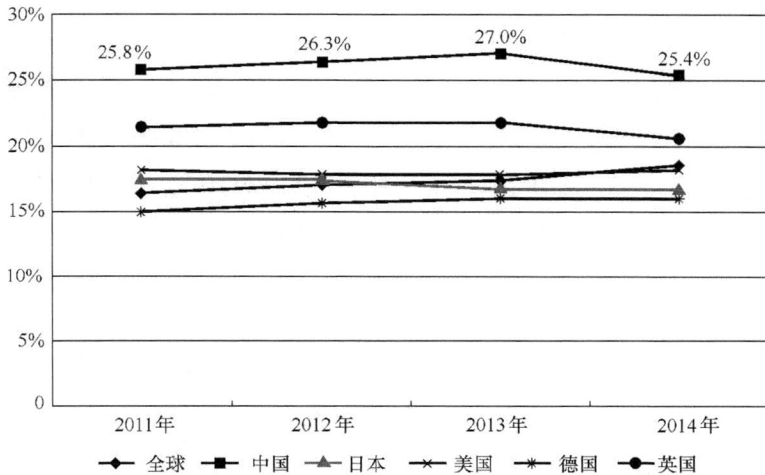

图 1-8-2 "十二五"期间高技术产品[23]出口占制成品出口比例（数据来源：世界银行）

（二）企业的国际竞争力有所增强

2014 年，我国共有 100 家企业入选"财富世界 500 强"，比 2008 年增加 65家，其中制造业企业 56 家（不含港澳台），1 家工程机械企业进入全球 50 强，连续 2 年成为世界 500 强企业数仅次于美国（130 多家）的第二大国[24]。与此同时，持续的技术创新，也大大提高了我国制造业的综合竞争力，载人航天、载人深潜、大型飞机、北斗卫星导航、超级计算机、高铁装备、百万千瓦级发电装备、万米深海石油钻探设备等一批重大技术装备取得突破，高铁、海洋工程装备、核电装备、卫星成体系走出国门，形成了一批具有国际竞争力的优势产业和骨干企业。我国已具备了建设工业强国的基础和条件，逐渐起

---

[23] 高技术出口产品是指具有高研发强度的产品，例如航空航天、计算机、医药、科学仪器、电气机械等领域的产品。

[24] 数据来源：工业和信息化部部长新闻稿。

步向制造强国转变。

二、工业"走出去"日益活跃

(一)制造业对外投资加速推进

"十二五"期间制造业对外投资增势强劲。对外直接投资流量从 2010 年的 46.6 亿美元增长到 2015 年的 143.3 亿美元,年均增长 25.2%。2014 年制造业对外直接投资净额达到 95.8 亿美元,处于历史高位。制造业对外直接投资占比也保持稳定增长,2012 年制造业对外直接投资净额占比最高达到 9.87%,2013 年该占比下降为 6.67%,2014 年该占比为 7.78%,较 2013 年有所提升但并未达到历史水平,仍高于"十一五"期末水平,如图 1-8-3 所示。

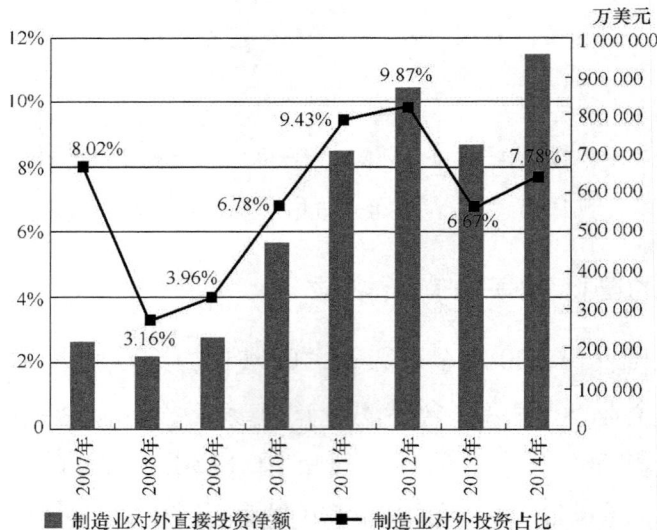

图 1-8-3 "十二五"期间制造业对外投资占比变化(数据来源:商务部)

与此同时,"十二五"期间对外直接投资存量有所增加,但由于我国起步较晚,与发达国家仍然存在差距。据商务部的数据显示,2014 年年末,中国对外直接投资存量 8 826.4 亿美元,较上年末增加 2 221.6 亿美元,是 2002 年年末存量的近 30 倍,占全球外国直接投资流出存量的份额由 2002 年的 0.4%提升至 3.4%,排名由第 25 位上升至第 8 位。中国对外直接投资起步较晚,"十二五"

期间总体处于快速发展期，但存量规模仍远不及发达国家，2014 年年末存量仅相当于同期美国的 14%，英国、德国的 55.7%，法国的 69%，日本的 74%，如图 1-8-4 所示。

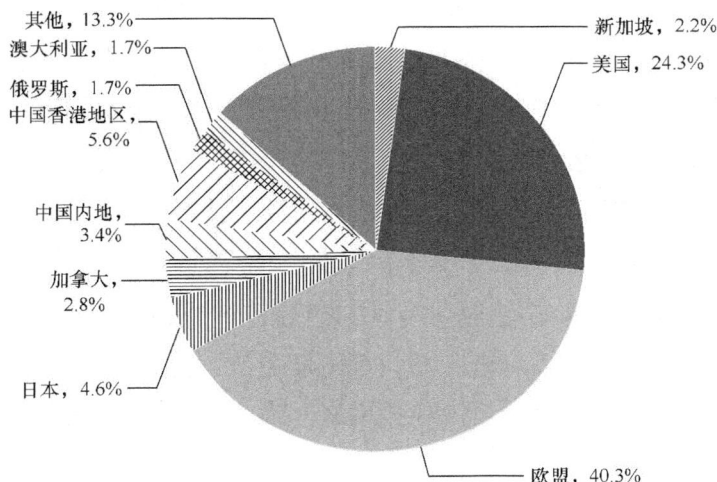

图 1-8-4　2014 年年末主要经济体对外直接投资存量占比情况

（资料来源：商务部《2014 年度中国对外直接投资统计公报》）

（二）制造业对外投资质量提升

"十二五"期间，制造业"走出去"向高端技术领域转变趋势明显。之前对外直接投资总体以传统制造业为主，但"十二五"期间对技术密集型项目的投资明显增多，并购项目多以高端技术领域为主要目的，如徐工集团和三一重工分别收购德国施维英公司和普茨迈斯特公司，获得了国际先进的混凝土设备制造技术。制造业资本和技术输出进程加快，"十二五"期间制造业"走出去"从以产品出口、销售渠道建设为主的贸易阶段，逐步向以跨国股权投资、海外投资建厂、海外研发中心、售后服务网络及经贸合作区建设为主要形式的投资阶段转变，实现了由产品出口向资本和技术输出的转变。制造业"走出去"产业链条延伸不断深化，"十二五"期间我国企业纷纷在技术领先或市场广阔的西欧、南欧、北美等地建立研发设计中心、销售中心和维修服务基地，不断提升研发能力和技术水平，加快构建本地化的营销和产品服务体系。

（三）制造业境外企业发展良好

制造业境外企业数量快速扩张，截至 2014 年年末，制造业境外企业数量达 6 105 家，占我国全部境外企业数的 20.6%，比 2010 年增加了 1 500 余家，具体数据见表 1-8-1。制造企业对外并购活跃，2014 年制造业并购 167 起，并购金额 118.8 亿元，同比分别增长 29.5% 和 16.2%，分别占 2014 年全部对外投资并购案例数和总金额的 28.1% 和 20.9%，并购目的多为获取关键资源、技术和市场。交通、电力、通信企业成为制造业"走出去"的主力军。2015 年 1～11 月，技术领先、市场广阔的交通、电力、通信三大领域企业新签合同额达 921 亿美元，占对外承包工程新签合同额的 56.5%，其中超过 1 亿美元的大型项目达 342 个，成为工业企业"走出去"的主要力量，中铁建等骨干企业实施的一系列对外承包工程带动了机电设备、铁路信号等产业集群进入海外市场，也成功输出了中国铁路技术标准。2014 年年末对外直接投资存量排序中工业跨国公司前 100 强名单见表 1-8-2。

表 1-8-1	截至 2014 年年末境外企业行业分布	
行业	境外企业数（家）	占比
批发和零售业	8 759	29.5%
制造业	6 105	20.6%
租赁和商务服务业	3 902	13.1%
建筑业	2 168	7.3%
采矿业	1 494	5.0%
农林牧渔业	1 356	4.6%
科学研究和技术服务	1 226	4.1%
信息传输、软件和信息技术服务业	856	2.9%
交通运输、仓储和邮政	838	2.8%
居民服务、维修和其他服务业	764	2.6%
金融业	608	2.0%
房地产	569	1.9%
电力、热力、燃气及水的生产和供应业	323	1.1%
住宿和餐饮	286	1.0%
文化体育和娱乐业	272	0.9%
水利、环境和公共设施管理	91	0.3%
其他	82	0.3%
合计	29 699	100%

资料来源：商务部《2014 年度中国对外直接投资统计公报》。

表 1-8-2 　　　　2014 年年末对外直接投资存量排序中工业跨国公司前 100 强

排　　名	公　　司
18	中粮集团有限公司
28	中国兵器工业集团公司
31	中国中钢集团公司
36	中国航空工业集团公司
37	武汉钢铁集团公司
38	宝钢集团有限公司
53	美的集团股份有限公司
60	中国重型汽车集团有限公司
65	TCL 集团股份有限公司
67	三一重工股份有限公司
68	上海汽车集团股份有限公司
72	中联重科股份有限公司
73	中国南车集团公司
74	渤海钢铁集团有限公司
75	中国机械工业集团有限公司
77	首钢总公司
78	海尔集团电器产业有限公司
80	广州汽车集团股份有限公司
81	鞍钢集团公司
88	河北钢铁集团有限公司
96	中国中纺集团公司
99	中国船舶工业集团公司

资料来源：商务部《2014 年度中国对外直接投资统计公报》。

三、质量品牌国际影响力提升

"十二五"期间，我国工业质量与品牌竞争力不断增强，在国际上的影响力也不断提升。航天、发电、轨道交通等重大装备质量水平进入世界前列，钢铁、有色金属、石化和建材等主要产品技术标准和实物质量已与国际水平接轨，工程机械、通用装备质量与可靠性水平不断提高，与国际先进水平的差距进一步缩小。高铁、核电成为知名"国际产品"，华为、中兴、海尔等成为知名"国际品牌"，新华网举办的"中国智造·世界影响"活动评选了 2015 年最具影响力的中国品牌，主要集中在制造业，华立集团、完美、波司登、长安汽车、一汽红旗、国家电网、娃哈哈、格力电器、苏宁云商、爱康国宾 10 家企业获得 2015 年"最具世界影响力的中国品牌"大奖。南京朗坤、曙光、倍杰特、清新环境、特锐德、首汽租车、协鑫集成、易瓦特 8 家企业获得 2015 年中国品牌新锐榜。此外，"十二五"期间，企业的品牌意识与品牌培育能力不断提升，4 000 多家企业建立品牌培育管理体系，一批企业实现了从代工制造向培育自主品牌的跨越。

第九章　多维政策协同力促发展

一、围绕转型升级出台多项规划、政策

（一）推动工业经济转型升级

为推动"十二五"时期工业转型升级，加快转变经济发展方式，着力提升自主创新能力，推进信息化与工业化深度融合，改造提升传统产业，培育壮大战略性新兴产业，加快发展生产性服务业，调整和优化产业结构，制定了《工业转型升级"十二五"规划》（国发〔2011〕47号），并发布了多个细分领域五年规划。

（二）加快工业结构调整

为推动产业结构调整和优化升级，发改委会同国务院有关部门对《产业结构调整指导目录（2005年本）》进行了修订，形成《产业结构调整指导目录（2011年本）》。发布了重点行业、重点区域结构调整规划，先后发布了《船舶工业加快结构调整　促进转型升级实施方案（2013—2015年）》（国发〔2013〕29号）、《全国老工业基地调整改造规划（2013—2022年）》、《推动婴幼儿配方乳粉企业兼并重组工作方案》等文件。

（三）促进经济绿色发展

围绕促进经济绿色发展，先后发布了《"十二五"节能减排综合性工作方案》（国发〔2011〕26号）、《国务院办公厅关于推行环境污染第三方治理的意见（国办发〔2014〕69号）》、《国务院办公厅关于加强节能标准化工作的意见（国办发〔2015〕16号）》。确保实现"十二五"节能减排约束性目标，加快建设资源节约型、环境友好型社会。

（四）提升企业创新能力

多角度、多频次出台政策促进企业创新能力提升，先后发布了《"十二五"

产业技术创新规划》《"十二五"国家自主创新能力建设规划》（国发〔2013〕4号）、《国家重大科技基础设施建设中长期规划（2012—2030年）》（国发〔2013〕8号）、《国务院办公厅关于强化企业技术创新主体地位 全面提升企业创新能力的意见》（国办发〔2013〕8号）、《国务院关于国家重大科研基础设施和大型科研仪器向社会开放的意见》（国发〔2014〕70号）、《国务院关于加快构建大众创业 万众创新支撑平台的指导意见》（国发〔2015〕53号）等重大规划政策。通过企业技术改造，提升生产效率，为此发布了《国务院关于促进企业技术改造的指导意见》（国发〔2012〕44号）。

二、扩大需求，稳定经济增长

消费对稳定增长的作用越来越大。国务院从新动力、信息消费等角度挖掘增长潜力，出台了《国务院关于促进信息消费扩大内需的若干意见》（国发〔2013〕32号）、《国务院关于积极发挥新消费引领作用 加快培育形成新供给新动力的指导意见》（国发〔2015〕66号）。财税、产业政策联动稳定出口，出台了《国务院办公厅关于促进外贸稳定增长的若干意见》（国办发〔2012〕49号）、《国务院关于完善出口退税负担机制有关问题的通知》（国发〔2015〕10号）、《国务院关于推进国际产能和装备制造合作的指导意见》（国发〔2015〕30号）。加快推动收入分配改革，提高消费能力，出台了《关于深化收入分配制度改革若干意见的通知》（国发〔2013〕6号）。

三、合政策之力引导促进新兴产业发展

战略性新兴产业是我国"十二五"期间重点培育的新兴产业，"十二五"期间从中央到部委到地方出台了众多政策促进新兴产业发展，国务院出台了《"十二五"国家战略性新兴产业发展规划》。并针对具体领域，从国务院层面出台了众多新兴产业发展政策，主要集中在集成电路和软件产业、节能与新能源汽车、节能环保、大数据、"互联网+"、光伏等产业，尤其是节能与新能源汽车和新一代信息技术是"十二五"期间国务院产业政策重点。

（一）继续发力支持软件和集成电路产业

软件和集成电路产业是国民经济和社会信息化的重要基础，国务院在 2000 年出台过《国务院关于印发鼓励软件产业和集成电路产业发展若干政策的通知》（国发〔2000〕18 号），使得我国的软件和集成电路产业得以快速发展，有力推动了国家信息化建设。但与国际先进水平相比，我国的软件和集成电路产业还存在发展基础较为薄弱、企业科技创新和自我发展能力不强、应用开发水平急待提高、产业链有待完善等问题。为进一步优化软件和集成电路产业的发展环境，提高产业发展质量和水平，培育一批有实力和影响力的行业领先企业，于 2011 年印发了《进一步鼓励软件产业和集成电路产业发展若干政策》，从财税优惠、投融资、进出口、研发、人才等方面予以支持。

（二）重点支持节能与新能源汽车产业发展

国务院先后于 2012 年发布了《节能与新能源汽车产业发展规划（2012—2020 年)》，2014 年印发了《关于加快新能源汽车推广应用的指导意见》，2015 年发布了《国务院办公厅关于加快电动汽车充电基础设施建设的指导意见》，推动产业发展力度越来越大，针对性也越来越强，针对不同阶段产业发展的关键制约问题予以支持。《节能与新能源汽车产业发展规划（2012—2020 年)》是为落实国务院关于发展战略性新兴产业和加强节能减排工作、加快培育和发展节能与新能源汽车产业而制定的，是指导节能与新能源汽车产业发展的中长期规划。《关于加快新能源汽车推广应用的指导意见》针对当时新能源汽车市场认知度低等问题，及时给予政策，促进新能源汽车消费市场扩大。《国务院办公厅关于加快电动汽车充电基础设施建设的指导意见》是为针对性解决当前电动汽车充电基础设施不完善、协调推进难度大、标准规范不健全等问题而出台的，从规划到应用到基础设施建设，多角度重点推动新能源汽车发展。

（三）新一代信息技术是"十二五"期间的政策着力重点

新一代信息技术是影响"十二五"期间产业技术和产业形态的关键技术，中央深刻认识形势，重点针对其中云计算、大数据、"互联网+"等方面强化政策，促进产业发展，从而带动整个经济的转型升级。尤其是自 2015 年以来，针对新一代信息技术的产业政策较多，先后印发了《国务院关于促进云计算创新发展培育信息产业新业态的意见》《国务院关于积极推进"互联网+"行动的指导意见》《"互联网+"人工智能三年行动实施方案》《国务院关于印发促进大数据发展行动纲要的通知》等，详细的见表1-9-1。"互联网+"成为"十二五"末期的发展亮点，在全球新一轮科技革命和产业变革中，互联网与各领域的融合发展具有广阔前景和无限潜力，已成为不可阻挡的时代潮流，对各国经济社会发展产生着战略性和全局性的影响。近年来，我国在互联网技术、产业、应用以及跨界融合等方面取得了积极进展，已具备加快推进"互联网+"发展的坚实基础，但也存在传统企业运用互联网的意识和能力不足、互联网企业对传统产业理解不够深入、新业态发展面临体制机制障碍、跨界融合型人才严重匮乏等问题。针对这些发展中的问题，国务院频繁出台政策，解决制约产业发展的关键问题。

表1-9-1　　　　　"十二五"期间国务院出台的促进新兴产业发展的重点政策

序号	政策名称	发文字号	发布时间
1	国务院关于印发进一步鼓励软件产业和集成电路产业发展若干政策的通知	国发〔2011〕4号	2011年2月9日
2	生物产业发展规划	国发〔2012〕65号	2013年1月6日
3	国务院关于印发节能与新能源汽车产业发展规划（2012—2020年）的通知	国发〔2012〕22号	2012年7月9日
4	国务院关于印发"十二五"国家战略性新兴产业发展规划的通知	国发〔2012〕28号	2012年7月20日
5	国务院办公厅关于印发国家卫星导航产业中长期发展规划的通知	国办发〔2013〕97号	2013年10月9日
6	国务院办公厅关于加快新能源汽车推广应用的指导意见	国办发〔2014〕35号	2014年7月21日
7	国务院关于促进云计算创新发展培育信息产业新业态的意见	国发〔2015〕5号	2015年1月30日
8	国务院关于印发促进大数据发展行动纲要的通知	国发〔2015〕50号	2015年9月5日
9	国务院关于积极推进"互联网+"行动的指导意见	国发〔2015〕40号	2015年7月4日
10	国务院办公厅关于加快电动汽车充电基础设施建设的指导意见	国办发〔2015〕73号	2015年10月9日
11	国务院关于促进光伏产业健康发展的若干意见	国发〔2013〕24号	2013年7月15日
12	国务院关于加快发展节能环保产业的意见	国发〔2013〕30号	2013年8月12日
13	推进普惠金融发展规划（2016—2020年）	国发〔2015〕74号	2016年1月15日
14	"互联网+"人工智能三年行动实施方案	国发〔2015〕40号	2016年5月18日

四、密集出台中小企业发展政策

"十二五"时期，我国中小企业成长面临着国际和国内经济巨大变革带来的历史机遇和严峻挑战，中小型金融机构发育不足，中小企业融资难问题依然突出；涉企收费偏多、偏高，违规收费屡禁不止，中小企业负担依然较重；公共服务基础设施薄弱，服务质量有待提高；行业性垄断依然存在，部分行业准入条件偏高；创业门槛较高，企业设立前置审批复杂等。国务院密集出台政策解决制约中小企业发展的关键问题。

（一）总体上支持促进中小企业发展

从总体上出台《"十二五"中小企业成长规划》，成为"十二五"期间提高中小企业发展质量的行动纲领。从国务院层面给予特别优惠政策支持发展，先后出台了《国务院关于进一步支持小型微型企业健康发展的意见》《国务院关于扶持小型微型企业健康发展的意见》，加大对小微型企业的财税支持力度，缓解小微型企业融资困难，推动小微型企业创新发展和结构调整，支持加大小微型企业开拓市场的力度，切实帮助小微型企业提高经营管理水平，促进小微型企业集聚发展，加强对小微型企业的公共服务。

（二）促进形成公平的市场竞争环境

市场准入负面清单制度，是以清单方式明确列出在我国境内禁止和限制投资经营的行业、领域、业务等，市场准入负面清单以外的行业、领域、业务等，各类市场主体皆可依法平等进入。通过实行市场准入负面清单制度，赋予市场主体更多的主动权，有利于落实市场主体自主权和激发市场活力，有利于形成各类市场主体依法平等使用生产要素、公开公平公正参与竞争的市场环境，有利于形成统一开放、竞争有序的现代市场体系。市场准入负面清单制度的推进，将推倒中小企业投资准入的制度门槛，促进形成公平的市场环境。

（三）加强涉企收费管理

国务院在大力推动简政放权的同时，也加强涉企收费管理，出台了《国务院办公厅关于进一步加强涉企收费管理 减轻企业负担的通知》，提出了进一步加强涉企收费管理、减轻企业负担的重点任务是建立和实施涉企收费目录清单制度，从严审批涉企行政事业性收费和政府性基金项目，切实规范行政审批前置服务项目及收费，坚决查处各种侵害企业合法权益的违规行为，全面深化涉企收费制度改革，按照"正税清费"原则，通过清理取消和整合规范，逐步减少涉企收费项目数量。发改委进一步细化形成了《中央涉企经营服务收费目录清单》和《中央涉企进出口环节经营服务收费目录清单》。"十二五"期间国务院支持中小企业发展的部分重点政策见表1-9-2。

表1-9-2　　　　　"十二五"期间国务院支持中小企业发展的部分重点政策

序号	政策名称	发文字号	发布时间
1	"十二五"中小企业成长规划	工业和信息化部	2011年
2	国务院关于进一步支持小型微型企业健康发展的意见	国发〔2012〕14号	2012年4月26日
3	国务院办公厅关于进一步加强涉企收费管理 减轻企业负担的通知	国办发〔2014〕30号	2014年6月26日
4	国务院关于扶持小型微型企业健康发展的意见	国发〔2014〕52号	2014年11月20日
5	《中央涉企经营服务收费目录清单》和《中央涉企进出口环节经营服务收费目录清单》	发改价格〔2015〕2315号	2015年10月12日
6	国务院关于实行市场准入负面清单制度的意见	国发〔2015〕55号	2015年10月19日

五、出台《中国制造2025》战略

"十二五"期间，全球主要经济体争相出台促进制造业发展的强国战略，以占领未来制造业发展的战略制高点，美国先后发布《先进制造伙伴计划（AMP）》《美国制造业复兴计划》和《美国制造业创新网络》，德国于2013年发布了《德国"工业4.0"战略》，在此背景下，我国针对当前制造业发展的形势，适时出台了《中国制造2025》战略。

（一）《中国制造2025》重点解决我国制造业创新能力不足问题

经过几十年的快速发展，我国制造业规模跃居世界第一位，建立起门类齐全、独立完整的制造体系，成为支撑我国经济社会发展的重要基石和促进世界经济发展的重要力量。但我国仍处于工业化进程中，与先进国家相比还有较大差距。制造业大而不强，自主创新能力弱，关键核心技术与高端装备对外依存度高，以企业为主体的制造业创新体系不完善；产品档次不高，缺乏世界知名品牌；资源能源利用效率低，环境污染问题较为突出；产业结构不合理，高端装备制造业和生产性服务业发展滞后；信息化水平不高，与工业化融合深度不够；产业国际化程度不高，企业全球化经营能力不足。推进制造强国建设，必须着力解决以上问题。

（二）《中国制造 2025》提出我国分三步走建成制造强国

《中国制造 2025》立足国情，立足现实，力争通过"三步走"实现制造强国的战略目标。第一步，到 2020 年，基本实现工业化，制造业大国地位进一步巩固，制造业信息化水平大幅提升。第二步，到 2025 年，制造业整体素质大幅提升，创新能力显著增强，全员劳动生产率明显提高，两化融合迈上新台阶。到 2035 年，我国制造业整体达到世界制造强国阵营中等水平。第三步，到新中国成立一百年时，制造业大国地位更加巩固，综合实力进入世界制造强国前列。制造业主要领域具有创新引领能力和明显竞争优势，建成全球领先的技术体系和产业体系。

（三）围绕落实《中国制造 2025》配套出台相关文件

2015 年 6 月 24 日，国务院组织成立国家制造强国建设领导小组，由马凯副总理任组长，苗圩部长等任副组长，配套组织机制推动规划落实。《中国制造 2025》明确指出了重点发展新一代信息技术、高端装备和机器人、节能与新能源汽车等十大领域，于 2015 年 10 月 30 日由国家制造强国建设战略咨询委员会发布了《中国制造 2025 重点领域技术路线图》，先后十几个省（市）发布省级"中国制造 2025"规划。工业和信息化部作为《中国制造 2025》规划的主要落实单位，着手推动制造业创新中心布局、重点领域分省布局、重点领域投资等工作。

行　业　篇

第一章　石油和化工行业"十二五"发展回顾

一、产业规模稳居世界前列

"十二五"期间，石油和化工行业发展进入"新常态"，经济总量持续增长，增速由高速向中速转换，产业规模继续保持世界前列。2011—2015年，全国石油和化工规模以上企业主营业务收入、资产、投资、利税、进出口总额年均增长率分别达到9.2%、12.5%、14.0%、3.8%、2.8%。其中，2015年全行业主营业务收入达到13.14万亿元，比2010年增长55.2%；税金总额达到1.02万亿元，占全国工业税收比重的20.7%，位列工业行业之首（见表2-1-1）。石油产量、天然气产量和原油加工量分别居世界第四、第六和第二位，"三酸两碱"、乙烯、甲醇、化肥、农药、合成树脂、合成橡胶等重要大宗产品产量稳居世界前列，具体数据见表2-1-2。

表2-1-1　　　"十二五"期间石油和化工行业主要经济指标完成情况

指标名称	2010年	2015年	年均增长	占全国工业比重
主营业务收入（亿元）	84 698	131 435	9.2%	11.9%
利润总额（亿元）	6 922	6 485	−1.3%	10.2%
税金总额（亿元）	6 922	10 196	8.1%	20.7%
资产总计（亿元）	66 934	120 651	12.5%	12.1%
固定资产投资（亿元）	11 585	22 340	14.0%	10.2%
进出口总额（亿美元）	4 588	5 263	2.8%	13.3%
进口额（亿美元）	3 245	3 442	1.2%	20.5%
出口额（亿美元）	1 343	1 820	6.3%	8.0%

数据来源：国家统计局、海关总署。

注：国家统计局数据均为规模以上（年主营业务收入2 000万元及以上）企业口径；进出口数据为海关总署统计口径。

表2-1-2　　　　　"十二五"期间石油和化工行业主要产品产量情况

产品名称	2010年	2015年	年均增长	世界排名
天然原油（万吨）	20 300.4	21 474.2	1.1%	4
天然气（亿立方米）	959.3	1 271.4	5.8%	6

续表

产品名称	2010 年	2015 年	年均增长	世界排名
原油加工量（万吨）	42 680.8	52 199.2	4.1%	2
成品油（万吨，汽、煤、柴油合计）	25 208.8	33 770.1	6.0%	2
化肥总计（万吨，折纯）	5 374.4	7 627.4	7.3%	1
氮肥（万吨，折含 N 100%）	3 849.6	4 943.8	5.1%	1
磷肥（万吨，折含 P_2O_5 100%）	1 176.6	2 026.4	11.5%	1
钾肥（万吨，折含 K_2O 100%）	347.9	611.9	12.0%	4
硫酸（万吨，折 100%）	6 608.2	8 975.5	6.3%	1
烧碱（万吨，折 100%）	2 139.9	3 028.1	7.2%	1
纯碱（万吨）	2 031.0	2 591.7	5.0%	1
乙烯（万吨）	1 421.6	1 714.5	3.8%	2
甲醇（万吨）	1 634.2	4 010.5	19.7%	1
合成树脂（万吨）	4 391.0	7 691.0	11.9%	1
合成橡胶（万吨）	308.4	516.6	10.9%	1

二、企业竞争实力不断提高

　　企业规模不断扩大，竞争力不断提高。"十二五"期间，中国石油、中国石化、中国海油、中化集团、中国化工、延长石油在世界 500 强排名不断提升（见表 2-1-3）；湖北宜化、天津渤海化工、上海华谊、云南云天化等大型地方企业的化工板块主营业务收入均超过 500 亿元。2015 年，大型石油和化工企业达到 877 家，比 2010 年增长 1.68 倍。一批优秀企业通过技术创新、兼并重组、资产优化，在市场竞争中快速成长。如国内二苯基甲烷二异氰酸酯（MDI）领军企业烟台万华集团成功突破国外跨国公司的技术封锁，开发出具有世界先进水平的 MDI 制造技术，成为全球最大的 MDI 供应商；染料龙头企业浙江龙盛集团以收购德司达为契机，完成染料研发体系和销售网络的国际化布局，跻身世界级染料企业行列；氟化工领军企业多氟多公司依靠技术创新和管理创新，成为全球生产规模大、市场占有率高的无机氟化盐生产企业。

表 2-1-3 　　　　　　　"十二五"期间中国石油和化工企业世界 500 强排名

企业名称	2011 年	2012 年	2013 年	2014 年	2015 年
中国石化	5	5	4	3	2
中国石油	6	6	5	4	4
中国海油	162	101	93	79	72
中化集团	168	113	119	107	105
中国化工	474	402	355	276	265
延长石油	—	—	464	432	380

注：每年发布的《财富》世界 500 强排行榜以各公司上年的营业收入进行排名。

三、油气供应保障能力增强

"十二五"期间，按照"稳定东部、加快西部、发展南方、开拓海域"的原则，油气勘探开发取得显著成绩，储量保持高基值增长，原油产量稳定发展，天然气产量快速增长，为国家能源安全提供了坚实的保障。截止到 2015 年年底，新增石油探明地质储量 65 亿吨以上，产量稳定在 2 亿吨左右；新增常规天然气探明地质储量 3.5 万亿立方米，产量超过 1 300 亿立方米。非常规油气开发取得突破性进展，全国页岩气产量 50 亿立方米，煤层气产量 44 亿立方米。

油气管网和基础设施建设快速发展。截至 2015 年年底，已建成油气管道总里程约 10.5 万千米，其中天然气管道 6.4 万千米，原油管道 1.8 万千米，成品油管道 2.3 万千米，形成了横跨东西、纵贯南北、连通海外的油气通道。已建成 LNG 接收站 11 座，总产能 4 080 万吨/年，在建 LNG 接收站 5 座，总产能 1 600 万吨/年。

四、产业结构调整稳步推进

（一）产品结构进一步优化

"十二五"期间，我国成品油质量升级步伐显著加快。2014 年起全面执行国Ⅳ汽油标准，2015 年起全面执行国Ⅳ柴油标准，北京、上海以及江苏、广东等地区已提前实施国Ⅴ标准；2016 年 1 月起供应国Ⅴ标准车用汽、柴油的区域，由原定的京津冀、长三角、珠三角等区域内的重点城市扩大到整个东部地区 11 个省（市）。液化天然气（LNG）等清洁燃料供应量快速增长，2015 年进口量达到 1 945 万吨（约合 270.2 亿立方米），占进口天然气总量的 43.3%。高浓度化肥比例进一步提高，高浓度氮肥尿素产量在氮肥中的比例达到 69.7%，比 2010 年提高 4.3 个百分点；高浓度磷复肥在磷肥中的比例达到 92.5%，比 2010 年提高 10.2 个百分点。农药产品结构继续得到调整，杀虫剂在农药中的比重由 2010 年的 31.9% 下降至 2015 年的 13.7%，除草剂比重则由 45% 上升至 70%，进一步提高了对农业生产需求的满足度。高毒农药的替代取得巨大成绩，除个别品种外，高毒农药已基本实现了低毒化替代，高效、安全、环境友好的杀虫剂市场占有率超过 97%。水性涂料、绿色助剂、胶粘剂所占比例不断提升。轮胎中子午线轮胎产量比例由 2010 年的 87.2% 进一步提高到 91.2%。离子膜法烧碱产能比例由 84.3% 提高到 99.0%。高性能树脂、石油基特种橡胶、合成纤维单体的自给率分别由 2010 年的 57%、45% 和 49% 提高到 2015 年的 68%、55% 和 70%，见表 2-1-4。合成材料、专用化学品、精细化学品等附加值较高的行业引领增长，2015 年合成材料制造业增加值同比增长 11.6%，专用化学品制造业增长 11.1%，涂（颜）料制造业增长 9.5%。

表 2-1-4　　　　　　　"十二五"期间合成材料高端产品自给率变化情况

产品类别	2010 年		2014 年	
	消费量（万吨）	自给率	消费量（万吨）	自给率
高性能树脂	1 472	57%	2 041	63%
工程塑料	299	38%	392	47%
特种橡胶	256	51%	302	63%
石油基特种橡胶	214	45%	246	53%
合成纤维单体	2 812	49%	3 275	70%

（二）原料路线多元化取得显著进步

"十二五"期间，多套煤制烯烃装置投产，丙烷脱氢制丙烯工艺得到快速发展，大大促进了我国烯烃原料的多元化。2015 年，煤（甲醇）制烯烃产能在乙烯总产能中的比例达到 15%，非石油基丙烯（煤/甲醇制丙烯、丙烷脱氢制丙烯）产能在丙烯中的比例达到 27.2%。合成氨生产中以非无烟煤为原料的产能所占比重达到 28.6%，比 2010 年提高了 15 个百分点以上，以无烟煤为原料的产能占比下降了 20 个百分点。

（三）淘汰落后产能取得积极进展

"十二五"期间，在国家政策的引导及市场机制的作用下，一批工艺装备落后或不具备市场竞争力的装置陆续退出市场。据统计，2011—2015 年，全国炼油能力退出约 4 000 万吨，电石退出产能达 811 万吨，烧碱退出产能 905 万吨，聚氯乙烯退出产能 608 万吨，尿素退出产能约 1 400 万吨。

五、科技创新取得新突破

"十二五"期间，全行业积极开展研发合作与协同攻关，突破了一批核心技术与关键技术。截至 2015 年年底，共获得国家科学技术奖 95 项、行业科学技术奖 1 324 项。其中，"深水半潜式钻井平台研发与应用""特大型超深高含硫气田安全高效开发技术及工业化应用"获得国家科技进步特等奖，"水平井钻完井多段压裂增产关键技术""深海高稳性圆筒型钻探储油平台的关键设计与制造技术""罗布泊盐湖年产 120 万吨硫酸钾成套技术开发"等获得国家科技进步一等奖。现代煤化工技术继续保持全球领先，开发了多喷嘴对置式水煤浆气化炉、航天粉煤加压气化炉、水煤浆水冷壁清华气化炉等一系列先进煤气化技术装备，煤制烯烃、煤制油、煤制天然气等现代煤化工示范项目陆续建成，并实现商业化稳定运营，其中"甲醇制取低碳烯烃（DMTO）技术"获得国家技术发明一等奖。

行业装备制造自主化水平持续提升，12 000 米特深井石油钻机、大口径高钢级螺旋缝埋弧焊钢管、海洋石油 981 深水半潜式钻井平台、炼油全流程技术、乙烯成套技术等达到世界先进水平，千万吨级炼油装置国产化率超过 95%、百万吨级乙烯装置国产化率超过 80%。

围绕化工新材料、新型农产品、化学品安全、节能减排等重点领域制（修）订标准 2 000 余项，化工行业标准累计达 6 200 余项，主导或参与制（修）订国际标准约 100 项，为淘汰落后产能、促进产业转型升级提供了支撑。

六、节能减排成效明显

石油和化工行业在全国率先建立能效领跑者发布制度，涌现出一批资源节约型、环境友好型石化园区和企业。

2011—2015 年，全行业万元工业增加值能耗累计下降 11.0%。重点耗能产品单位能耗目标全部完成，其中乙烯下降 9.1%、合成氨下降 4.9%、烧碱（30% 离子膜）下降 9.3%、电石下降 9.6%。行业废水及主要污染物排放量持续下降，2014 年 COD、氨氮排放量比 2010 年下降 15%和 2.2%。石油和化工企业认真履行社会责任，大力推进循环经济和清洁生产，重点领域污染防治取得明显成效，一大批先进适用的清洁生产、节能减排的环保技术在行业内得到广泛的运用，2015 年氯碱行业低汞触媒普及率达到 50%，磷石膏综合利用率提高到 40%。

绿色发展日益成为行业共识和转方式的重要标志。"十二五"期间，涌现出一批在节能环保、绿色发展方面取得突出成效的国家级示范园区和典型企业，如以上海化学工业经济技术开发区、扬子江国际化学工业园为代表的生态工业示范园区，以福建泉港石化工业园区、重庆长寿化工产业园区等为代表的循环经济示范园区，在社会上树立了良好的行业形象。中国石化集团在旗下企业大力推进"碧水蓝天"环保专项行动，成为业界绿色低碳转型的倡导者和引领者；贵州瓮福集团、开磷集团以循环经济理念致力于磷矿、伴生资源和废弃物的开发利用，形成了具有自身特色的包括磷化工、煤化工、氟化工、氯碱化工、建筑材料、商贸物流、物业服务等多元化发展的产业格局。

七、区域布局优化完善

石化产业基地和化工园区迅速发展。已建成 4 个 2 000 万吨级炼油基地（茂名、宁波、大连、上海）、1 个 200 万吨级乙烯基地（上海）、8 个 100 万吨级乙烯基地（天津、南京、宁波、茂名、大庆、独山子、抚顺、惠州），形成了长江三角洲、珠江三角洲、环渤海地区三大石化产业集聚区；建成环渤海湾碱业、云贵鄂磷肥、青海和新疆钾肥等大型化工基地以及蒙西、宁东、陕北等现代煤化工基地。西部地区凭借能源、资源优势加快发展，在行业中的地位不断上升。化工园区建设取得新进展，产业集聚能力持续增强，全国石油和化工企业入园率约45%。

八、对外合作成果显著

"十二五"期间，石油和化工企业积极走出去、引进来，行业对外开放水平不断提高。海外油气开采业务在复杂局面下实现稳定增长，与资源国和国际石油公司的战略合作不断深化。2015年，中国石油企业海外油气权益产量为1.5亿吨油当量。其中，中国石油、中国石化、中国海油三大公司海外油气权益产量达到13 650万吨油当量，比2010年增长一倍多。截至2015年年底，我国已有20余个钾肥项目在海外10个国家运作，其中加拿大7个、老挝9个、刚果3个。轮胎行业在天然橡胶资源丰富的东南亚地区重点布局，投资建设多家工厂。2011—2015年，全行业累计吸引外商投资达6 705亿元（包括港澳台），跨国企业积极拓展在华业务，设立研发中心和生产基地，布局高新技术产业，进一步提高市场竞争优势。

面对后金融危机时代的外贸环境，我国石油和化工企业积极开拓国际市场，进出口贸易稳步增长。2015年，全行业进出口总额达到5 262.8亿美元，占全国进出口总额的13.3%；其中，出口额1 820.5亿美元，比2010年增长35.5%。我国原油进口和基础化学原料、化肥、橡胶制品等出口在全球石油和化工贸易体系中占据着举足轻重的地位。

第二章　钢铁行业"十二五"发展回顾

一、行业发展取得新突破

（一）钢产量稳居全球前列

2015 年，我国内地全年生产粗钢 8.04 亿吨，比"十二五"初期增长了 1.18 倍，比上年减产 1 917.98 万吨，下降 2.33%。五年间，粗钢产量经历了先升后降的过程（见图 2-2-1）。2015 年长材产量下降 3.60%，管材产量增长 10.98%，板带材产量增长 2.50%，其中冷轧薄板增长 6.49%，镀层板增长 2.67%。我国内地粗钢产量虽然有所下降，但是部分高端产品产量有所增长，说明我国钢铁行业产品结构有所优化。

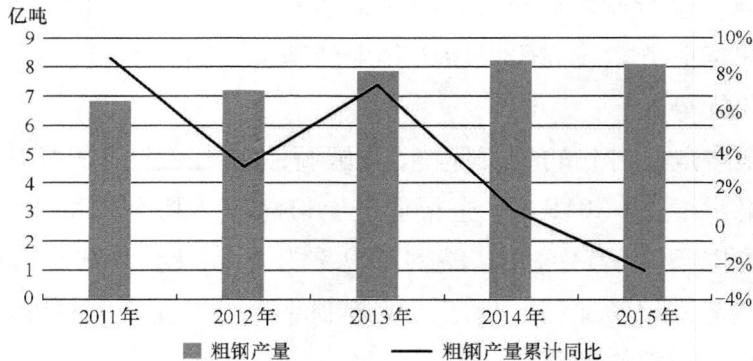

图 2-2-1　2011—2015 年中国粗钢产量及同比增长情况

2015 年，世界 66 个主要产钢国家和地区共生产粗钢 16.00 亿吨，同比下降 2.86%。扣除中国内地后的世界粗钢产量为 7.96 亿吨，同比下降 3.39%（见表 2-2-1）。

表 2-2-1　　2015 年全球产钢前 10 位国家粗钢产量及增长率

排名	1	2	3	4	5	6	7	8	9	10
国家	中国	日本	印度	美国	俄罗斯	韩国	德国	巴西	土耳其	乌克兰
粗钢产量（百万吨）	803.8	105.3	89.8	78.9	71.1	69.6	42.7	33.3	31.5	22.9
增长率	−2.3%	−4.8%	2.9%	−10.5%	−0.5%	−2.7%	−0.6%	−1.9%	−7.4%	−15.6%

数据来源：《中国钢铁工业统计月报》（2015 年 12 月）。

　　"十二五"期间，我国钢铁行业的快速发展使我国钢产量占世界的比重不断提高，从 2011 年占世界粗钢产量的 44.43%发展到 2015 年占世界粗钢产量的 50.26%，增加了 5.83 个百分点（见表 2-2-2）。

表 2-2-2　　　　　　　2011—2015 年全球产钢前 10 位国家的粗钢产量

单位：百万吨

	1	2	3	4	5	6	7	8	9	10
2011 年	中国	日本	美国	印度	俄罗斯	韩国	德国	乌克兰	巴西	土耳其
	702	107.6	86.4	71.3	68.9	68.5	44.3	35.3	35.2	34.1
2012 年	中国	日本	美国	印度	俄罗斯	韩国	德国	土耳其	巴西	乌克兰
	731	107.2	88.7	77.6	70.4	69.1	42.7	35.8	34.5	33
2013 年	中国	日本	美国	印度	俄罗斯	韩国	德国	土耳其	巴西	乌克兰
	779	110.8	87	79.4	69.4	66	42.6	34.7	34.2	32.8
2014 年	中国	日本	美国	印度	韩国	俄罗斯	德国	土耳其	巴西	乌克兰
	823	111	86.9	83.2	71.0	70.7	42.9	34.0	33.9	27.2
2015 年	中国	日本	印度	美国	俄罗斯	韩国	德国	巴西	土耳其	乌克兰
	803.8	105.3	89.8	78.9	71.1	69.6	42.7	33.3	31.5	22.9

　　数据来源：中国的数据 2011—2013 年来源于《中国钢铁统计》（2014），2014 年、2015 年来源于《中国钢铁工业统计月报》（2014 年 12 月、2015 年 12 月）。

（二）高质量钢产品发展迅速

　　钢铁工业为我国制造业的发展起到了巨大的支撑作用，支撑了机械、汽车、造船、家电、化工、电力等行业的快速发展壮大。比如，时速 350 公里、380 公里高铁用钢轨全部实现国产化。油气管线建设中所需要的高等级 X80 管线钢已实现国产化。电工钢的生产技术和产品质量有了新的突破和进步，具有自主知识产权的高牌号取向硅钢 HiB 钢通过三峡工程建设委员会专家评审，打破了国外长期技术封锁，替代进口，批量用于生产 50 万千伏以上等级的超高压大型变压器。72A、82A 帘线钢已通过世界最先进钢帘线生产厂家的质量认可。双相钢、复相钢、相变诱发塑性钢和马氏体钢等先进高强度汽车用钢产品批量用于国内高等级汽车，其中 800MPa 级别冷轧和镀锌汽车板已实现批量供货，1 200MPa、1 500MPa 级已具备批量生产能力，改写了知名品牌汽车用钢板全部依赖进口的历史，汽车用钢国产化为汽车产业的发展奠定了材料基础，进口冷轧板、镀锌板占消费的比重从 35%降到 10%左右。抗凹陷性能和装饰性能皆优的 A 类家电面板广泛用于各类家电产品。节镍或无镍的铁素体和双相不锈钢已占国内不锈钢产量的 30%以上，T4003 不锈钢研制成功并首次应用于铁道货车车辆，大大提高了车辆寿命。我国钢铁工业在质量上满足了下游行业不断增长的需求，从而为我国成为世界制造大国做出了巨大贡献，为下游行业走向世界提供了强有力的支撑。

（三）行业对国民经济的贡献提升

"十二五"期间，钢铁行业累计产钢 38 亿吨，满足了同期中国 GDP 总量增长 65%、固定资产投资增长 128%对钢铁的巨大需求。"十二五"期间，我国钢铁工业（统计中称为黑色金属冶炼及压延加工业，不包括黑色金属矿采选业，下同）主营业务收入累计 353 644.26 亿元（比"十一五"期间增长 87.90%），占规模以上工业企业主营业务收入合计的 7.10%，在 41 个子行业中排第 3 位。钢铁行业累计税金总额 7 337.58 亿元（比"十一五"期间增长 30.27%），占全国规模以上工业企业应交增值税合计的 3.30%，在 41 个子行业中排第 10 位。

钢铁工业已经成为许多地方的支柱产业，特别是在一些产钢大省和主要产钢地区，钢铁工业不仅是这些地区国民生产总值的主要来源，更是这些地区地方财政的主要来源。此外，钢铁工业不仅直接解决了一些地区的就业问题，而且其上下游产业链还提供了更多的就业机会。一些民营钢铁企业的发展不仅直接带动了当地经济的发展，而且还改变了当地传统的农业生产方式，大大提高了农业生产效率。通过工业发展反哺农业，促进了农村的现代化，增进了社会的和谐发展。

此外，钢铁工业的快速发展，还保障了北京奥运会、上海世博会、广州亚运会、西气东输（二线）、三峡水电站、高铁工程、航天工程等国家重大工程和重点建设项目的顺利实施。

二、结构调整亮点频现

（一）产品结构实现优化

近年来，我国钢材品种结构得到较大幅度的优化调整，钢材质量性能得到明显改善，基本满足了经济发展和产业结构调整的需要，在 22 大类钢材品种中，超过半数的品种自给率达到 100%。建筑、造船、汽车等量大面广钢材产品的整体水平明显提升，高强钢筋及钢结构用钢比例大幅度提高，试点省市 400 兆帕及以上高强钢筋的使用比例已达 70%～80%，高强造船板占造船板的比例已超过 50%。部分已经达到国际先进水平，成为钢铁工业的精品，如高速铁路用百米重轨，高压油气输送管线，高牌号无取向、取向电工钢，高级不锈钢，第三代高强、高韧汽车板，超深井、耐腐蚀、抗挤毁油套管等品种；电渣重熔生产 300mm 厚 Q345-Z35钢板，用于 700MW 大型水轮发电机机座环制造；已试制出世界最高等级牌号取向硅钢；第五代桥梁钢已在杭州湾跨海大桥等几座著名大桥上使用；试制成功了大规格镍基合金油管，大型原油储罐用高强度钢，核电蒸汽发生器用 690U 型管等，支持了西气东输、核电、三峡、世博会等国家重点工程；汽车板开发低碳、低硅、无铝（低铝）TRIP590 和 TRIP780，突破 TRIP 钢传统合金设计理念，使成分、工艺设计更科学，已应用于一汽关键部件，综合性能达国际先进水平。

（二）企业结构有所改善

"十二五"期末，中国内地粗钢产能 11.3 亿吨，其中国企占 44.28%，民企占55.72%；粗钢产量 8.23 亿吨，其中国企占 49.64%，民企占 50.36%。另外，随着资产证券化的发展，中国已有 34 家钢铁上市公司成为公众企业。2015 年，以集团口径计算，这 34 家上市公司合计粗钢产量 3.91 亿吨，占全国粗钢产量的 48.69%。

国有经济与民营经济都是中国市场经济体系的重要组成部分，都是推动国民经济发展的重要力量。近年来，中国经济快速发展使国有经济与民营经济相互促进、协同发展，这方面在钢铁工业体现得更为突出。2003 年中国民营钢铁企业粗钢产量只占全国总产量的 5%，目前民营钢铁企业在企业数量上已经占据绝对优势，在粗钢产量上也已超过一半，涌现出了沙钢、建龙重工、日照钢铁、河北敬业、方大钢铁等一大批千万吨级民营钢铁企业。

专栏一：企业转型升级亮点不断

1. 宝钢集团：引领行业从制造商向服务商转型

宝钢在行业内首先开展钢铁电商服务，引领全行业从钢铁生产商向服务提供商转型。宝钢在 2000 年年初与东方钢铁电子商务有限公司（以下简称"东方钢铁"）采取合作的方式，开始涉足钢铁电商服务。在电子采购流程上，东方钢铁在与企业一线销售人员沟通调研的基础上，对国内钢铁企业产品的规格、牌号等信息进行归纳、整理，建立了一整套庞大而详细的数据库系统。每种钢材产品除基本规格描述外，还对实际应用范围进行了解释，并配以图片的形式加以说明，即使不了解钢材产品标号的下游制造业企业采购人员也可以根据本企业产品的用途选购所需钢材，并选取距离本企业最近的仓库出货。与东方钢铁合作的仓库均安装了实时监控摄像头，采购员可以在线即时了解仓库库存情况。在保证买卖双方交易安全方面，电子商务平台可采用支付宝、钢材宝、银联等多种方式支付，即先将款项打入第三方支付平台，待货物收到后查验完毕，通知支付平台进行付款，从而避免了各种交易纠纷的发生。为了避免客户买到假冒钢材，东方钢铁对于进入仓库的钢材全部进行检查验收，钢材各项指标验收合格才可以进入电子交易市场，杜绝了假冒伪劣钢材进入市场后给买方企业带来的安全隐患，以及给正规钢铁企业带来的各种纠纷。

2. 河钢集团：产业链向海外拓展

河钢集团将钢铁产业链条向海外市场延伸，营销服务网络向全球布局。一是正式收购并全面接管南非 PMC 公司，使河钢集团成为第一大股东，成功掌控了一个成熟运营的境外矿山项目，通过规范化、科学化运营，实现当年收购当年盈利。二是借助南非 PMC 的资源条件，与南非工业发展公司和中非基金公司合作建设钢铁项目，谋划发展铜产业链，打造以资源开发、国际物流、钢铁产业为一体的海外产业基地。三是增持德高公司股权，拥有德高成熟运营 30 多年形成的完整供应链，拥有遍布 120 个国家的全球营销服务网络。除此之外，河钢集团还将利用德高优质的管理资源与其进行交流互补，派遣管理层赴德高进行实际运营管理。

3. 兴澄特钢：从品种和质量中要效益

兴澄特钢近些年的发展可以概括为"耐得住寂寞，抵得住诱惑"，即在生产经营过程中不盲目追求规模的扩张，不盲目跟风盈利的品种，而是从自身实际出发，从未来市场着眼，从品种、质量、管理、效益综合考虑，真正走出了一条适合自己的发展之路。兴澄特钢的优势表现在炼钢环节，其钢水中氧含量最低可达到 2.5ppm，平均为 4.7ppm，大大低于目前行业先进的 8～12ppm。兴澄特钢高标准轴承钢在国内的市场占有率达到了 80%以上，是全球四大著名轴承钢企业（SKF、NSK、FAG、NTN）的金牌供应商。兴澄特钢的汽车用钢已经成为继高档轴承钢之后的第二大品牌，目前大多数知名汽车品牌，如奔驰、宝马、大众、日产、丰田、东风等，除汽车面板以外，其他核心零部件（发动机曲轴、连杆、变速箱、轮胎的胎圈丝等），兴澄特钢均是第三方认证的合格供应商。兴澄特钢的风电用钢已成为世界知名风电企业的首选，是西门子、GE、维斯塔斯等企业的最大供应商，在全球高端风电市场的占有率达到45%左右。

4. 龙凤山铸业：向专业化、精品化方向发展

河北龙凤山铸业有限公司在钢铁大发展时期并没有盲目扩大生产，而是向专业化、精品化方向发展，向高端铸造业转型，将主要精力投入高纯生铁的研究，自 2009 年起历时三年研发高炉还原法，其研发的高纯生铁特档钛、特级磷≤0.02%，铬、钒、钼、砷等 12 种微量元素含量总和≤0.06%，在国内属于领先水平。龙凤山铸业年产高纯生铁50万吨，目前产能利用率达到100%，实现按客户订单生产、零库存要求，高纯生铁本省占有率达到 90%以上，全国市场占有率达到 30%以上，主要客户涉及一重、二重、一汽、二汽、东风汽车、上汽、上海大众、玉柴等大型企业，龙凤山铸业在行业整体效益下滑的情况下，仍然保持了较高的利润。

三、重大技术实现突破

（一）研发投入稳步增长

"十二五"期间，尽管钢铁行业面临很大的困难，但广大企业主动适应新常态，积极应对各种挑战，坚持抓结构调整、转型升级不放松，大胆进行改革创新，加大研发力度。2014 年年末，规模以上黑色金属冶炼及压延加工业企业研究与试验发展经费累计 640 多亿元，同比增长 1.4%，企业研究与试验发展经费

逐年增加。

（二）技术创新成果显著

1. 可循环钢铁生产流程工艺技术的构建

新一代可循环钢铁流程工艺和装备技术是中国首先提出的流程工艺创新思路，旨在更加充分地发挥钢铁企业产品制造，能源高效利用、转换和回收再利用，社会废弃物消纳利用的三大功能。新工艺技术在大型装备先进技术集成、生产紧凑高效、低耗及清洁能源利用等多方面已初步显现出优势，引起了广泛的关注。鲅鱼圈和曹妃甸正成为新建企业和老厂改造的重要参考，示范性作用日渐突出。

2. 矿产资源的利用水平显著提高

我国铁、锰矿资源赋存条件差，贫、细、杂问题突出，选矿难度大。通过多年来特别是近些年选矿科技攻关，我国的复杂难处理铁矿选矿技术提高到了一个新的水平，我国铁、锰矿选矿工艺已位居国际先进水平，尤其是在贫赤铁矿、褐铁矿、菱铁矿的选矿技术方面居世界领先水平，复杂难处理锰矿选矿技术也有长足的进步。由于选矿技术的进步，鞍钢、包钢、攀钢、酒钢等大型钢铁企业选矿厂规模和选矿技术经济指标不断提高，我国部分复杂难处理铁矿和锰矿得到了一定的利用。

3. 生产设备大型化发展

钢铁生产的主体设备在大中型企业已达国际先进水平，设备大型化工艺成套技术研发与应用取得重大突破，有些已达到世界先进水平。目前我国已经拥有世界最现代化、最大型的冶金装备，如 5 500m^3 的高炉、COREX3000 熔融还原炉、5 500mm 大型宽厚板轧机、2 250mm 宽带钢热连轧机和 2 180mm 宽带钢冷连轧机。

关键工艺技术与装备已基本实现了焦化、烧结、炼铁、炼钢、连铸、轧钢等主要工序、主体装备本地化，其中大型冶金设备本地化率达 90% 以上，吨钢投资明显下降。在工艺技术方面大力推广了高效低成本洁净钢生产技术，新一代控轧控冷装备与工艺技术，性能预报与控制装备及一贯制生产管理技术；特大方坯、特大圆坯连铸装备与工艺技术；大型真空精炼装备与工艺技术；冷连轧机组和取向硅钢生产线自主集成技术等。

4. 工艺衔接逐渐精准，钢材质量日趋稳定

一批大中型钢厂在高精度的强化冶炼、精炼工艺，恒定铸速连铸成套工艺及精准组织、各工艺环节的衔接匹配方面，都取得了突出的进展。据 2012 年统计数据表明，铁水预处理比、除纯吹氩外的钢水精炼比分别达到 63.7%和 69.24%，重点企业的转炉平均炉龄超过 10 000 炉。特别值得一提的是，2006 年前还主要依赖引进的各类高附加值钢种的 RH 精炼工艺软件已基本可以立足国内，与相应的装备制造技术结合，从 2008 年开始主导了国内 RH 的市场。该技术推动了整个炼钢厂工艺技术水平的提高，并为各类钢材质量稳定提高及开发新品种打下了坚实的基础。

5. 以新一代控轧控冷技术为代表的轧钢技术发展迅速

超快冷技术国外发表论文很少，且只卖给我国少数钢铁企业"黑匣子"工程，无法及时调整与稳定应用。我国研发起步虽晚，但到 2010 年已经基本掌握了冷却速度无级可调、冷却路径控制以及超快冷的技术，并在板带、型线各类钢材生产中应用。细晶、形变与相变、析出强化综合工艺技术的应用，不仅保证了高品质钢材的生产，也为轧钢减量化、绿色化生产创造了条件。

6. 钢铁冶金相关技术同步发展

大中型钢铁企业的冶金分析测试体系完整，过程与质量分析水平国际先进；耐火材料生产工艺和产品寿命都有新的进步，洁净钢生产用各类新型功能耐材的开发和应用（包括无铬、无碳或超低碳耐材）都有新进展；铁合金直流矿热炉、余热利用矿热炉、精炼炉等新技术的开发应用，不但提高了铁合金厂的生产水平，还降低了消耗，提高了铁合金的生产质量；ϕ600mm 超高功率电极稳定生产和煤基针状焦生产技术的成功开发，有力地推动了中国电炉炼钢生产的发展；≥300t/d 的各类石灰窑炉（最大的是 1 200t/d 的回转窑）已成为冶金石灰生产的主流，生产效率大幅度提高，而且冶金石灰质量大大提高，特、一级冶金石灰比例由 2005 年的不足 60%提高到 70%以上，相关技术的进步保证了钢铁生产工艺技术水平、产品质量的稳定提高。

7. 冶金自动化、信息化向智能化方向发展

冶金自动化、信息化正在向智能化方向发展。钢水连铸连续测温、冶金反应过程中气体成分的动态分析、热风炉烟气中的氧含量（残氧量）连续监测、热轧板带材表面质量检测、热轧板带材尺寸参数检测、冷轧带钢板形检测、高

精度冷轧带钢截面轮廓检测等方面均取得了突破，研发出具有自主知识产权的装备及技术。

基于过程模型的计算机控制系统覆盖采选、炼铁、炼钢、轧钢等主要工艺过程，烧结机智能闭环控制系统、操作平台型高炉专家系统、"一键式"全程自动化转炉炼钢、智能精炼控制系统、加热炉燃烧过程优化、板带热连轧过程优化控制、板带冷连轧过程优化控制等方面也取得了突破，达到国际先进水平。

MES（制造执行系统）在重点钢铁企业基本普及，实现了冶、铸、轧一体化计划编制及动态调整、全过程合同动态控制与实时跟踪技术、全流程物流跟踪、质量监控、库存动态管理等功能。EMS（能源管理系统）开始推广应用，近50家钢铁企业建立能源中心，实现了能源远程监控、集中调配，以及能源计划/质量/设备/成本综合管理等功能。

随着企业管理水平的不断提高，钢铁企业信息化取得显著进展。基于互联网和工业以太网的 ERP（企业资源计划）、CRM（客户关系管理）和 SCM（供应链管理）等获得成功应用。

四、行业迈向绿色、高效

"十二五"期间是钢铁行业绿色发展水平全面提升的五年。五年来，企业的环境保护工作已经从单纯的环境治理，转变为全流程节能环保技术集成优化和资源能源高效利用前提下的清洁生产绿色制造。钢铁企业按照绿色发展要求，将不断提高的环保标准和环境管理政策要求，转变为实现绿色制造、提升企业形象的动力，加大资金、人才、技术研发等各方面的投入，涌现出一大批节能环保先进企业。

节能减排成效显著。与"十二五"期末相比，重点统计钢铁企业2015年平均吨钢综合能耗由604.60千克标煤降至571.85千克标煤，降幅达5.42%，实现节能总量约2 560万吨标准煤。

近年来，我国重点统计企业吨钢耗新水量、主要污染物排放量等都有较明显的下降。重点统计钢铁企业2015年吨钢耗新水量3.25立方米，比"十二五"期末下降了20.92%；水重复利用率97.71%，比"十二五"期末上升0.51个百分点；外排废水总量43 813.50万立方米，比"十二五"期末下降37.95%。以钢渣、高炉渣、含铁尘泥为代表的固体废弃物资源综合利用率大幅提高，2015年钢渣、高炉渣、含铁尘泥的综合利用率分别为95.94%、98.34%、99.77%，分别比"十二五"期末提高2.30个百分点、0.71个百分点和0.20个百分点。

高能耗、高污染的面貌逐渐改变。"十二五"期间，以高效除尘技术、烧结机烟气脱硫技术、工业废水深度处理技术、含铁尘泥有效利用技术的开发利用为标志，行业环境保护技术水平得到了显著提高，污染物排放总量和单位产品污染物排放量大幅度降低，钢铁企业的环境面貌明显改善。重点企业各工序节能减排技术、烟粉尘和二氧化硫排放控制技术、工业水重复利用技术、固体废弃物资源化技术达到和接近国际先进水平。在上述基础上建成了一批具有国际先进水平的清洁生产、环境友好型企业，钢铁企业的社会形象有很大改善。"国家环境友好企业"2家：宝钢、济钢；"国家循环经济试点"10家：鞍钢、本钢、攀钢、包钢、济钢、莱钢、宝钢、太钢、马钢、三明；"资源节约型环境友好型"14家：京唐、天管、唐钢、宝钢、山东、华菱湘钢、安阳、沙钢、马钢、兴澄、酒钢、太钢、武钢、鞍钢。

钢铁行业以绿色发展为理念，不仅涌现出了以唐钢、太钢、宝钢、武钢青山厂区、济钢等一批具有国际先进水平的行业清洁生产环境友好型示范企业，河钢、太钢、宝钢等企业成为了钢铁行业绿色发展的名片，而且建成了以太钢、唐钢为代表的与城市和谐发展的花园式工厂，以京唐钢铁为代表的循环经济生态园区。包钢、太钢成为全国首批"工业生态设计示范企业"。

五、优质企业不断涌现

（一）优势企业能力提升

"十二五"期间，钢材市场供大于求矛盾突出，市场形势日趋严峻，倒逼企业加大自身改革力度，不断提升管理水平，一大批优势企业的各项能力得到提升。宝钢加大三项制度改革，改革公司的治理结构和管理架构，不断完善现代企业管理制度，企业科学管理水平大幅提升；本钢以改革求生存、以创新求突破，围绕发展模式改革、生产经营创新、提高管理水平等加速转型升级。兴澄特钢努力实施产品结构调整，做优做特，形成独具特色的竞争能力；南钢积极探索两化融合的路径和技术，不断变革企业的创新模式；新兴铸管、方大钢铁等一批企业坚持差异化竞争战略，取得明显成效；沙钢把压降财务费用作为系统增效的重要环节，通过优化融资结构、多渠道运作资金，大幅降低贷款总量。

（二）中小企业取得新成绩

"十二五"期间，钢铁行业面临着很大的困难，但广大中小钢铁企业运用自身优势，主动适应新常态，积极应对各种挑战，坚持抓结构调整、转型升级不放松，大胆进行改革创新，使各项工作又取得新成绩。邯郸龙凤山铸业是一家生产高纯生铁的企业，在当前市场条件下，产能利用率达到100%；山东石横特钢坚持走差异化发展之路，创新管理模式，实现生产经营最优、效率最高；山西立恒、邢台德龙缩小目标市场半径，着力做好小品种、小市场。

六、两化融合引领行业升级

（一）行业两化融合步伐加快

我国钢铁企业在信息化建设过程中，形成了具有自身发展特色的信息化实施模式，企业信息化与生产过程自动化实现深度融合。大型钢铁企业基本上完成了四级（基础自动化、生产过程控制、制造执行MES、企业管理ERP）信息化系统的建设，部分企业已经实施了企业绩效管理与分析的智能信息系统建设。多数钢铁企业已经把分散的信息数据孤岛逐步融合，实现数据集中与共享；信息化系统已经从生产性环节延伸到服务性环节，从企业内部的信息化延伸到下游产业链间的信息化，实现了产业链间的共赢。

"十二五"期间，钢铁行业信息化建设进入了全面提升阶段，企业不断加大信息技术投入与应用，加快了企业信息化建设步伐。信息化建设普遍受到钢铁企业的重视，大多数企业都制定了信息化发展战略。近几年，全行业信息化资金投入保持在每年50亿元左右，2015年"两化"投入约41.2亿元，信息化方面的基础条件不断完善。

（二）企业两化融合模式多样

钢铁行业是典型的流程产业，基于传统的流程产业特点，钢铁企业在推进

"两化"深度融合过程中，针对不同的企业制造流程，其特点和模式也有所不同。就多数先进企业而言，企业的两化融合工作大多源于企业的发展战略需求，在推进的过程中，企业会坚持以战略转型为导向，以总体规划、分步实施为原则，将企业决策者的高度重视和制度的建立健全作为推进"两化"融合的抓手，不断提高对"两化"深度融合工作重要性的认知和共识，下大力气推进企业"两化"深度融合。按照信息化系统的功能定位不同，钢铁企业在推进"两化"融合工作中，形成了一些特色理念与不同特征。

专栏二：企业两化融合典型案例

1. 以提高产品质量、强化生产过程管理、提高效率、降低成本为目标，拓展信息化系统的功能与应用

邢钢作为高端线材专业化生产企业，在全国长材生产企业中第一家配备了 RH 真空精炼炉，使用了铁水预脱硫、轻压下等高端技术，现可生产出 70 多个钢种 600 余个产品，形成了冷镦钢、预应力钢、焊接用钢、帘线钢、弹簧钢、轴承钢、机械结构用钢、硬线钢、锚链钢等十五大系列产品。邢钢生产流程中的关键装备全部采用 PLC 系统进行控制，炼钢精炼工序引进了奥钢联的二级系统，炼钢工序全流程建设了 MES 管理系统。近期，邢钢在线材工序规划和实施 MES 系统，并规划企业生产一体化管理系统，将铁、钢、材的生产计划统一集中管理，进一步优化生产能力在上下游工序之间的全面配套。

湘钢在各产线 MES 中建立了新产品的产品规范、标准体系，通过对炼钢、线棒、板材等各产线进行一贯制质量设计，将新产品订单自动转换为生产控制指令，包括产品从材料准备、生产、检验到放行等全过程的一系列具体质量要求。各产线 MES 支持对新产品生产计划的编制、生产过程的控制、生产过程实绩、各工序检/化验实绩的收集，并进行自动检验和判定。IPD 项目经理组织成立相应的研发项目组，利用先进的科研设备及 LIMS、MES、PM 等应用系统中已有的信息，通过对产品的历史数据进行分析，指导新产品研发过程工艺参数优化，缩短新产品的研发周期。2015 年，已研发了 7 个板材新品种（研发周期在 7~8 个月），5 个线棒材新品种（研发周期在 3~6 个月）；全年品种钢创效达 4 亿元。

2. 以打造"智慧工厂"、构建"绿色企业"为目标，推进信息化与工业化的深度融合，实现钢铁主业信息化全覆盖和综合集成

面对"互联网+"时代，首钢从贯彻落实科学发展观、走新型工业化道路的战略高度，大力推进信息化和工业化深度融合，加快信息化建设与应用步伐，实现了钢铁主业主要业务信息化全覆盖和综合集成，为首钢"一业多地"管控、高端板材生产提供了战略支撑，促进首钢由传统管理向现代管理转变、由规模效益型发展向品种质量效益型发展转变。信息化系统已经成为首钢生产经营管理的重要平台，在首钢搬迁调整和工业转型升级过程中发挥了重要作用。

（1）提升管控能力。按照集团管控体系要求，进行信息架构顶层设计，提供信息系统和平台支撑，建立了办公自动化系统、人力资源管理系统、经营管理平台、资金集中管理平台、采购电子商务平台、职工健康系统等。与总部功能相适应，促进管理高效化，全面提升集团总部的管控能力，进一步提升管理效率和效益。

（2）打造智能工厂。以钢铁"制造加服务"提升综合竞争力为目标，建立了企业资源计划系统、制造执行系统、订单评审系统、在线质量判定系统、产品综合查询系统、质量过程控制系统、进口矿管理平台、营销服务平台等，满足规范化、精细化、智能化管控需要，提高产品竞争能力和上下游供应链能力，实现从产品制造商向综合服务商转变。

（3）构建智慧园区。2015年4月7日，国家住房城乡建设部和科学技术部联合发文，将新首钢高端产业综合服务区纳入国家智慧城市试点。推进基于BIM（建筑信息模型）和GIS（地理信息系统）应用的园区规划建设管理平台建设，实现园区规划、设计、招商、建设施工和运营维护的一体化管理与多专业协同。

3. 以支撑企业向服务型企业转型发展为目标，以"互联网+"为载体，全面推进企业信息化、网络化、智能化发展

宝钢集团通过大量的技术验证和研究，完成了《宝钢股份SAS合约到期后数据仓库技术路线与大数据中心建设研究》，该技术将为宝钢股份经营数据仓库和总部数据库覆盖湛江钢铁工程提供技术支撑；结合大数据的发展、分析，设计数据仓库与大数据中心的关系与功能分担；制定完整的宝钢数据仓库中心技术架构，并提出相应的建设路径，提供典型应用场景的设计方案。

在云计算方面，武钢集团建立了基于客户分类的武钢电子营销与服务平台，在对武钢客户细分的基础上，利用云平台、大数据分析等新技术，打进武钢电子营销与服务平台，推动面向客户的服务模式创新，实现销售供应链上的各个业务单位的信息融合与业务协同。马钢集团初步建立了基于云计算、物联网的能源环保云服务，结合物联网和移动互联网技术，可实现能源生产和环境监测所需的远程实时监控、故障信息推送、故障点远程诊断等功能，建立能源和环保信息数据中心，主要表现为基于能源生产装备远程运维、监控、环境监测点信息感知、获取，形成能源消耗和重点排放监控为一体的能环大数据。并辅助智能决策服务，保障企业能环系统提供足够的能源供应，同时将能源消耗和碳排放争取降到最低，从而提高行业管理、决策与服务水平。

鞍钢重视信息资源的深度应用，运用信息技术支撑引领科技创新和新产品研发。在 ERP 系统建设后期，组织技术力量开展数据仓库与数据挖掘技术的研究，2010 年《应用数据挖掘开发质量控制与性能预测专家系统》课题正式立项。目前鞍钢已经开发了冷轧产品生产质量控制与性能预测专家系统，包括 SPC（Statistical Process Control）控制图、性能批量预测、性能交互式预测、模型监控等功能，实现了对产品性能及其相关指标的监控与预测，预测误差在 ±10% 范围内的样本占总样本的 90% 以上。系统应用已经深入到冷轧板的研发和生产工艺的改进中，产品开发人员能够在虚拟的产品研发环境下，研发、预测产品在真实环境下的性能，很好地检验设计、指导和优化，有效地缩短产品的开发周期，减少生产实验的次数，节省开发费用。

"十二五"期间，不仅钢铁生产企业的信息化水平不断提升，钢贸行业也主动与互联网开展深度融合，涌现出欧冶云商、五矿电商、找钢网、兰格钢铁网等不同类型的一大批电商平台。电商平台的出现，在压缩中间贸易环节、减少流通成本、为下游客户提供增信服务、打开融资渠道，以及提升物流仓储效率、降低物流和仓储成本等方面为生产者和消费者提供了及时、经济、高效的交互式沟通手段和环境，推动了流通渠道的拓展和效率提高。

七、空间布局继续深化调整

"十二五"期间,河北、山东、广东、广西等以省(市、自治区)为单位的钢铁企业加快重组,宝钢、武钢、沙钢、鞍钢、首钢及建龙重工等跨区域重组取得很大进展,产业集中度有所提高。

我国钢铁产业布局调整已初步呈现从资源依托型向临近沿海、沿江地区和靠近钢铁产品消费市场区域,即向消费主导型方向转变的趋势。鞍钢鲅鱼圈、宝钢湛江、武钢防城港、首钢京唐等沿海钢厂的布局基本形成,原有的宝钢、武钢、沙钢、马钢等沿江布局钢厂的影响力逐渐增强。我国钢铁工业消费主导型与资源主导型相结合的布局雏形已初步形成。

结合城市功能调整及功能区转换、产业转型升级、环境保护等要求,有条件的城市钢厂开始通过搬迁向沿海、沿江或环境容量大的地区调整布局。首钢搬迁、重钢搬迁、东特大钢搬迁、无锡钢厂搬迁等工程陆续完成,其他一批城市钢厂企业也正在研究推进,这将有利于钢铁工业的布局进一步优化。

八、国际竞争力不断增强

"十二五"期间,钢铁行业的国际化意识不断增强,一方面积极实施"走出去"发展战略,另一方面,也不断加强"请进来"工作,在国内市场加大了与国外投资者的合作。宝钢、鞍钢、武钢、首钢、华菱、沙钢等一批企业已经在澳洲、巴西、秘鲁等国家投资开采铁矿资源;马钢通过收购法国瓦顿,实现自有技术与世界领先技术的深度融合;华菱通过与FMG、安赛乐米塔尔合作,成功实现向产业链两端扩展,通过参股、合资等途径将"走出去"和"引进来"有机结合,积累了国际资本、技术合作新经验;河钢通过股权合作成功控股德高,获得世界级成熟商业网络,实现借船出海;宝钢、德龙等一批企业在国外建设产业园区和加工配送中心,创造发展环境,提高终端服务能力,与用户形成利益共同体;首钢、马钢等企业通过海外投资建厂,实现由产品出口向资本、技术、管理出口转变。在国内,加强了与韩国浦项、日本JFE、新日铁、三井、德国蒂森克虏伯、安塞乐米塔尔等国际化大企业集团的合资合作。

第三章　有色金属行业"十二五"发展回顾

一、行业影响不断增强

（一）总量规模不断扩大

2010—2015 年，我国十种有色金属产量从 3 136 万吨增长到 5 156 万吨，年均增长 10.4%，其中，铜、铝、铅、锌年均分别增长 11.9%、14.1%、1.1%、3.4%，见表 2-3-1。

表 2-3-1　　　　　　　　　　　主要有色金属产量统计

单位：万吨

	2010 年	2011 年	2012 年	2013 年	2014 年	2015 年	年均增长率
十种合计	3 136	3 633	4 025	4 492	4 811	5 156	10.4%
其中：精炼铜	454	516	588	667	765	796	11.9%
电解铝	1 624	2 007	2 353	2 653	2 832	3 141	14.1%
铅	416	460	459	494	470	440	1.1%
锌	521	521	488	528	581	616	3.4%

数据来源：历年《有色金属工业统计资料汇编》；2010—2014 年数据为年报数，2015 年数据为快报数，以下同。

（二）在国民经济中的地位和作用不断提高

有色金属工业增加值占全国 GDP 的比例，从 2010 年的 2%增加到 2015 年 2.4%；有色金属新材料的开发，为高速列车、核电、航空航天、海洋开发等体现国力的工程做出了突出贡献；有色金属企业成为践行京津冀一体化、长江经济带、"一带一路"、西部开发等国家战略和促进地方经济发展的重要力量。

（三）全球影响力进一步上升

2015 年，我国铜、铝、铅、锌等主要有色金属产量分别占全球总产量的

35%、55%、43%、44%。在世界十大铜、铝、铅、锌冶炼企业中,我国都有3家及以上的企业位列其中。伴随着我国企业境外资源开发的进程,一批高性价比的矿山与冶炼装备、技术、工程、服务输出,行业的全球影响力进一步提升。

二、产业结构不断优化

(一)产品结构升级

"十二五"期间,我国铜材和铝材产量年均分别增长10.2%和16.9%,远高于同期冶炼产品产量的增长速度。有色金属精深加工利润占比,由2010年的32%上升到2015年的60%。

通过"引进—消化—吸收—再创新",逐步改变了我国高精尖加工产品大量依赖进口的局面,部分高附加值产品实现了批量出口。2015年,我国铝材净出口量375万吨,较2010年增长了近1.4倍。铝板带箔、大型工业型材、高压阳极箔等产品质量达到国际先进水平,基本满足了国家重点工程的需要并实现出口。以精密内螺纹铜管为代表的铜加工材,制造技术与产品质量全球领先,不仅促进了国内空调制冷行业的高速发展,降低了相关行业的制造成本,扩大了出口,而且打破了国际巨头的垄断,抢占了国际市场份额,提升了国际竞争力。硅、钴、锂、铟、锗、镓、硒、碲、锆、铪等新能源材料产品的开发与应用,极大地支撑了我国新能源产业的快速发展。

(二)落后产能加快淘汰

"十二五"期间,有色金属工业淘汰落后产能任务全面完成。其中,累计淘汰铜冶炼(含再生铜)产能287.91万吨/年,淘汰160kA以下电解铝产能202.99万吨/年,淘汰铅冶炼(含再生铅)产能381.3万吨,淘汰锌冶炼(含再生锌)产能85.27万吨,见表2-3-2。目前,国内铜、铝冶炼已基本完成淘汰落后产能任务。除工业和信息化部公布的淘汰落后名单和统计的淘汰落后产能外,一些电解铝企业因改造升级或自身经营困难难以生存,自行关停了部分160~200kA的槽型,主动退出市场。

表 2-3-2   "十二五"期间有色金属行业淘汰落后产能情况

单位：万吨/年

	2011 年	2012 年	2013 年	2014 年	2015 年	合计
铜冶炼（含再生铜）	42.53	75.76	86.41	75.31	7.9	287.91
电解铝	61.9	27.16	27.3	50.43	36.2	202.99
铅冶炼（含再生铅）	66.09	134.16	96.45	35.6	49	381.30
锌冶炼（含再生锌）	33.83	32.92	18.52			85.27

（三）资源勘探取得新突破

依靠国家找矿突破战略行动，"十二五"期间，国内有色金属地质勘探取得新的突破。据不完全统计，2011—2014 年，全国新增铜、铅、锌、铝土矿资源分别达到 1 683 万吨、1 427 万吨、2 107 万吨和 3.1 亿吨。资源勘探的新突破，对提升有色金属工业资源保障能力具有重要意义。同时，国内有色金属矿山产量总体保持适度增长，2015 年，生产六种精矿金属含量 907 万吨，比 2010 年增长 30%。其中，铜精矿金属含量 167 万吨，比 2010 年增长 44%；铅精矿金属含量 234 万吨，比 2010 年增长 26%；锌精矿金属含量 475 万吨，比 2010 年增长 29%。

三、科技创新能力有所增强

（一）科技队伍日益壮大

2014 年规模以上全国有色金属工业企业有研发机构 1 373 个，比 2011 年增加 638 个，增长了 86.8%。2014 年规模以上全国有色金属工业企业有研发人员 9.3 万人，比 2011 年增加 2.7 万人，增长了 40.9%。

（二）科技创新投入不断提高

据统计，2014 年规模以上有色金属矿采选和冶炼加工企业研发投入合计 351 亿元，比 2010 年增长了 1.8 倍，"十二五"期间年均增长 29.3%；新产品销售收入从 2010 年的 2 225 亿元增长到 2014 年的 6 069 亿元，"十二五"期间年均增长 28.5%；新产品销售收入占主营业务收入的比例从 2010 年的 6.7%增长到 2014

年的 10.5%。2014 年企业申请专利 10 066 件，比 2010 年增长 1.9 倍。2014 年企业新产品开发项目达到 7 261 项，是 2010 年的 2.8 倍；新产品开发经费支出 287 亿元，比 2010 年增长 1.3 倍。

（三）创新体系建设更加健全

随着技术创新能力建设工作的深入开展，我国有色金属产业技术创新体系建设进一步完善。截至 2015 年年底，有色金属行业共拥有国家认定企业技术中心 73 家；国家重点实验室 19 个，国家工程实验室 9 个；国家工程（技术）研究中心 28 个；国家级国际联合研究中心 3 个；有色金属行业生产力促进中心 2 个；产业技术创新战略联盟 18 个，其中 6 个列入国家试点。有色金属行业技术创新研发平台的范围，涵盖了地质、采矿、选矿、冶金、加工、材料、自动化、资源循环等多个领域，初步形成了以企业为龙头、产学研用相结合的协同创新机制。

（四）一批创新成果取得突破

技术进步从引进消化吸收向自主创新、集成创新转变，从追赶、模仿向领跑、输出转变，部分领域已经走到国际前沿。如自主开发的高效地下采矿技术、系列大型浮选机、铝电解重大节能技术、富氧底吹炼铅/铜技术、竖罐炼镁技术、锌直接浸出技术、红土镍矿高效绿色提取与直接生产镍铁技术、无氨氮排放萃取分离稀土新工艺、高纯无氧铜带连续挤压技术与装备、航空航天用铝合金/钛合金开发、高性能硬质合金开发、高附加值稀有稀土稀贵材料和资源综合与循环再生利用等一大批重大关键技术、材料与装备取得重大突破。"十二五"期间，有色金属行业共获得国家自然科学奖、技术发明奖、科学技术进步奖 37 项，其中一等奖 2 项、二等奖 35 项。

（五）质量标准体系建设成绩显著

"十二五"期间，有色金属行业 7 家单位获得中国工业大奖，8 家企业成为全国工业品牌培育示范企业，全行业先后有 14 类产品进入中国名牌产品目录，共有 52 家企业获中国名牌产品殊荣。我国冶炼产品的质量水平已居世界先进水平，共有 10 种产品、92 个品牌在伦敦金属交易所注册；加工产品的质量水平不断提高，铝箔、铜管、钛带卷等高端产品实现批量出口。全行业现有有色金属标准 2 818 项，成为世界上相关标准数量最多的国家之一，其中国家标准 1 239 项，行业标准 1 579 项，为有色金属生产、检测、贸易发挥重大的保障和支撑作用。

四、绿色发展格局初步形成

（一）绿色矿山、城市矿山、区域矿山建设不断深化

矿山资源开发利用"三率"（矿山开采回采率、选矿回收率、资源综合利用率）指标不断提高，矿山开采、回收、综合利用技术和企业经营管理水平显著提升。废旧有色金属再生利用取得新进展，到 2015 年年底，全国已建 49 个国家"城市矿产"示范基地，21 个"圈区管理"的再生资源进口加工园区，99 个再生资源回收体系建设试点，12 个大宗工业固废综合利用示范基地，产业园区化、集群化发展已成趋势。区域矿山的成功建设，开创了有色金属资源集约利用新模式，为破解我国"多、小、散"矿群有效开发难题、促进产业结构优化、全面提升发展的质量和效益积累了丰富的实践经验。

（二）节能减排降耗达到新水平

有色金属行业单位工业增加值能耗在"十二五"期间累计下降 20%。在铜冶炼方面：铜冶炼综合能耗平均值呈现持续下降趋势，2015 年铜冶炼综合能耗降到 256.1 千克标煤/吨，比"十一五"期末下降了 28.3%，骨干冶炼企业的单位能耗水平已接近或达到世界先进水平。

在铝冶炼方面：随着低温低电压电解技术、新型结构铝电解槽、新型阴极钢棒等一批节能技术投入运行和能耗高的产能进一步退出市场，我国铝锭综合交流电耗从 2010 年的 13 964 千瓦时/吨下降到 2015 年的 13 562 千瓦时/吨，五年下降了 402 千瓦时/吨，总体处于世界先进水平。

在铅锌冶炼方面：2015 年铅冶炼综合能耗降到 400.1 千克标煤/吨，比"十一五"期末下降了 5.0%；电锌冶炼综合能耗下降到 884.8 千克标煤/吨，比"十一五"期末下降了 11.4%。具体数据详见表 2-3-3。

表 2-3-3　　　　　　　　　2010—2015 年主要有色金属产品能耗指标

	单位	2010 年	2011 年	2012 年	2013 年	2014 年	2015 年
铜冶炼综合能耗	千克标煤/吨	398.8	407.0	424.3	364.5	290.6	256.1
原铝直流电耗	千瓦时/吨	13 103.5	13 084.1	13 020.0	12 947.0	12 891.9	12 875.0
铅冶炼综合能耗	千克标煤/吨	421.1	433.8	467.7	466.1	432.8	400.1
电解锌综合能耗	千克标煤/吨	999.1	945.7	901.9	897.4	909.7	884.8

（三）循环经济达到新高度

随着资源节约型和环境友好型社会建设的不断深入，国家加大政策支持力度，促进了循环经济发展，有色金属再生利用达到新的高度。2015 年，我国再生有色金属主要品种（铜、铝、铅、锌）产量 1 167 万吨，是 2000 年的 17 倍。珠三角、长三角等沿海地区充分利用国外废杂铜、废杂铝资源，形成了若干规模化的再生金属生产基地；重庆等内陆地区借助劳动力资源优势、依托国内传统废旧金属集散地和消费地的优势，再生金属生产规模稳步扩大。高铝粉煤灰提取氧化铝产业化示范项目取得新突破，内蒙古大唐国际再生资源开发公司 24 万吨/年粉煤灰提取氧化铝的工业化生产线实现了持续正常生产。

（四）污染治理取得新进展

有色金属行业遵循源头预防、清洁生产、末端治理的全过程综合防控原则，针对汞、铅、镉、砷等重金属污染物产生的关键领域和环节，以重金属冶炼生产过程控制为重点，实施了清洁生产技术改造，从源头削减汞、铅、镉、砷等污染物的产生量，降低了末端治理难度和压力，污染防治和综合利用水平上了一个新台阶。"十二五"期间，有色金属工业重金属污染物、化学需氧量、二氧化硫等排放量都有不同程度的下降，尾矿、冶炼渣等大宗固体废物综合利用水平不断提高。截至 2014 年年底，全国五种重点重金属污染物（铅、汞、镉、铬和类金属砷）排放总量比 2007 年下降 20.8%。水资源重复利用率从 2010 年的 76.6%提高到 2014 年的 88.1%。赤泥回收铁、铝电解槽废内衬回收、镁渣回收等综合利用技术开发取得新成果。

五、企业实力加快提升

（一）骨干企业竞争力提高

近年来，我国有色金属工业不断在全球范围内推进重组整合步伐，初步实现了产业链全球化配置。一批企业的生产经营规模进入世界前列，逐步具备了与国际跨国公司比肩的能力。

2015 年，全球电解铝产量 5 720 万吨，前十大企业的产量合计为 2 929 万吨，占全球总产量的 51.2%，见表 2-3-4。其中，中国五大企业产量合计为 1 508 万吨，占全球总产量的 26.4%。

表 2-3-4　　　　　　　　　　　2015 年世界十大电解铝企业产量

排序	公司名称	2015 年产量（万吨）	占全球份额
1	中国宏桥集团	442	7.7%
2	俄铝	365	6.4%
3	力拓集团	332	5.8%
4	中国铝业	331	5.8%
5	山东信发铝业	314	5.5%
6	美国铝业	281	4.9%
7	中电投	249	4.4%
8	阿联酋	238	4.2%
9	海德鲁铝业	205	3.6%
10	东方希望	172	3.0%
前十位合计		2 929	51.2%
世界产量		5 720	

2015 年，全球精炼铜产量 2 205 万吨，前十大企业的产量合计为 1 140.7 万吨，占全球总产量的 51.7%，见表 2-3-5。其中，中国三大企业产量合计为 339 万吨，占全球总产量的 15.4%。

表 2-3-5　　　　　　　　　　　2015 年世界十大精炼铜企业产量

排序	公司名称	2015 年产量（万吨）	占全球份额
1	智利国营铜公司（Codelco）*	173.2	7.85%
2	嘉能可超达（Glencore Xstrata）	150.2	6.81%

排序	公司名称	2015 年产量（万吨）	占全球份额
3	自由港麦克墨伦公司（Freeport McMoRan）	148.6	6.74%
4	铜陵有色金属集团公司	132.1	5.99%
5	江西铜业公司	127.4	5.78%
6	Aurubis	113.8	5.16%
7	墨西哥集团（Grupo Mexico）	90.3	4.18%
8	金川集团公司	79.2	3.59%
9	必和必拓（BHP Billiton）	68.5	3.11%
10	卢宾铜采矿和冶炼工业公司（KGHM）	57.4	2.60%
前十位合计		1 140.7	51.7%
世界产量		2 205	

2015 年，全球铅产量 1 090 万吨，前十大企业的原生铅产量合计为 238 万吨，占全球总产量的 21.8%，见表 2-3-6。其中，中国六大企业产量合计为 140 万吨，占全球总产量的 12.8%。

表 2-3-6　　　　　　　　2015 年世界十大原生铅生产企业产量

排序	公司名称	2015 年产量（万吨）	占全球份额
1	嘉能可超达	40.1	3.7%
2	豫光金铅	38.0	3.5%
3	高丽亚铅	28.0	2.6%
4	中国五矿	25.9	2.4%
5	金利金铅	25.0	2.3%
6	济源万洋	24.0	2.2%
7	新星公司	17.0	1.6%
8	江西铜业	15.0	1.4%
9	韦丹塔	13.0	1.2%
10	湖南宇腾	12.0	1.1%
前十位合计		238.0	21.8%
世界产量		1 089.8	

2015 年，全球精锌产量 1 390 万吨，前十大企业的产量合计为 719.5 万吨，占全球总产量的 51.8%，见表 2-3-7。其中，中国三大企业产量合计为 143 万吨，占全球总产量的 10.3%。

表 2-3-7   2015 年世界十大锌生产企业产量

序号	公司名称	2015 年产量（万吨）	占全球份额
1	嘉能可超达	139.0	10.0%
2	高丽亚铅	114.0	8.2%
3	新星	111.5	8.0%
4	韦丹塔	78.0	5.6%
5	中国五矿	59.5	4.3%
6	沃特兰亭	56.5	4.0%
7	陕西有色集团	54.4	3.9%
8	玻利顿	46.9	3.4%
9	泰克资源	30.7	2.2%
10	豫光金铅	29.0	2.1%
前十位合计		719.5	51.8%
世界产量		1 390.0	

  中国企业已经在世界有色金属生产中占有重要地位，这些高度集约化的有色金属企业具有规模大、装备先进、技术支撑作用明显、成本低的特点。

（二）民营企业发展活力增强

  "十二五"期间，民营企业在有色金属行业继续表现出较强的发展活力，有色金属行业经济结构进一步向多元化发展。2015 年，规模以上有色金属工业企业资产总额中，国有控股企业占 37.0%，比 2010 年年末下降 5.2 个百分点；私营控股企业资产占 46.4%，比 2010 年年末增加 6.9 个百分点，比 2010 年年末资产总额翻了一番。2014 年私人企业资产规模首次超过国有企业，私人控股企业实现利润总额在全行业占比由 2010 年的 54.7% 提升到 2015 年的 80.1%，比 2010 年提高了 25.4 个百分点，详见表 2-3-8。

表 2-3-8   有色金属工业企业资产分布情况表

资本结构	2010 年		2015 年	
	资产总额（亿元）	占资产总额百分比	资产总额（亿元）	占资产总额百分比
全国合计	21 908.1		39 127.3	
其中：国有控股	9 236.2	42.2%	14 466.5	37.0%
集体控股	982.3	4.5%	547.9	1.4%
私人控股	8 651.4	39.5%	18 133.6	46.4%
港澳台商	1 341.7	6.1%	1 831.7	4.7%
外商控股	952.2	4.4%	1 472.8	3.8%

在铜铝加工行业，民营企业市场占有率已经达到了 80%以上。如铜加工材产量排名前 3 位的宁波金田铜业公司、金龙精密铜管集团公司和海亮集团公司，铝加工材产量排名第一的辽宁忠旺集团有限公司均是民营企业。

六、两化融合助力产业新发展

"十二五"期间，我国有色金属工业企业充分发挥计算机模拟仿真、智能控制、大数据、云平台等技术的作用，把信息化引入矿山、冶炼、加工全产业链生产过程，以及企业管理、商务活动等各个领域，行业骨干企业基本实现了生产智能化和管理信息化。目前，国内大型露天铜矿和地下镍矿、铅锌矿的数字化建设取得重要进展；电解铝生产的智能化控制得到推广应用；大型铜、铝加工企业的生产过程基本实现了集中管理；基于"互联网+"的电子商务平台等逐步推广，大大降低了企业的营销成本。有色金属工业的两化融合，对促进产业转型升级起到了重要的推动作用。

七、产业布局加快转移优化

电解铝产能持续由中东部高成本地区向资源能源丰富的西部地区转移。2015 年，西部地区电解铝产量占全国 59%的比重，比 2010 年上升 6 个百分点。具有自备电厂的电解铝产能占比接近 70%，较 2010 年提高 40 个百分点，"铝—电—网"一体化规模不断扩大。

铜产业分布呈现区域聚集态势。围绕铜冶炼基地的发展，铜产业区域化聚集态势更加明显，产业链条不断延伸，区域结构更趋合理。2015 年，铜材产量排名前 5 的省份，产量之和占全国总产量的 70%以上，主要集中于珠江三角洲、长江三角洲、环渤海等经济发达地区。

产业集中度进一步提升。截至 2015 年年底，按企业集团统计，国内电解铝企业平均规模达到 60 万吨/年，比 2010 年提高 28 万吨/年，产能前 10 位的电解铝企业合计能力占全国总能力的 65%。"十一五"末期，电解铜产能超过 50 万吨企业的仅有 3 家，至 2015 年年底，产能超过 100 万吨的企业有 2 家，产能超过 50 万吨的达到 7 家。排名前十的冶炼企业产量占全国的比重情况见表 2-3-9。

表 2-3-9 　　　　　　　　　　　排名前十的冶炼企业产量占全国的比重

	2010 年	2015 年
铜冶炼	76%	73%
电解铝	67%	70%
铅冶炼	45%	53%
锌冶炼	50%	50%

八、对外开放水平不断提升

（一）大踏步"走出去"

"十二五"期间，我国企业在国家政策的支持和引导下，通过实施"走出去"发展战略，围绕国内短缺资源，加快境外有色金属资源开发和基地建设，先后在澳大利亚、印度尼西亚、秘鲁、赞比亚、巴基斯坦、蒙古等国家投资办矿，获得了大量铜、铝、镍、铅锌权益储量或权益产能，为提升国家资源保障能力发挥了重要作用。据不完全统计，截止到 2015 年年底，在铜领域，中国企业在海外已经形成矿产铜 86.7 万吨、粗铜 28 万吨、阴极铜 34 万吨、铜加工 26 万吨权益产能，还有在建矿产铜 101 万吨、阴极铜 16 万吨权益产能；在铝领域，已经形成铝土矿 1 200 万吨、氧化铝 100 万吨、电解铝 14 万吨、铝加工 6 万吨权益产能，还有在建铝土矿 1 200 万吨、氧化铝 420 万吨、电解铝 50 万吨权益产能；在铅锌领域，已经形成铅锌矿产 68 万吨权益产能，还有在建矿产铅锌 30 万吨权益产能；在镍领域，已经形成矿产镍 5.2 万吨、镍铁 38.5 万吨产能，还有在建镍铁 100 万吨产能。

除资源开发之外，我国有色金属冶炼、加工开始全面走向世界，从资源合作不断延伸到园区建设与装备合作、技术合作。例如，中色股份在哈萨克斯坦承包建设的电解铝项目，全部采用我国自主开发的技术，目前一期、二期工程已交付运行，生产正常。此外，我国自主开发的精密铜管成套技术和装备也居国际领先地位，金龙铜管在美国投资建设的项目，主体生产线采用的就是我国自主研发的成套技术和装备。

（二）高水平"引进来"

一大批国有、民营、合资企业加大引进力度，不仅引进资金、技术、装备，还大量引进人才、研发团队等优质生产要素，实现了跨越式发展。爱励公司在江苏镇江投资建设的铝加工项目、荷兰托克公司参股的广西防城港铜冶炼项目等不仅投资大，而且生产技术达到国际领先水平。

（三）国际市场话语权提升

上海期铜已经逐步摆脱"影子市场"的从属地位，与伦敦铜形成"互为引导，交叉影响"的态势，共同成为全球最具影响力的两个定价参考依据。我国稀土、钨、锡、锑、铟等优势稀有金属价格话语权开始有所体现。钨、锑、铟等品种国际市场价格跟随中国生产者价格变动的时候增多；钨、铟等个别品种在国际贸易中，外商报价开始参考或者部分采纳中国主要生产商的价格。

第四章 建材行业"十二五"发展回顾

一、行业发展总体平稳

（一）经济效益保持稳定增长

2015 年规模以上建材行业企业主营业务收入 5 万亿元，是 2010 年的 1.85 倍，"十二五"期间年均增长 13.1%，如图 2-4-1 和表 2-4-1 所示。同时，面临产能严重过剩、市场需求不旺的严峻形势，建材行业经济下行压力加大，主营业务收入增幅放缓，增幅比"十一五"期间下降 16.5 个百分点。2015 年水泥、平板玻璃主营业务收入同比下降，但水泥制品、建筑陶瓷、玻璃纤维同比分别增长 3.2%、2.9%和 9.7%。

图 2-4-1 2010—2015 年建材行业主营业务收入及增速

表 2-4-1 　　　　2010—2015 年我国建材行业规模以上企业主营业务收入及增速

年份	主营业务收入（亿元）	增速
2010 年	27 000	28.6%
2011 年	33 780	25.1%
2012 年	39 271	16.3%
2013 年	43 000	10.5%
2014 年	48 000	10.6%
2015 年	50 000	4.2%

2015 年建材行业实现利润总额 3 050 亿元，是 2010 年的 1.5 倍，"十二五"期间年均增长 8.8%，比"十一五"期间下降 33.2 个百分点，如图 2-4-2 和表 2-4-2 所示。2015 年在水泥、平板玻璃行业利润大幅下滑的同时，玻璃纤维、隔热材料、卫生陶瓷等行业利润保持较快增长。

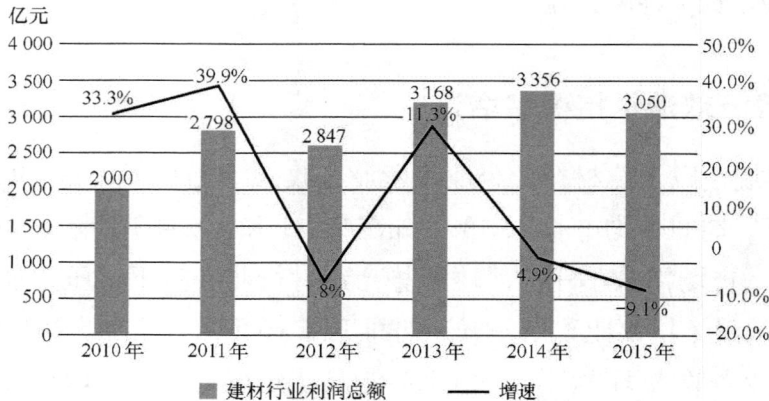

图 2-4-2　2010—2015 年建材行业利润总额及增速

表 2-4-2　　　　　　2010—2015 年我国建材行业规模以上企业利润总额及增速

年份	利润总额（亿元）	增速
2010 年	2 000	33.3%
2011 年	2 798	39.9%
2012 年	2 847	1.8%
2013 年	3 168	11.3%
2014 年	3 356	4.9%
2015 年	3 050	−9.1%

（二）主要产品产量总体增长

"十二五"期间，在经济进入新常态、市场需求趋缓的背景下，建材主要产品产量仍然不断增长，但年均增速不断下降。2015 年水泥产量 23.6 亿吨，平板玻璃产量 7.39 亿重量箱，陶瓷砖产量 107.2 亿平方米，卫生陶瓷产量 1.99 亿件，玻璃纤维产量 323 万吨，与 2010 年相比，分别增长 25.8%、17.2%、37.4%、17%、20.1%。与 2014 年相比，水泥、平板玻璃、卫生陶瓷产量分别下降 4.8%、6.5% 和 7.5%（见表 2-4-3）。与此同时，低耗能低排放的加工产品，如商品混凝土 2015 年产量比 2014 年增长 2.1%、钢化玻璃增长 7.5%、纤维增强塑料制品增长 5.4%。

表 2-4-3   2010 年和 2015 年主要建材产品产量对比

产品	2010 年	2015 年	增长
水泥（亿吨）	18.8	23.6	25.8%
平板玻璃（亿重量箱）	6.3	7.39	17.2%
陶瓷砖（亿平方米）	78.0	107.2	37.4%
卫生陶瓷（亿件）	1.70	1.99	17.0%
玻璃纤维（万吨）	269	323	20.1%

从主要产品的年均增速来看，"十二五"期间，水泥产量年均增长 4.7%，平板玻璃产量年均增长 3.2%，陶瓷砖产量年均增长 6.9%，卫生陶瓷产量年均增长 3.2%，玻璃纤维产量年均增长 3.7%，分别比"十一五"期间年均增速下降 7.2、6.2、14.1、17.0 和 19.4 个百分点（见图 2-4-3）。

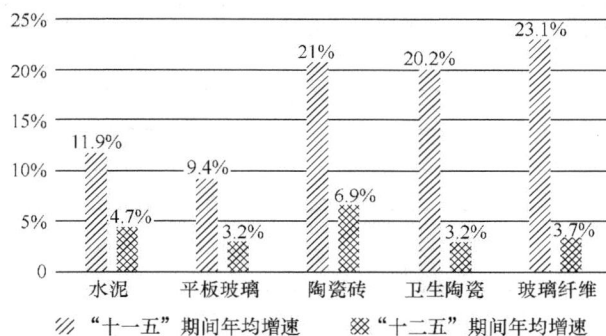

图 2-4-3 "十二五"期间与"十一五"期间主要建材产品产量年均增速比较

二、结构调整取得新突破

（一）产能快速增长势头得到遏制

从水泥和平板玻璃的新增产能来看，在《关于化解产能严重过剩矛盾的指导意见》《建材行业遏制新建产能　化解产能过剩工作实施方案》和《部分产能严重过剩行业产能置换实施办法》等一系列政策措施的引导下，水泥和平板玻璃等建材传统产业过剩产能的新增势头得到一定的遏制。以水泥行业为例，"十二五"期间水泥新增产能呈明显下降趋势，2015 年水泥行业新建成生产线 31 条，新增水泥产能 0.47 亿吨，与 2010 年相比分别下降 85.7% 和 82.1%（见表 2-4-4）。

表 2-4-4　　　　　　　　　　2010—2015 年水泥行业新增产能情况

年份	新建生产线（条）	新增水泥产能（亿吨）
2010 年	217	2.63
2011 年	166	2.02
2012 年	124	1.60
2013 年	72	0.94
2014 年	54	0.70
2015 年	31	0.47

　　淘汰落后产能进展良好。2011—2015 年，全国累计淘汰落后水泥产能 6.38 亿吨、平板玻璃产能 1.66 亿重量箱，超额完成"十二五"规划落后产能淘汰目标（见表 2-4-5）。

表 2-4-5　　　　　　2011—2015 年水泥和平板玻璃落后产能淘汰情况

年份	水泥（熟料及粉磨能力）（万吨）	平板玻璃（万重量箱）
2011 年	15 497	3 041
2012 年	25 829	5 856
2013 年	10 578	2 800
2014 年	8 100	3 760
2015 年	3 800	1 100
合计	63 804	16 557

（二）技术结构调整成效显著

　　产业技术结构调整取得显著成效。2014 年新型干法水泥熟料比重达 91.9%，浮法玻璃比重达 90.8%，池窑玻纤比重达 92.6%，分别比 2010 年提高 10.9、3.8 和 7.8 个百分点（见图 2-4-4 和表 2-4-6）。

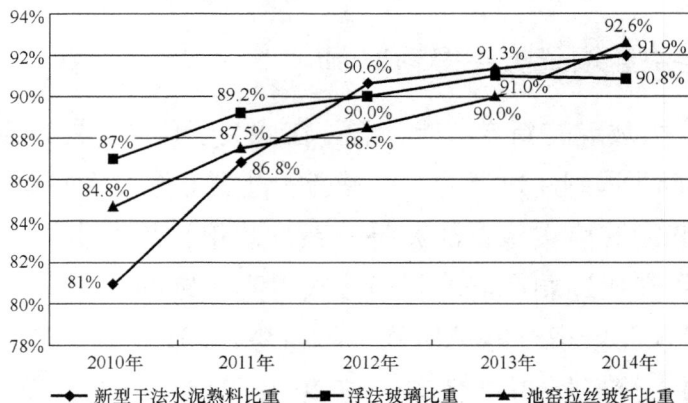

图 2-4-4　2010—2014 年我国建材主要产业先进生产工艺占比情况

表 2-4-6　　　　　　　　2006—2014 年建材主要产业先进生产工艺占比情况

年份	新型干法水泥熟料比重	浮法玻璃比重	新型墙体材料比重	池窑拉丝玻纤比重
2006 年	55.0%	82.0%	46.1%	76.8%
2007 年	56.0%	83.1%	49.0%	72.5%
2008 年	61.0%	83.5%	50.0%	82.5%
2009 年	72.3%	84.2%	52.0%	80.5%
2010 年	81.0%	87.0%	55.0%	84.8%
2011 年	86.8%	89.2%	61.0%	87.5%
2012 年	90.6%	90.0%	64.0%	88.5%
2013 年	91.3%	91.0%	65.0%	90.0%
2014 年	91.9%	90.8%	69.5%	92.6%

（三）产品结构调整进展明显

传统建材行业占行业产值比重下降。2015 年规模以上水泥和平板玻璃企业主营业务收入占建材行业总量的 19%，比 2010 年下降 9.4 个百分点，如图 2-4-5 所示。

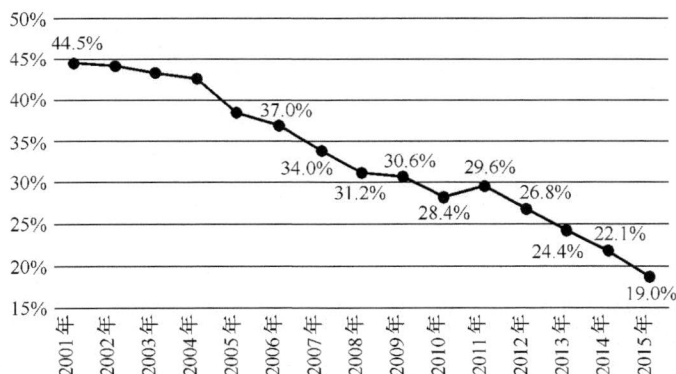

图 2-4-5　2001—2015 年我国规模以上水泥和平板玻璃企业主营业务收入占全行业的比重

建材产业加快转变发展方式，传统高耗能产业比重不断下降，提高产品附加值、延伸建材产品产业链，已经成为行业发展的主旋律，建材产业中产品附加值较高、能耗较低的制品加工业得到了快速发展，与传统产业共同成为建材行业的中坚力量。"十二五"期间，建材低能耗、深加工建材产品主营业务收入占比以年均 2 个百分点的速度逐年提高，2015 年已占建材行业总量的 50%。其中混凝土及水泥制品行业成为建材工业最大产业；规模以上技术玻璃制品制造业的销售额已经达到平板玻璃制造业的 2 倍以上。2015 年在产能严重过剩、市场需求不旺、经济下行压力加大的严峻形势下，得益于玻璃纤维、复合材料、石膏板、技术玻璃、水泥制品等产业的快速增长，建材全行业主营业务收入仍然呈现增长态势。

（四）产业组织结构明显优化

水泥、平板玻璃和玻璃纤维等行业的产业集中度进一步提高，大型企业集团继续发展壮大。2015年前十家水泥企业集团的水泥熟料产能达9亿多吨，已达到全国水泥熟料产能总量的50%以上；平板玻璃前10家企业的生产集中度为70%；前三家玻璃纤维企业的生产集中度为68%。

新型墙体材料和建筑部品、玻璃、陶瓷、石材等产业园区和产业聚集区发展迅速，日益成为支撑行业创新、延伸产业链的有效载体，许多产业园区或聚集区正成为区域经济发展的支撑（见表2-4-7）。

表2-4-7　　　我国部分建材产业规模100亿元以上的产业集群

产业	产业集群
玻璃	滕州市现代玻璃产业集群
	广东玻璃产业集群
	沙玻产业集群
	山东巨野产业集群
陶瓷	佛山陶瓷产业集群（500亿元以上）
	潮州市发展陶瓷产业集群
	景德镇陶瓷产业集群
	高安建陶产业集群
	夹江陶瓷产业集群
	辽宁法库陶瓷产业集群
	晋江磁灶建陶产业集群
	湖南醴陵日用陶瓷
	江西萍乡陶瓷产业基地
	山东淄博陶瓷产业基地
非金属矿	淄博东岳氟硅材料产业园区
	江苏东海硅产业集群
	鞍山市菱镁矿产业集群
	河南巩义耐火材料产业基地
石材	南安市石材产业集群（450亿元以上）
	广东云浮石材产业集群
	山东莱州石材产业集群

（五）转型升级示范稳步推进

"十二五"期间，河北沙河的玻璃制造及深加工、安徽蚌埠高新技术产业开发区的硅基新材料、江西景德镇的陶瓷制品，被工业和信息化部授予国家新型工业化产业示范基地。

2012 年，北京水泥厂、安徽铜陵海螺水泥、湖北华新水泥、广州越堡水泥 4 家企业的水泥窑协同处理废弃物生产线，被工业和信息化部确定为第一批 23 项工业循环经济重大示范工程。

为加快培育发展战略性新兴产业、推动重点行业低碳技术创新及产业化、加快利用高技术改造提升传统产业，为节能减排和应对气候变化提供技术支撑，国家发改委在煤炭、电力、建筑、建材四个行业组织实施低碳技术创新及产业化示范工程专项，建材行业的八个项目——华新水泥（株洲）有限公司的株洲市生活垃圾预处理及水泥窑综合利用一体化项目、溧阳天山水泥有限公司的利用 5 000 吨/日水泥窑协同处置 450 吨/日生活垃圾项目、山东天意机械股份有限公司的泡沫混凝土保温板项目、山西省潞城市泓钰节能建材有限公司的泡沫混凝土保温板项目、中国洛阳浮法玻璃集团有限责任公司的 1 250 吨/日玻璃熔窑一体化处理节能环保项目、广东四通集团股份有限公司的建筑卫生陶瓷废料回收利用项目、佛山市溶洲建筑陶瓷二厂有限公司的建筑卫生陶瓷废料综合回收利用项目、泰山玻璃纤维有限公司的八万吨级玻纤窑炉纯氧燃烧项目，被国家发改委评为低碳技术创新及产业化示范工程，并列入国家高技术产业发展项目计划及投资计划。

山东省寿光市台头镇建筑防水已发展成为产业基础雄厚、产业体系完备、影响辐射面广、在全国有重要影响、极具地方特色的优势产业，先后获得"中国建筑防水之乡""山东省特色产业镇""山东省重点产业集群"称号，被授予"中国建筑防水产业基地"。

三、科技创新驱动成效显著

（一）各项研发投入实现快速增长

"十二五"期间，建材行业的技术创新逐渐从单项技术装备创新、产品创新发展到系统创新，由生产线创新发展到工程项目全产业链创新，从"摸着石头过河"上升到自觉顶层设计和规划牵引科技创新的发展新格局。从总体研发投入情况来看，2014 年建材行业新产品研发经费和新产品项目数分别比2010 年增长 214.1%和 259.2%，带动新产品销售收入比 2010 年提高 154.6%（见图 2-4-6）。

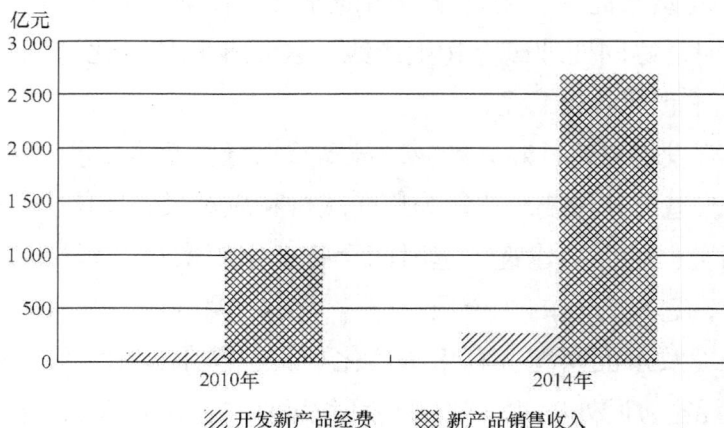

图 2-4-6　2010 年和 2014 年建材行业开发新产品经费和新产品销售收入情况

据不完全统计，"十二五"期间，部分建材骨干企业、高校和科研院所承担国家的"973""863"、国家科技支撑计划项目（课题）和国家自然科学基金项目（课题）总数达 200 余项，获得了 11.82 亿元国家科技经费支持；争取到国家发改委、工业和信息化部以及地方政府支持的科技经费超过十亿元，有力地促进了建材行业的科技创新与产业提升。"十二五"期间，建材行业"节能绿色建筑材料开发与集成应用示范""水泥窑炉粉尘及氮氧化物减排关键材料及技术开发""典型高性能特种玻璃关键技术研发与示范""典型建材产品绿色生产工艺技术与应用示范""新型低钙水泥熟料的研究及工业化应用"5 个项目被列入材料领域国家科技支撑计划项目，获得国家拨款 9 906 万元。"利用 5 000 吨/日水泥窑协同处置 450 吨/日生活垃圾技术创新及产业化示范工程""1 250 吨/日玻璃熔窑一体化处理节能环保技术创新及产业化示范工程""建筑卫生陶瓷废料回收利用技术创新及产业化示范工程""八万吨级玻纤窑炉纯氧燃烧技术创新及产业化示范工程"等 8 个项目被国家发改委列入低碳技术创新及产业化示范工程项目，共获得 1.225 亿元国家财政支持。

（二）行业创新体系建设不断完善

在国家的重视与支持下，在大企业集团、科研设计院所和高等院校的共同努力下，建材行业各个层面的科技创新平台建设取得新的进展与突破。"十二五"期间，科技部验收了硅酸盐建筑材料、绿色建筑材料、硅砂资源利用 3 个国家重点实验室，批准建设特种玻璃、特种功能防水材料 2 个国家重点实验室；国家发改委批准建设水泥节能环保国家工程中心；国家发改委、科技部、财政部、海关总署、国家税务总局共同认定了 9 个国家企业技术中心和 3 个分中心。由建材联合会与相关专业协会共同认定了 4 个行业重点实验室、9 个行业工程技术中心和 2 个企业技术创新中心。据不完全统计，截至"十二五"期末，建材行业已拥有科技部认定的 10 个国家重点实验室、9 个国家工程研究中心，国家发展改革委等认定的 5 个国家工程实验室、4 个国家工程研究中心和 34 个国家企业技术中心及 7 个分中心（见表 2-4-8）。基本形成了基础理论研究、新材料、工艺技术装备、工程技术、生产技术、节能减排等比较完善的技术创新支撑体系。

表 2-4-8　　　　　　　　　我国建材行业科技创新平台建设

科技创新平台	内　　容
国家重点实验室（10 个）	材料复合新技术国家重点实验室
	硅酸盐建筑材料国家重点实验室
	绿色建筑材料国家重点实验室
	特种纤维复合材料国家重点实验室
	浮法玻璃新技术国家重点实验室
	固废资源化利用与节能建材国家重点实验室
	材料化学工程国家重点实验室
	高性能陶瓷和超微结构国家重点实验室
	新型陶瓷与精细工艺国家重点实验室
	硅砂资源利用国家重点实验室
国家工程研究中心（9 个）	国家玻璃深加工工程技术中心
	国家玻璃纤维及制品工程技术研究中心
	国家工业陶瓷工程技术研究中心
	国家树脂基复合材料工程技术研究中心
	国家纤维增强模塑料工程技术研究中心
	国家非金属深加工工程技术研究中心
	水泥节能环保国家工程研究中心

续表

科技创新平台	内　　容
国家工程研究中心（9个）	国家日用及建筑陶瓷工程技术研究中心
	国家非金属矿产资源综合利用工程技术研究中心
行业科技创新支撑平台（15个）	水泥基建筑节能材料重点实验室
	玻璃窑熔铸耐火材料工程技术中心
	普通与特种石膏工程技术研究中心
	功能性超细粉体制备技术工程中心
	水泥窑无铬耐火材料工程技术中心
	高强高性能混凝土工程技术中心
	混凝土预制桩工程技术中心
	混凝土管桩重点实验室
	硅酮密封胶企业技术创新中心
	玻璃熔窑烟气脱硝企业技术创新中心
	粉体物料输送与计量工程技术研究中心
	混凝土管桩节能减排工程技术研究中心
	橡胶用非金属矿物材料工程技术研究中心
	高温陶瓷膜材料重点实验室
	固井用油井水泥与材料重点实验室
国家认定的企业技术中心34个和7个分中心	中国建筑材料集团公司
	中材装备集团有限公司
	中材科技股份有限公司
	北京金隅集团有限责任公司
	中国耀华玻璃集团公司
	安徽海螺水泥集团有限责任公司
	华新水泥股份有限公司
	江苏科行环保科技有限公司
	广东科达机电股份有限公司
	惠达卫浴有限公司
	新疆国统管道股份有限公司等

（三）重大关键技术攻关成效明显

1. 材料低碳、绿色、高性能化的基础理论研究取得进展

通过国家"863""973"项目的实施及建材行业科技创新计划项目的推进，

开展了建筑材料制备过程节能与减排的基础理论、材料高性能化、多功能协同及服役行为与可循环设计理论研究，为建筑材料绿色制造、发展新型低环境负荷材料和高性能复合材料制品提供理论指导，促进建材工业的绿色转型、技术升级和产品更新换代。其中"面向材料生产流程的环境负荷定量评价技术及应用"成果获得了 2012 年度国家科技进步二等奖。

2. "两个二代"技术装备创新研发全面推进

为推动建材传统产业结构调整、转型升级、提高资源和能源利用效率，使我国新型干法水泥和中国浮法玻璃在产品品种、功能、质量、资源能源利用效率、能耗与排放等方面迈向世界领先水平，中国建材联合会组织推进了新型干法水泥和中国浮法玻璃技术装备的创新研发工作。经过全行业三年多的持续努力，累计自筹研发经费 13.82 亿元，得到国家发改委、科技部支持的项目资金 0.88 亿元，攻关聚焦新型干法水泥和浮法玻璃生产过程数字化智能型控制与管理技术等 13 项关键共性技术及配套辅机与耐火材料，形成了"两个二代"技术装备研发主辅配套、全面推进的格局。中材国际工程股份有限公司承担的"利用水泥窑协同处置城市生活垃圾系统集成技术及工程化应用"、华新水泥股份有限公司的"生活垃圾生态前处理与水泥窑协同后处置系统集成创新与实践"、中材科技股份有限公司的"高效工业过滤粉尘用滤膜滤料规模化制备技术及工程化应用开发"、江苏科行环保科技有限公司的"玻璃熔窑烟气脱硝除尘协同处置关键技术开发应用"、蚌埠玻璃工业设计研究院等单位的"超薄信息显示玻璃工业化制备关键技术研究及应用"等项目已通过行业科技成果鉴定并推广应用。

3. 高温窑炉节能、环保和低碳化技术攻关结出硕果

通过国家科技支撑计划《水泥窑炉粉尘及氮氧化物减排关键材料及应用技术开发》项目的组织实施，重点开发了水泥窑炉粉尘及氮氧化物减排所需的中低温催化还原材料、高温低成本脱硝材料、玻璃纤维覆膜滤料、玻璃纤维/聚酰亚胺复合滤料及玄武岩纤维滤料等关键材料，突破了水泥窑炉富氧和分级燃烧工艺技术及装备，实现了相关材料的工业化生产。项目成果已在多条生产线实际使用，有效突破了粉尘、SO_2、NO_x 和 CO_2 减排关键技术和材料，为加快实现我国建材工业窑炉产业向资源节约型、环境友好型转化提供了技术支撑。

4. 大型节能粉磨技术与装备实现升级

在"大型新型干法水泥生产线粉磨关键装备的研发与应用"成果获得 2011 年度国家科技进步二等奖之后，又重点开发了 HFCG200 大型辊压机及粉磨系统节能技术、煤粉立式磨粉磨技术及装备、HRM2800S 矿渣立式磨装备及技术、KGP 新型水泥熟料辊式破碎机、水泥立式辊磨终粉磨、MLXSS360 两级行星立磨减速机等大型高效节能粉磨、无球化粉磨等先进节能粉磨技术与装备，加快了现有矿物粉磨技术装备的节能改造和技术升级。

5. 支撑战略性产业发展的新材料技术研发亮点纷呈

开发的高性能半导体光催化材料制备与微结构调控技术，耐烧蚀复合材料用碳纤维多向预成型体结构设计、控制、制备及应用技术，超薄信息显示玻璃工业化制备关键技术，适用于高压直流输电系统工程化应用的特种光纤光缆及其关键器件的制备技术，多层内联仿形机织物应用与自动化制备技术，太阳能多晶硅生产用氮化硅陶瓷绝缘复合组件制备技术，膜生物反应器用平板陶瓷膜技术，大规模集成电路产业用 8 英寸立式石英笼舟产业化制备技术，多光谱透过铝酸钙红外玻璃成套制备技术及大尺寸整流罩典型应用技术等一批新技术，有效地提升了无机非金属新材料、特种陶瓷材料、高端纤维增强复合材料等的研究开发水平，突破了相关关键材料制备和装备技术瓶颈，为支撑节能环保、新能源、信息产业、新材料、国防军工等战略性产业领域发展发挥了关键作用。

6. 高性能绿色节能建材及其先进制造技术实现产业化

通过国家科技支撑计划《节能绿色建筑材料开发与集成应用示范》项目的组织实施和大型复合材料风电叶片的自主研发，开发了离线低辐射（Low-E）玻璃产业化关键技术、在线低辐射（Low-E）玻璃的低成本制造及多功能复合关键技术、真空玻璃规模化生产关键技术、节能门窗用耐候高性能塑料型材成套技术、保温与结构一体化墙体及屋面材料制造关键技术、石膏复合胶凝材料和储能材料技术、大型复合材料风电叶片产业化制造技术，取得了一系列产业化技术成果，建成多条示范生产线，产品得到推广应用。我国大型复合材料风电叶片产业化制造技术达到国际先进水平。上述产业化成果满足了不断提高的绿色节能建筑和可再生能源开发的需要。

7. 非金属矿物材料开采及深加工技术不断提升

开发了凹凸棒石棒晶束解离与表面功能化改性技术、非金属矿物功能填料表面改性技术及成套装备、陶瓷粉料高效节能干法制备技术及成套装备、机制砂石细粉高效回收与废水循环利用工艺技术、利用多晶硅副产物制备大尺寸、高品质石英玻璃成套技术与装备、石油裂解催化剂用高岭土载体制备技术、年产一万吨膨润土深加工生产线技术及环保型矿物凝胶材料系列产品开发技术等多项非金属矿物材料高效超细粉碎、煅烧、提纯、改性、复合等深加工产业化技术，较好地满足了交通、石化、电力、电子、农业、建筑节能、节水、环保、新能源等产业发展需要。

8. 大宗废物无害化安全处置和资源化综合利用技术日臻完美

开发了利用水泥窑协同处置城市生活垃圾系统集成技术、生活垃圾生态前处理与水泥窑协同后处置系统集成创新技术、水泥窑协同处置垃圾焚烧飞灰工程化技术、城市污泥深度脱水及水泥窑协同处置技术、水泥窑协同处置配套用耐火快速修补材料等大宗固体废物安全处置关键技术与成套装备，实现了大宗工业固体废物、城市污泥、建筑垃圾、生活垃圾、工业危废物等的安全无害化处理和资源化综合利用，为循环经济和环保产业发展提供了技术支撑。水泥窑协同处置固废过程中二噁英/呋喃的高温消解，低温再生抑制和吸附成因的发现为利用新型干法水泥窑大规模协同处置各类废弃物提供了技术支撑。

（四）一批重大科技成果获得奖项

"十二五"期间，建材行业共有 13 项科技成果获得国家科技奖励。武汉理工大学完成的"高性能半导体光催化材料制备与微结构调控"获得 2014 年度国家自然科学二等奖，实现了建材行业国家自然科学奖零的突破。"结构/功能复合化新型导电陶瓷的设计、成套制备技术与应用""现代混凝土流动性调控与超早强关键技术及应用""耐烧蚀复合材料用碳纤维多向预成型体结构设计、控制、制备及应用"等 5 个项目获得国家技术发明二等奖；"大型新型干法水泥生产线粉磨关键装备的研发与应用""太阳能电池用微铁高透过率玻璃成套技术及产业化开发""结构陶瓷典型应用条件下力学性能测试与评价关键技术及应用"等 7 个项目获得国家科技进步二等奖。与此同时，共有 154

项科研成果获建筑材料科学技术奖，783 项成果获全国建材行业技术革新奖。这些奖项突出地代表了在这一期间我国建材行业的科技创新的成果。另外，建材行业共有 31 项技术成果获得国家重点新产品计划立项支持，获得国家补贴 750 万元。

（五）建材标准化工作跃上新台阶

"十二五"期间，建材行业围绕结构调整、转型升级、提质增效、保障民生等重点任务，积极推进国家标准和行业标准的制（修）订工作。据不完全统计，共完成制（修）订国家标准 260 项、行业标准 445 项，并初步建立了新材料、节能环保等新兴领域和促进传统产业转型升级等方面的标准化体系。同时，按照国家标准化体制改革和机制创新的总体要求，积极开展了团体标准的试点工作，进一步完善了标准体系建设，优化了标准体系结构，提升了我国建筑材料工业标准化水平，较好地满足了产业发展和行业管理的需要。

（六）涌现出一批科技领军人才

"十二五"期间，建材行业涌现出一批科技领军人才和科技创新团队。据不完全统计，中国建筑材料科学研究总院的包亦望被授予全国五一劳动奖章；中材科技股份有限公司的薛忠民等 3 位同志荣获全国优秀科技工作者称号；中复神鹰碳纤维有限责任公司的张国良、宁波中淳新冈装备有限公司的张日红入选国家"科技创新创业人才"；中材科技股份有限公司的朱建勋获得首届中国"杰出工程师奖"。中材科技股份有限公司等 14 个单位被中国建筑材料联合会授予"全国建材行业科技创新先进集体"，王肇嘉等 8 名同志被授予"全国建材行业科技创新领军者"，包玮等 32 名同志被授予"全国建材行业优秀科技工作者"。

四、行业逐步迈向绿色发展

（一）节能减排成效显著

建材行业能源消耗总量增长速度及占全国的比重下降。2011—2013 年建材行业能耗总量年均增长 4%，低于"十一五"时期 7.8%的增长速度，占全国能耗总量的比重从 2011 年的 10.24%降至 2013 年的 9.1%，下降 1.14 个百分点（见图 2-4-7 和表 2-4-9）。

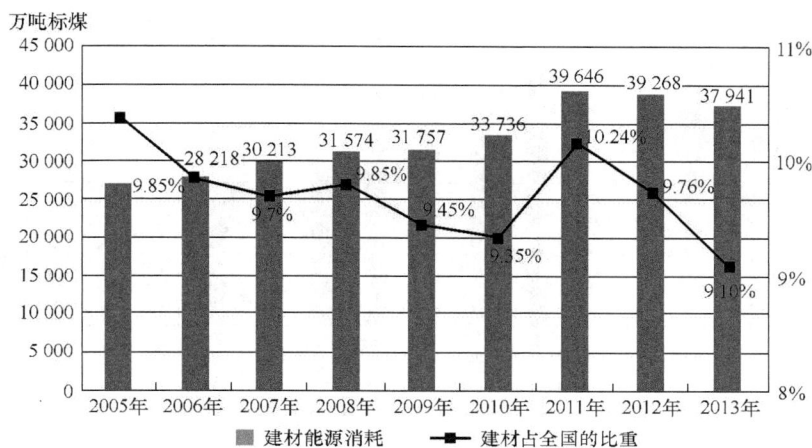

图 2-4-7　2005—2013 年我国建材行业能耗总量及占全国的比重

表 2-4-9　　　　　2006—2013 年全国及建材行业能耗总量

年份	全国能源消费总量（万吨标煤）	建材能源消耗（万吨标煤）	建材占全国的比重
2006 年	286 467	28 218	9.85%
2007 年	311 442	30 213	9.70%
2008 年	320 611	31 574	9.85%
2009 年	336 126	31 757	9.45%
2010 年	360 648	33 736	9.35%
2011 年	387 043	39 646	10.24%
2012 年	402 138	39 268	9.76%
2013 年	416 913	37 941	9.10%

烟粉尘排放量大幅下降，脱硝技术改造取得进展，一批先进适用的脱硫除尘技术及装备在平板玻璃、玻璃纤维和砖瓦企业逐步应用。2013 年建材工业烟粉尘排放比 2010 年下降 24%，占全国工业的比重由 2010 年的 36%降至 2013 年的 24%（见图 2-4-8 和表 2-4-10）。随着氮氧化物减排技术逐渐成熟，行业脱硝技术的推广速度逐步加快，2014 年水泥、平板玻璃行业安装脱硝装置已超过 1 000 套。

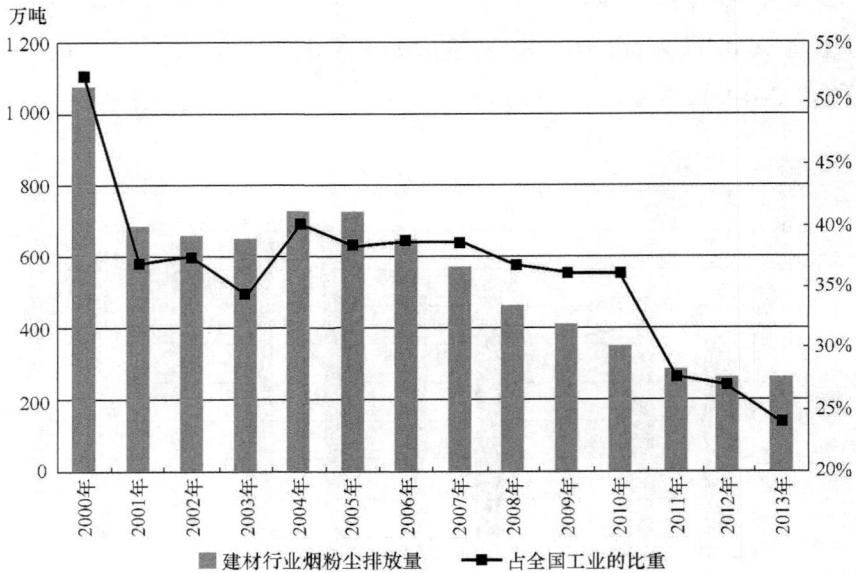

图 2-4-8　2000—2013 年我国建材行业烟粉尘排放量及占全国工业的比重

表 2-4-10　　　　　　　　2006—2013 年全国工业及建材行业烟粉尘排放量

年份	全国工业烟粉尘排放量（万吨）	其中：建材工业烟粉尘排放量（万吨）	建材占全国工业的比重
2006 年	1 662	642	38.7%
2007 年	1 470	565	38.5%
2008 年	1 256	461	36.7%
2009 年	1 128	406	36.0%
2010 年	1 706	173	10.1%
2011 年	1 028	285	27.7%
2012 年	957	259	27.1%
2013 年	1 095	263	24.0%

（二）生态产业更加完善

建材资源综合利用量持续增长，据测算，目前建材行业资源综合利用量超过 10 亿吨。据统计，全国 20 多个省份已建成或正在推进建设水泥窑协同处置项目。截至 2015 年年底，水泥窑协同处置生活垃圾已在国内 30 余条水泥生产线上得到应用，年消纳生活垃圾约 300 万吨，废弃物协同处置推广加快。

余热发电技术的普及率进一步提高。2015 年年底水泥窑配套建设纯低温余热发电站占比已达 80%，日产 2 500 吨以上的生产线基本上均建设了余热发电设施，已提前实现"十二五"规划目标；浮法玻璃熔窑安装余热发电装置占全部平板玻璃生产线的 60%。

（三）企业创新环保模式

华新水泥围绕"利用水泥窑协同资源化处理各类废弃物"的工艺路线，经过十余年的技术研发、项目建设和项目运行，在技术装备、产品标准等方面积累了雄厚的技术实力和运作经验，已获得一批国家发明专利和重大科技成果，形成了利用"水泥窑协同资源化处理技术"处理各类固体废物（包括生活垃圾、市政污泥、污染土、水面漂浮垃圾、危废等）的环保产业链。

"十二五"期间，华新陆续投产运行了日处理 350 吨的湖北武穴项目、日处理 500 吨的湖北赤壁项目、日处理 1 000 吨的湖北武汉陈家冲项目、日处理 500 吨的湖南株洲项目、日处理 350 吨的重庆奉节项目、日处理 1 000 吨的河南信阳等项目，合计处置能力已近 150 万吨，累计处置了生活垃圾 50 余万吨，处置能力接近全国水泥行业生活垃圾协同处置能力的一半。同时，华新还有广东珠海、湖北武汉长山口、湖北十堰等 15 个项目正在建设或即将开工，全部建成后处置能力将超过 500 万吨，每年可以安全、彻底、无害地解决近 1 250 万人日常的生活垃圾问题。未来 5 年之内，华新计划建成并运行 100 座水泥窑协同处置生活垃圾工厂，可解决 1 亿人的生活垃圾处置问题。

五、两化融合引领行业升级

（一）两化提升生产制造水平

"十二五"期间建材企业加大了在生产自动化上的投入，新型干法水泥生产线、玻璃生产线的自动化控制系统已达到了国际先进水平。大中型水泥企业生产线几乎全部采用了 DCS（集散控制系统）作为控制、监视与管理的重要手段，将计算机技术、网络技术和先进的控制技术相结合，实现了对窑、磨等生产现场情况的监视和控制，一些企业集团实现了对集团分布在全国各地的生产线的生产调度、现场监控。浮法玻璃生产技术和电气自动化水准已经有了较大的提高，目前浮法玻璃企业通过自动控制技术、信息技术、网络技术实现了原料配料控制系统、三大热工（熔窑、锡槽、退火窑）的分布式控制，提高了窑炉的熔化效率、玻璃质量，延长了窑龄，降低了能耗。

（二）两化推动管理变革

建材企业加大了信息化投入，以现代管理知识和信息技术为依托，实现精细化管理，实现实时监控与决策，提高研发、生产、营销等综合效率和效益，提高了企业决策水平、企业市场应变能力、生产制造水平，有效降低了产品成本和原燃料消耗，促进了市场销售，改善了企业内部管理，优化了企业供应链和产业链，进而大幅度地提高经济效益，有效提升了企业综合竞争力。

（三）两化提升产业集中度

近十年是建材行业生产增长速度最快、产业结构深刻变化的时期，通过产业结构调整和组织结构优化，已形成了一批具有一定规模的企业集团；水泥、平板玻璃、玻璃纤维等主要产业中先进生产工艺比重达到 90% 左右，产业集中度大幅提升。利用信息化、网络化技术开展以集团化管控、数字化制造等技术应用，以及服务型制造、智能制造、绿色制造、高端制造等为内容的应用示范，着力培育、打造数字企业、服务型制造企业、高端制造企业，抢占产业价值链高端，逐步实现产品服务、资产资本、管理决策信息化，进一步解决建材企业集团由于高速发展所带来的各种管理和发展瓶颈的问题，对提升建材产业集中度起着关键作用。

（四）两化促进行业可持续发展

目前已有部分建材企业应用了能源管理系统，建立了能源管理中心，通过利用自动控制、计算机网络和数字化计量技术，加强对水、电、煤、气等主要能源的实时监测、精确控制和集约利用，进一步提高能源设备、能源计划、能源平衡、能源预测等方面的管理水平。通过物联网技术对污染物排放进行实时控制，监测主要废气排放点的外排放废气中污染因子的浓度和流量、污染物排放总量、大气质量指标等数据，建立主要污染物排放自动连续监测和工业固体废弃物综合利用信息管理体系。建材行业的节能减排工作已经取得了积极进展，单位产品综合能耗明显降低，颗粒物排放总量不断减少。

六、国际竞争力不断增强

（一）出口贸易不断增长

2015 年建材商品出口额达 383 亿美元，是 2010 年的 2 倍，"十二五"期间年均增长 14.7%。从出口产品种类来看，2015 年建筑卫生陶瓷、建筑用石、建筑与技术玻璃等产品占出口总额的 69%。我国已与全世界 130 多个国家和地区建立了贸易往来，开辟了产品出口、对外工程总承包、技术服务、劳务合作等业务，形成了全方位、多层次、宽领域的对外开放新格局（见图 2-4-9 和表 2-4-11）。

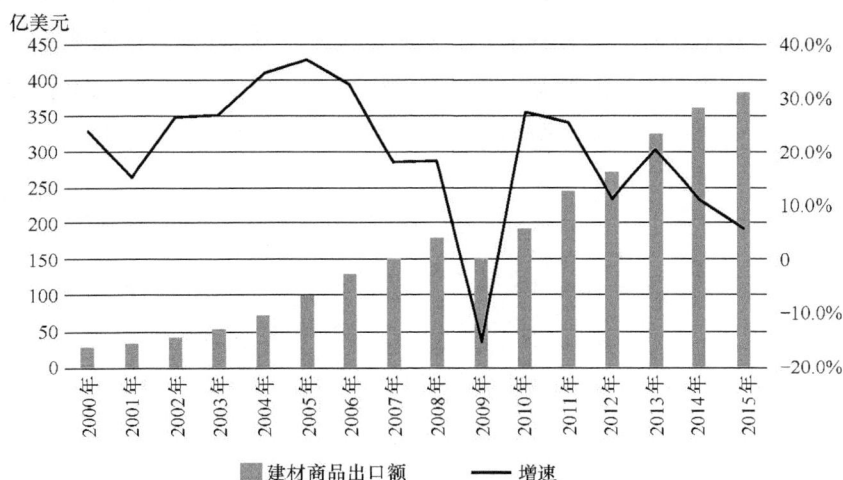

图 2-4-9　2000—2015 年我国建材商品出口额及增速

表 2-4-11　　　　　2006—2015 我国建材商品出口额及增速

年份	出口额（亿美元）	增速
2006 年	129	32.6%
2007 年	152	17.8%
2008 年	180	18.4%
2009 年	152	−16.0%
2010 年	193	27.4%
2011 年	242	25.4%
2012 年	269	11.2%
2013 年	325	20.8%
2014 年	361	11.1%
2015 年	383	6.1%

（二）建材成套技术装备出口规模不断扩大

随着我国建材主要技术装备水平的全面提升，水泥、平板玻璃、水泥制品和玻璃纤维等行业成套技术装备出口规模不断扩大。特别是水泥技术装备工程市场份额和品牌影响力不断提升，目前我国水泥建设工程服务已占全球50%以上的市场份额。

（三）企业"走出去"发展迈开可喜步伐

大型建材企业的对外投资力度不断加大，在境外收购企业、投资建厂的步伐明显加快。目前，境外投资建厂已涉及水泥、平板玻璃、玻璃纤维、墙体材料、石材等多个行业。以中国中材集团和中国建材集团、海螺集团、华新水泥、福耀集团等为代表的大型企业集团，通过多种途径实现了部分业务的"国际化"。

第五章　机械行业"十二五"发展回顾

一、行业发展总体良好

（一）产业规模稳定增长

机械工业"十二五"期间主要经济指标增长情况见表 2-5-1。

表 2-5-1　　　　　机械工业"十二五"期间主要经济指标增长情况

	2010 年	2011 年	2012 年	2013 年	2014 年	2015 年（快报）	2015 年比 2010 年增长百分比	"十二五"期间平均增速
企业数（家）	106 969	74 357	7 739	84 157	86 677	85 455	−20.11%	−4.39%
主营业务收入（亿元）	139 572	165 466.1	179 893.5	205 194.4	224 262.4	229 779.5	64.63%	10.48%
主营业务成本（亿元）	116 254	138 326.5	150 557.5	172 173.5	188 767.7	195 124.9	67.84%	10.91%
主营业务税金及附加（亿元）	1 547.3	1 377.8	1 764.5	2 188	2 369.6	2 376.75	53.61%	8.96%
营业费用（亿元）	3 999.1	4 507.1	5 063.7	5 813.8	6 206.6	6 250.96	56.31%	9.34%
管理费用（亿元）	6 699.2	74 850.7	8 457.6	9 588.7	10 311.7	10 597.76	58.19%	9.61%
财务费用（亿元）	964.4	1 257.2	1 611.2	1 674.8	1 810.1	1 800.57	86.70%	13.3%
其中：利息支出（亿元）	788.2	1 285.8	1 675.5	355.6	1 939.4	1 699.29	115.59%	16.61%
利润总额（亿元）	11 697.9	13 200.3	13 248.5	15 056.3	16 196.9	15 992.38	36.71%	6.45%
亏损企业亏损额（亿元）	271.2	453	851.1	965.3	1 103.4	1 290.38	375.80%	36.62%
税金总额（亿元）	5 837.5	6 020.2	6 954.8	8 458.3	9 017.6	8 868.91	51.93%	8.72%
资产总额（亿元）	109 743.1	126 258.3	144 058.5	164 627.4	181 575.4	192 668.9	75.56%	11.91%
应收账款（亿元）	19 378.4	22 725.1	26 424.1	31 575.5	34 131	36 926.67	90.56%	13.76%
产成品（亿元）	6 070.9	7 035.4	7 572.2	8 174.9	9 314.4	9 373.17	54.40%	9.08%
负债总计（亿元）	62 314.8	71 369	80 367.1	91 762.4	99 803.2	103 897.5	66.73%	10.77%
应交增值税（亿元）	4 290.2	4 642.4	5 190.3	6 290.3	6 648	6 492.17	−20.11%	8.64%

　　说明：1. 2015 年为月报数据，其余年份均为年报数据。

　　　　　2. 从 2011 年开始规模以上企业统计口径由年主营业务收入 500 万元以上调整为年主营业务收入 2 000 万元以上。

1．企业数

"十二五"期末的 2015 年机械工业规模以上企业（年主营业务收入在 2 000 万元以上的企业）已经达到 8.5 万家；企业的平均规模逐年提高，2010 年规模以上企业（主营业务收入为 500 万元的企业）平均规模为 1.3 万亿元，到 2015 年已达到 2.69 万亿元。

2．资产规模

资产总额由"十一五"期末 2010 年的 10.97 万亿元增至"十二五"期末 2015 年的 19.27 万亿元，增长 75.66%，增速由"十一五"期间年均增长 23.55%回落至"十二五"期间年均增长 11.91%；在全国工业资产总额中的比重由 2010 年的 18.28%上升到 2015 年的 19.27%，上升 0.99 个百分点。

3．主营业务收入

主营业务收入由"十一五"期末 2010 年的 13.96 万亿元增至"十二五"期末 2015 年的 22.98 万亿元，增速由"十一五"期间的年均增长 27.9%回落至"十二五"期间年均增长 10.48%；在全国工业主营业务收入中的比重由 2010 年的 20.1%上升到 2015 年的 20.83%，上升 0.73 个百分点。

4．利润总额

实现利润总额由"十一五"期末 2010 年的 1.17 万亿元增至"十二五"期末 2015 年的 1.6 万亿元，增速由"十一五"期间的年均增长 30%以上回落至"十二五"期间年均增长 6.45%；在全国工业利润总额中的比重由 2010 年的 23.14%上升到 2015 年的 25.16%，上升 2.02 个百分点。

5．实现税金总额

实现税金总额由"十一五"期末 2010 年的 5 837.5 亿元增至"十二五"期末 2015 年的 8 868.91 亿元，增长 51.93%，增速由"十一五"期间的年均增长 30%以上回落至"十二五"期间年均增长 8.72%；在全国工业税金总额中的比重由 2010 年的 15.62%上升到 2015 年的 17.77%，上升 2.15 个百分点。

（二）多数重点产品保持增长

"十二五"期间重点监测的 64 种主要产品产量中，增速保持增长的有 43 种产品，仅印刷专用设备 1 种产品产量持平；年均增速下降的产品有 20 种。其中：大型拖拉机、中型拖拉机、饲料生产专用设备、汽车用发动机、气体压缩机、阀门、气体分离及液化设备、环境污染防治设备、矿山专用设备、起重机、输送机械、金属切削工具、铸造机械、燃气轮机、电力电缆、齿轮、多功能乘用车、运动型多用途乘用车、铸件产品，"十二五"期间年均增速均保持两位数增长。

"十二五"期间年均增速下降的产品主要有：小型拖拉机、建筑工程机械产品、照相机、石油钻井设备、金属冶炼设备、金属轧制设备、电动车辆、水泥专用设备、水轮发电机组、汽轮发电机组、电站汽轮机、电站水轮机、电动手提式工具、客车、载货汽车、摩托车。

（三）固定资产投资增速回落

1. 行业投资额规模扩大，增速回落

从总量看，投资额由 2010 年的 19 076 亿元提高到 2015 年的 49 293 亿元，扩大了 1.6 倍，年平均增速由"十一五"时期的 37.98%回落至"十二五"时期的 20.91%，放慢了 17.07 个百分点。

从投资储备看，计划投资额由 2010 年的 41 380 亿元增至 2015 年的 88 831 亿元，增加了 1.1 倍，年平均增速由"十一五"时期的 34.49%放缓至"十二五"时期的 16.51%，回落 17.98 个百分点。

从行业看，平均投资额超过千亿元的行业由"十一五"时期的 5 个增至"十二五"时期的 9 个，其中：汽车、电工行业由 2 764 亿元、2 690 亿元增加至 9 309 亿元和 8 550 亿元，年均增速除文办外全面趋缓，其中：工程、电工、重型、基础件等 5 个行业回落在 20 个百分点以上。

2. 投资结构基本稳定，投资布局正在优化

地区投资格局平稳。虽东、中、西部地区投资额"十二五"时期平均达到 21 197.97 亿元、13 037.41 亿元和 5 045.7 亿元，分别比"十一五"时期提高 2.39、2.51 和 2.4 倍，但不同地区投资额占比的变化很小，增减不足 1 个百分点。

私人控股投资主导作用凸显。"十二五"时期国有、三资控股投资占比缩小，私人控股投资占比扩大，2015 年投资额已是 2010 年的 2.9 倍，占比超过 3/4，成为"十二五"时期机械工业扩大投资的主要力量。

技改投资增速加快。"十二五"时期新建投资同比增速急剧下滑，由 2011 年的 47.59%回落至 2015 年的 3.37%，放缓 40 个百分点以上，投资额占比缩小 6.73

个百分点;而改建和技术改造投资同比增速自 2012 年开始加快,连续 4 年高于新、扩建投资增速,至 2015 年投资额占比较 2011 年提高 7.89 个百分点。表明行业投资去向正悄然发生变化,围绕加大技术改造,增强企业核心竞争力的有效、精准投资,正逐步加大。

3. 到位资金增速放缓,投资资金趋紧

"十二五"期间,机械工业到位资金平均增速 19.59%,由 2010 年的 20 166.23 亿元提高到 2015 年的 49 334.05 亿元,增长 1.45 倍,低于投资增长,较"十一五"时期(38.41%)大幅回落。其中:利用外资经历了"十二五"初期的高潮后,几乎跌回"十一五"时期的水平,在到位资金中占比已不足 1%。自筹资金由 2010 年的 17 105.04 亿元提高到 2015 年的 42 273.17 亿元,在到位资金中占比接近 90%,平均增速由"十一五"时期的 41.93%降至"十二五"时期的 20.9%。

(四)对外贸易总额保持增长

"十二五"期间,机械工业对外贸易发展环境复杂多变,美国经济从深度调整逐步转向有效复苏,欧洲经济在波动中持续低迷,新兴经济体由快速增长转向下行调整。在此背景下,机械工业对外贸易总额总体走高,但增速持续下降,到"十二五"期末出现负增长。2015 年机械工业进出口总额为 6 665.06 亿美元,比 2010 年("十一五"期末)增长 29.71%,年均增长 5.34%,如图 2-5-1 所示。

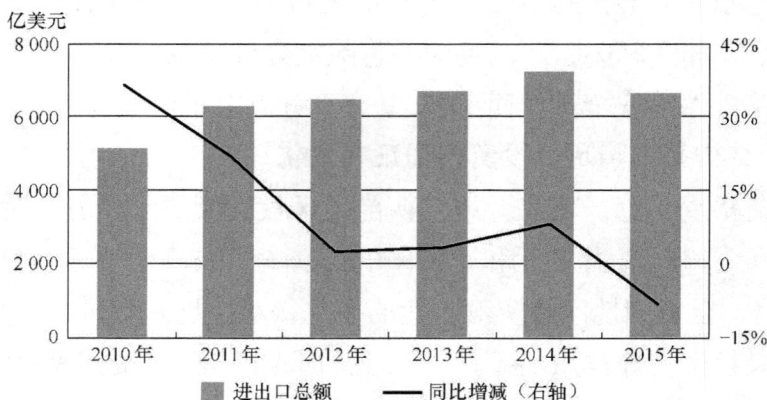

图 2-5-1 "十二五"期间机械工业进出口总额及增速变化情况

从出口看,"十二五"期间机械工业对外贸易出口总体呈现增长态势,但增速逐年回落。2015 年,机械工业对外贸易出口年度出口额为 3 887.6 亿美元,较

"十一五"期末的 2010 年增长 50%，近五年年均增长 8.51%，高于同期机械工业进出口总额的平均增速，如图 2-5-2 所示。在机械工业外贸总额中的比重由 50.31% 增至 58.33%，表现出出口对机械工业外贸持续平稳增长的重要支撑作用。

从进口看，"十二五"期间机械工业外贸进口总额呈现高位波动态势，2012 年和 2015 年出现增速的同比下降。2015 年机械工业进口总额为 2 777.5 亿美元，较"十一五"期末的 2010 年增长 9%，近五年年均增长 1.7%，在机械工业对外贸易总额中的比重由 49.69%降至 41.67%，如图 2-5-2 所示。

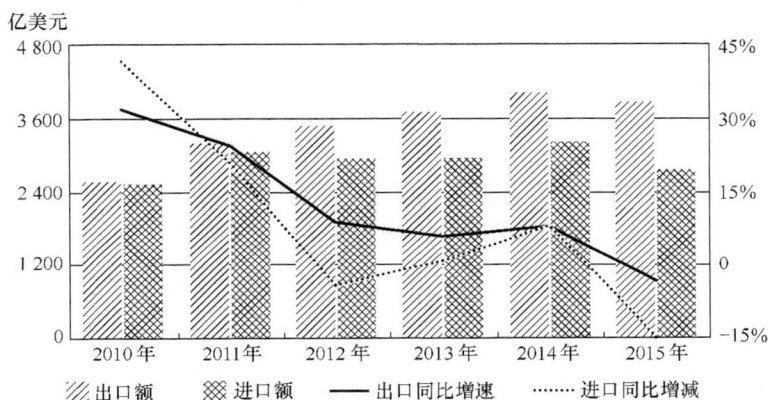

图 2-5-2 "十二五"期间机械工业进口、出口总额及增速变化情况

从贸易差额看，"十二五"期间机械工业对外贸易均实现贸易顺差，且顺差规模持续增长，屡创历史新高，2015 年贸易顺差为 1 110 亿美元，较"十一五"期末（2010 年）贸易差额增长 34.4 倍，如图 2-5-3 所示。"十二五"期间机械工业贸易顺差的扩大，一方面说明我国机械产品的国际市场竞争力在提升；同时也应当认识到，这也与近年来机械工业进口形势总体疲软有密切联系。

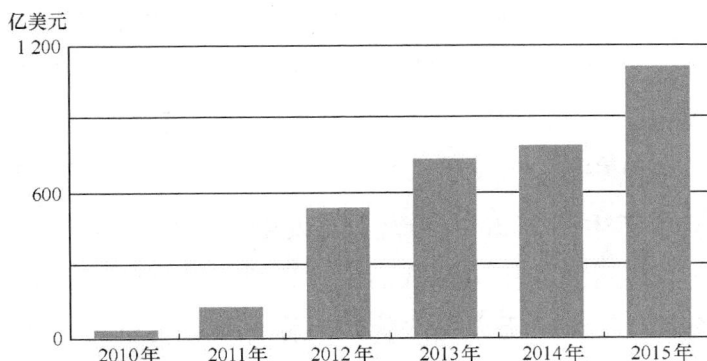

图 2-5-3 "十二五"期间机械工业贸易差额变化情况

从结构上看，机械工业对外贸易出口结构持续改善，一般贸易在出口总额中的占比持续上升，加工贸易的比重持续下降。2015 年一般贸易在出口总额中的比重为 60.5%，比"十一五"期末的 2010 年提高了 8.2 个百分点；加工贸易占比由 39.9%降至 30%，下降了 9.9 个百分点，如图 2-5-4 所示。一般贸易是机械工业出口的主要贸易方式，对机械工业出口的稳定增长发挥了重要的支撑作用。

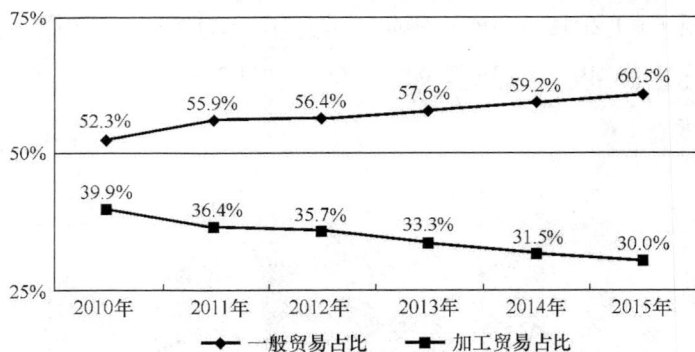

图 2-5-4　"十二五"期间对外出口贸易方式占比变化情况

二、结构调整亮点频现

（一）发电设备升级步伐加快

"十二五"期间，我国发电设备生产延续了"十一五"期间的良好发展态势，连续 10 年产量超过 1 亿千瓦。但受社会用电需求疲软的影响，近两年年度产量高位波动。2015 年实际完成 1.1 亿千瓦，同比下降 17.2%。"十二五"期间累计完成 6.3 亿千瓦。

具体来看，"十二五"期间不同类型发电设备发展情况存在明显差异。火电依然占据能源供应的首要位置，占发电设备总产量的比重在 64%～69.1%波动，2012 年、2013 年占比较低，此后由于煤炭市场价格低迷，火电的竞争力有所加强，导致其在能源供应中的比重略有上升，但从绝对量来看，火电生产量总体为下降态势，2015 年生产 7328 万千瓦，占发电设备总产量的 66.4%。风电设备在经历了"十一五"后期的快速膨胀后，2011 年进入调整期，2012 年产量持续下降，风电设备生产厂商经历大幅洗牌，此后生产持续上升，2015 年生产 2 052 万千瓦，同比增长 8.7%，是 2015 年唯一实现同比增长的发电设备类型。水电机组"十二五"前期在发电设备总产量中的比重基本平稳,基本介于 17.1%~18.6%之间,2015 年明显下降至 14%。日本"3·11"事故发生后国家暂停了新建核电项目的审批,受此影响企业在手订单被消化后,核电机组产量自 2013 年起持续下降,至 2015 年年产量仅 108 万千瓦,占发电设备总产量的比重仅为 1%。具体见表 2-5-2 和表 2-5-3。

表 2-5-2　　　　　　　"十二五"期间我国发电设备产量结构变化情况

单位:万千瓦

	2010 年	2011 年	2012 年	2013 年	2014 年	2015 年
发电设备	12 264	13 999	12 683	12 184	13 271	11 032
其中:						
水电机组	1 916	2 599	2 322	2 088	2 290	1 544
火电机组	8 472	9 388	8 115	7 902	8 773	7 328
风电机组	1 646	1 472	1 125	1 596	1 833	2 052
核电机组	230	540	1 121	598	375	108

数据来源:中国机械工业联合会机械工业发电设备中心。

表 2-5-3　　　　　　　"十二五"期间我国发电设备结构(占比)变化情况

	2010 年	2011 年	2012 年	2013 年	2014 年	2015 年
发电设备	100%	100%	100%	100%	100%	100%
其中:						
水电机组	15.6%	18.6%	18.3%	17.1%	17.3%	14.0%
火电机组	69.1%	67.1%	64%	64.9%	66.1%	66.4%
风电机组	13.4%	10.5%	8.9%	13.1%	13.8%	18.6%
核电机组	1.9%	3.8%	8.8%	4.9%	2.8%	1.0%

　　传统火电向高端化升级步伐加快。从近五年数据来看(见表 2-5-4),30 万千瓦以上级机组在火电发电机组中的比重总体呈现上升趋势,由 2010 年的 80.2%增至 2015 年的 85.5%,其中各类别机组占比均有提升:100 万千瓦级设备占比提升 1.2 个百分点、60 万千瓦级提升 0.8 个百分点、40 万千瓦级提升 0.6 个百分点、30 万千瓦级提升 2.8 个百分点。火电汽轮机制造领域,超临界、超超临界机组在总产量中的占比由 2010 年的 54%增至 2015 年的 70.6%,其中 100 万千瓦级超超临界机组的提升幅度就达到 4.1 个百分点。电站锅炉制造领域,超临界、超超临界锅炉产量在总产量中的比重由 2010 年的 46.7%增至 2015 年的 65.6%,其中 100 万千瓦级超超临界锅炉的占比

由 7%提升至 19.5%。

表 2-5-4　　　　　"十二五"期间我国发电设备高端产品产量变化情况

单位：万千瓦

	2010 年	2011 年	2012 年	2013 年	2014 年	2015 年
火电机组总计	8 472.07	9 388.15	8 115.31	7 902	8 773	7 327.58
其中：100 万千瓦级	1 300	1 200	600	1 000	1 305	1 206.6
60 万千瓦级	3 093	3 334	2 231.2	1 650	2 818	2 731
40 万千瓦级	120.6	170.6	503.9	459	96	144
30 万千瓦级	2 290	2 329.2	2 637	2 739	2 883	2 181
火电汽轮机总计	9 413.5	9 013.91	7 266.06	6 546	7 973.74	7 528.46
其中：超临界、超超临界机组总计	5 083	4 501	3 033	2 408	3 849	5 318.6
其中：100 万千瓦级超超临界机组	1 505	1 210.3	911	813	805	1 512.6
60 万千瓦级超超临界机组	3 588	3 493	1 729.4	1 404	1 963	2 544
30 万千瓦级超超临界机组	2 783.18	2 514.98	2 668.4	2 416	2 473	2 252.6
电站锅炉总计	8 583.7	8 236.9	6 882.9	6 703	6 578	6 179.3
其中：超临界、超超临界锅炉总计	4 006	4 043	3 345	2 984	4 252	4 052.6
100 万千瓦级超超临界锅炉	600	1 008	726	910	1 100	1 204.6
60 万千瓦级超超临界锅炉	4 323	3 104	2 356.4	1 970	2 232	2 027.4
30 万千瓦级超超临界锅炉	2 215	2 079	2121	1 862	1 836	1 671

（二）机床数控化率不断提升

"十二五"期间，随着我国经济增长方式的调整升级，投资对经济增长的拉动作用逐步下降。受此影响，作为典型的投资拉动类行业，机床行业的发展总体疲软，高端产品供应能力不足，低端产品产能过剩的矛盾更为突出。数据显示，"十二五"期间我国金切机床生产总体呈现波动下行态势（如图 2-5-5 所示），2011 年和 2014 年的产量超过 85 万台，但 2015 年的产量又回落至 75.5 万台。其中数控金切机床生产与金切机床走势基本相同，同一年度内增速均高于金切机床总体增速。成形机床年度产量变化较小，2015 年生产 30.4 万台，其中数控成形机床 2.5 万台。

"十二五"期间国产机床产品的数控化率总体呈现上升态势，其中金属切削机床的数控化率（产量数控化率）由 2010 年的 29.6%升至 2015 年的 31.1%；

金属成形机床的数控化率由 2010 年的 4.7%增至 2015 年的 8.3%，如图 2-5-6 所示。

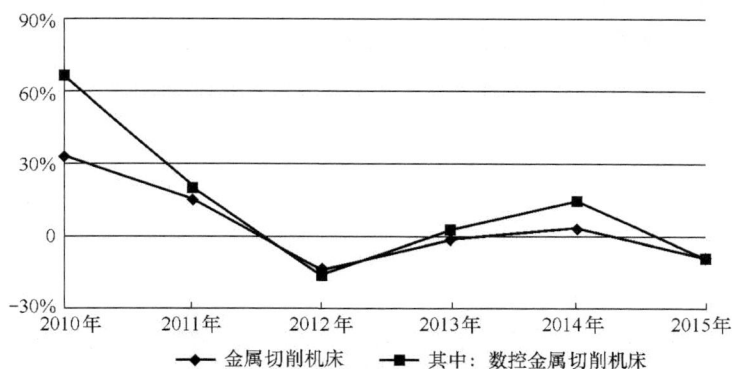

图 2-5-5 "十二五"期间金切机床同比增速变化情况

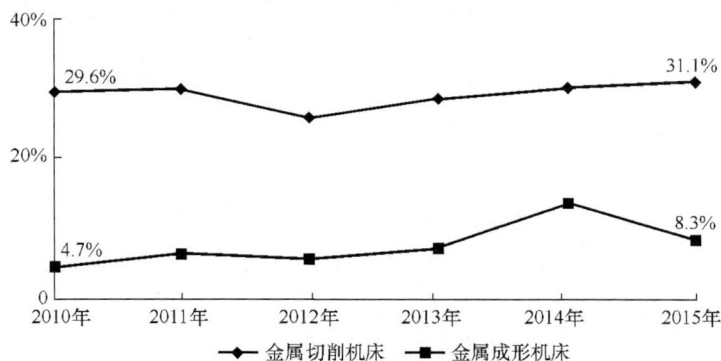

图 2-5-6 "十二五"期间金切机床、成形机床数控化率变化情况

（三）农业机械品种不断丰富

"十二五"期间，我国的农业机械在国家产业政策的支持下实现平稳较快发展，传统产品向大型化、数字化方向发展。同时在消费市场升级带动下，农业机械产品品种也在不断丰富。从统计数据看，2010 年大型拖拉机年产量仅为 1.56 万台，2015 年已增至 7.74 万台，年均增长 37.8%；2010 年中型拖拉机年产量为 36.79 万台，2015 年增至 61.08 万台，年均增长 10.67%；2010 年小型拖拉机年产量为 228.15 万台，2015 年降至 140.28 万台，年均下降 9.27%。大中型拖拉机在拖拉机总产量中的比重由 2010 年的 14.4%提升至 2015 年的 32.9%，如图 2-5-7

所示，产品结构升级成果显著。

　　收获机械产量在 2013 年达到峰值后，近两年有所回落。但从具体品种来看，表现为滚动式发展，谷物收获机械（包括小麦收割机和水稻收割机）产量高位波动，玉米收货机械产量持续增长，由 2011 年的 5.27 万台增至 2015 年的 11.82 万台，见表 2-5-5。

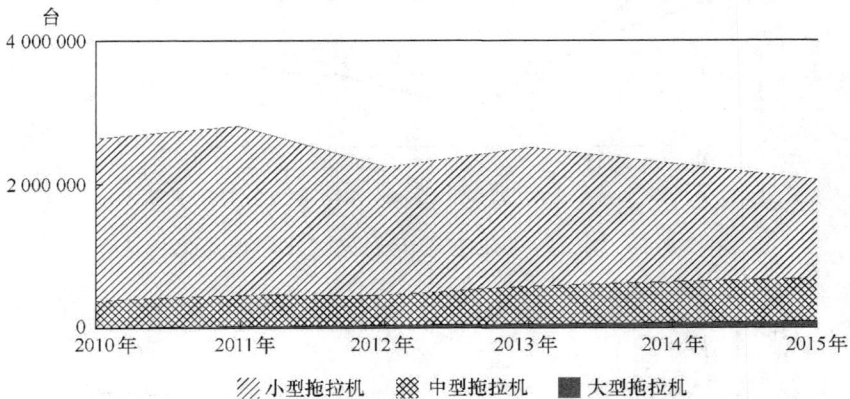

图 2-5-7 "十二五"期间大、中、小型拖拉机产量变化情况

表 2-5-5 　　　　　　　　　　 "十二五"期间收货机械产量变化情况

单位：台

	2010 年	2011 年	2012 年	2013 年	2014 年	2015 年
收货机械	801 897	1 062 331	1 114 286	1 158 340	925 355	827 101
其中：谷物收货机械		345 925	299 533	287 373	357 144	339 488
玉米收货机械		52 714	100 574	67 745	114 511	118 201

　　此外，随着我国农业由粗放型生产向集约型生产的转变，用于粮食深加工的机械装备"十二五"期间实现良好发展，收货后处理机械产量由 2011 年的 32.23 万台增至 2015 年的 65.76 万台，农产品初加工机械产量由 2011 年的 117.66 万台增至 2015 年的 287.18 万台。

三、科技创新与重大装备

　　"十二五"期间，在市场需求疲软的背景下，在倒逼机制的作用下，机械行业"转型升级"和"结构调整"持续推进。企业投入研发的热情被激发,创新发展的环境日益完善。

(一)"四基"领域发展见成效,高端装备发展显成果

1."四基"水平得到提升

"十二五"期间,机械工业基础零部件制造取得较快发展,为汽车、轨道交通、航空航天、海洋工程、风电和核电等主机装备的配套能力有明显提升。长期依赖进口的大型风电齿轮箱、特高压输变电设备的出线装置、高压绝缘套管等关键零部件的自主化取得突破;工程机械用高压液压元件和系统取得重大突破,各项技术性能指标达到国际同行业先进水平;大轴重铁路货运轴承、轿车用第三代轮毂轴承单元等一批具有较高技术含量和市场前景的轴承产品实现产业化。

基础制造工艺取得明显进步。关键铸件制造水平得到进一步提升,一些铸件的尺寸精度、表面质量以及内在品质等指标达到国际一流水平;冷精锻、温精锻、特种锻造等精密锻造工艺取得突破性进展;模具设计制造水平大幅提升;内高压成形、激光拼焊板等冲压技术得到广泛应用;AP1000核岛主设备大锻件、100万千瓦发电机超超临界转子及6米轧机支撑辊等国产重大装备关键零件的表面处理工艺取得重大突破。

一些特种专用材料短缺局面有所缓解。围绕电工电器设备配套需要的部件特种优质专用材料开发成功,火电、核电新材料产品实现重大突破。液压系统、轴承、齿轮等所需特种专用材料陆续替代进口。模锻、挤压和拉拔用玻璃润滑剂等润滑材料得到快速发展。超高强钢等高端钢材在汽车领域得到广泛应用。

一批基础共性技术被攻克,取得了一批原创性技术成果。提出了数字产形轮——展成法理论,破解了大尺寸弧齿锥齿轮加工难题;提出了直接测量复杂曲面薄壁零件壁厚的新原理,实现了复杂曲面零件几何厚度及外廓形的精密测量。基础制造工艺水平有较大提高,全纤维锻造、特厚锻件心部压实和深冷热处理技术达到国际先进水平;化学热处理渗氮、渗碳催渗技术处于国际领先水平。

2. 部分高端装备取得突破

"十二五"期间,机械工业高端装备自主研发成果显著,部分产品达到世界先进水平,一些细分领域产品正在由"跟随"向"并行""领跑"转变。成功研制了具有自主知识产权的百万千瓦水轮发电机组、30万千瓦/500米水头及以上抽水蓄能机组,整体技术达国际领先水平。柔性直流输电设备自主研制成功并投入工程化应用,技术实现了飞跃式发展。天然气长输管线加压站成套关键设备自主研制成功。在"高端数控机床与基础制造装备"国家重大科技专项的支持下,成功地研制出一批国家急需、长期依赖进口的高档数控机床与基础制造装备。

3. 智能制造装备快速增长

"十二五"期间,国家陆续发布了一系列促进智能制造发展的政策措施,为智能制造装备的发展营造了良好的环境,以新型传感器、智能控制系统、工业机器人、自动化成套生产线为代表的智能制造装备发展势头良好,增长速度远高于全行业平均水平。汽车自动化焊接生产线、数字加工车间等一大批智能成套装备实现突破;流程工业用国产 DCS 控制系统的国内市场占有率过半,具备了参与国际竞争的实力;国产信号系统在高铁、地铁等装备上大量应用。

(二)研发实验能力有所增强

"十二五"期间,机械工业的创新研发环境逐步改善。一些有实力的大企业集团,通过整合和聚集科技要素,加大研发实验室的建设力度,打造自主创新的支撑平台。全行业已建立机械工业工程技术研究中心 124 家,机械工业重点(工程)实验室 94 家,已验收挂牌运行的达 142 家。西电集团通过实验系统的扩容改造升级,具备了 ±1 100kV 直流特高压设备和 1 100kV 交流特高压设备的全部型式试验能力;潍柴集团建成内燃机可靠性重点实验室,可满足内燃机整机可靠性、关键零部件可靠性、可靠性预测与评估等研究需求,通过了国家 C-NAS 认可和德国 TÜV 认可。

(三)成套装备出口持续扩大

"十二五"期间,电力设备、工程机械等一批拥有自主知识产权的重大装备性能指标达到世界先进水平，不仅能够满足国内的需求，还纷纷走出国门参与国际竞争。重大技术成套装备采取工程总承包和"交钥匙"的运作方式，出口量不断扩大，出口产品、项目的技术档次和服务水平明显提高。发电成套设备以项目总承包方式的出口不断增长，2011—2014 年发电设备累计出口7 519 万千瓦。行业骨干企业打破思维界限，拓展成套外延，加强国际成套市场开拓力度。中信重工等一批具备国际竞争实力的企业积极实施"一带一路"战略，努力推动成套设备"走出去"，不断扩大在新兴市场和发展中国家市场的竞争优势，并将市场拓展至欧洲等发达地区。济南二机床先后赢得上海通用、东风雷诺、一汽大众、奇瑞路虎、广汽菲亚特等合资汽车企业的订单，并赢得福特汽车美国本土 3 个工厂的 6 条大型冲压线项目，成功进军国际高端市场。

四、绿色发展理念深入人心

"十二五"期间，机械工业节能减排和清洁生产全面推进并取得实效。行业万元产值能耗继续下降，2010—2014 年机械工业重点联系企业万元产值能耗年均下降 6.14%。铸造企业的废旧砂再生利用比例提高，出现了一批绿色铸造企业，少数企业正在建设数字化、智能化铸造车间。热处理行业骨干企业设备更新率达到 80% 以上，节能减排技术改造达 50% 以上，少无氧化热处理比重达到了 70%，综合平均单位能耗较"十二五"初期降低 20%。

节能高效装备研制及应用水平不断提高。百万吨乙烯等为代表的大型石化设备、6 万立方米及以上空分设备为代表的大型空分设备、百万千瓦超超临界火电机组、特高压交直流输变电设备等一批高端产品的能耗指标已达到国际先进水平。东电为浙能六横电厂优化设计的百万千瓦超超临界 1 号机组发电煤耗降至 268 克/千瓦时，哈锅研制的二次再热百万千瓦超超临界锅炉发电煤耗降至 256 克/千瓦时，东锅自主研制的超临界循环硫化床锅炉适用于劣质煤的清洁燃烧，污染物减排效果显著。高效电机市场占有率由 2011 年的不足 3% 提升到 2014 年的 17% 左右。内燃机行业排放标准提升，开发了一批具有自主知识产权和自主品牌的高效、清洁的内燃机产品。

五、企业整体素质有所提升

（一）大型企业国际竞争力增强

一批骨干企业跻身世界大企业行列，上汽、国机集团、一汽、东风等 8 家企业入围世界 500 强；徐工集团、三一重工、中联重科等 8 家企业跻身全球工程机械制造商 50 强；涌现出了一批实力较强的"专精特新"中小企业。

（二）民营企业内生动力持续提升

"十二五"期间，民营企业的主营业务收入增速持续高于国有企业和三资企业的增速，是拉动机械工业实现中高速增长的主要动力，但总体仍呈现回落趋势，增速由 2010 年的 35.71%回落至 2015 年的 6.48%。其在机械工业主营业务收入中的比重由 2010 年的 56.69%升至 2015 年的 59.05%，提升了 2.36 个百分点。国有企业和三资企业的增速基本处于相同水平，总体呈现回落态势，至 2015 年均出现了负增长，如图 2-5-8 所示。

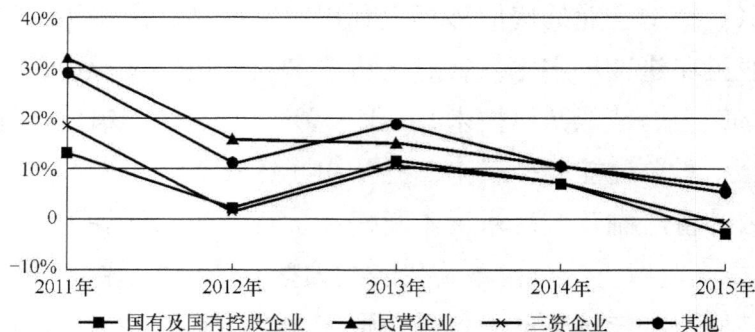

图 2-5-8 "十二五"期间不同所有制企业主营业务收入同比增速变化情况

在实现效益上，民营企业的利润增速持续回落，由 2010 年的 43.4%回落至 2015 年的 8.47%，其中 2013、2014 年低于国有企业和三资企业，其余年份均高于国有企业和三资企业。国有企业的利润增速波动下滑，2012 年出现负增长后，2013、2014 年回升至 15%左右，但 2015 年再度出现负增长。三资企业的增速总体低于国有企业和民营企业，2012、2015 年出现负增长，如图 2-5-9 所示。

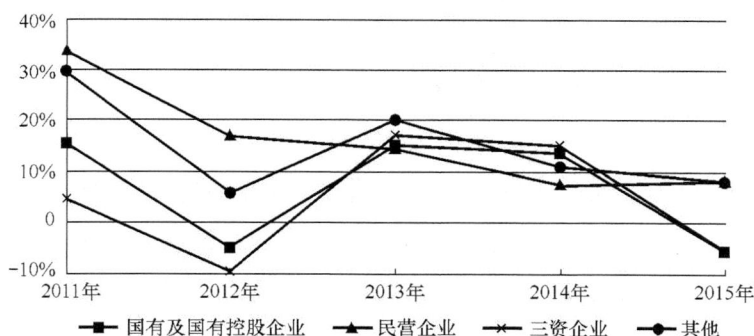

图 2-5-9 "十二五"期间不同所有制企业利润总额同比增速变化情况

从利润率指标来看，"十二五"期间国有企业主营业务收入利润率总体高于民营企业和三资企业，总体介于 7.27%～8.13%之间；三资企业利润率介于6.89%～8.01%之间；民营企业利润率近五年波动较小，也没有显著的提升，总体介于 6.4%～6.64%之间。见表 2-5-6。

表 2-5-6　"十二五"期间不同所有制企业主营业务收入利润率变化情况

	2011 年	2012 年	2013 年	2014 年	2015 年
机械工业总计	7.29%	6.81%	6.93%	7.02%	7.02%
国有及国有控股企业	8.13%	7.27%	7.49%	7.93%	7.74%
民营企业	6.64%	6.62%	6.54%	6.4%	6.53%
三资企业	8.01%	6.89%	7.42%	7.9%	7.47%
其他	7.32%	6.69%	7.11%	7.25%	7.36%

六、行业两化融合水平提升

"十二五"期间，我国机械工业企业的硬件条件明显改善的同时，通过信息化与工业化的深度融合，软实力亦得到显著增强。企业数字化车间、智能制造开始示范推广，行业内主要企业生产设备的数字化率从"十二五"初期的 25%左右提高到 2015 年的近 34%，数字化生产设备联网率从"十二五"初期的 8%提高到 2015 年的近 25%。企业的两化融合意识普遍增强，通过数字化、信息化和智能化改造，研发设计、生产制造、采购销售、售后服务等业务环节的管理水平均有所提升，跨地域、跨企业、跨部门的协同设计、数据共享与网络化制造技术开始应用，企业软实力显著增强。

七、区域结构向预期方向调整

在政策的引导下,机械工业区域结构继续向更为协调的方向发展。"十二五"期间,中西部地区的主营业务收入增速均高于东部地区,特别是在"十二五"后期,西部地区保持了10%以上的较高增速,表现出良好的发展态势,如图2-5-10所示。

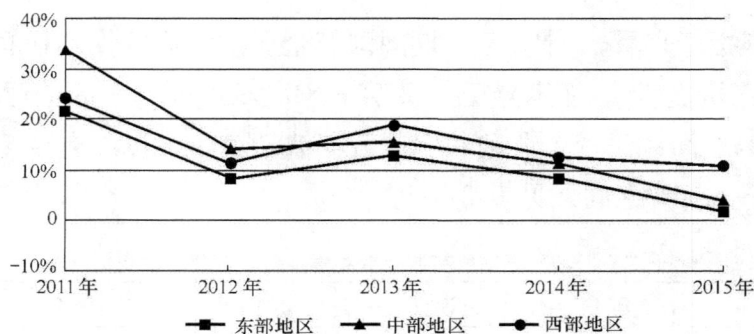

图 2-5-10 "十二五"期间机械工业各区域主营业务收入增速变化情况

从实现利润来看,"十二五"期间中、东部地区实现利润增速总体便显出回落态势,分别由2010年的60.48%和51.34%回落到2015年的4.21%和1.83%;西部地区的利润增速呈波动下滑态势,但总体保持较快增长,2015年同比增长10.91%,如图2-5-11所示。

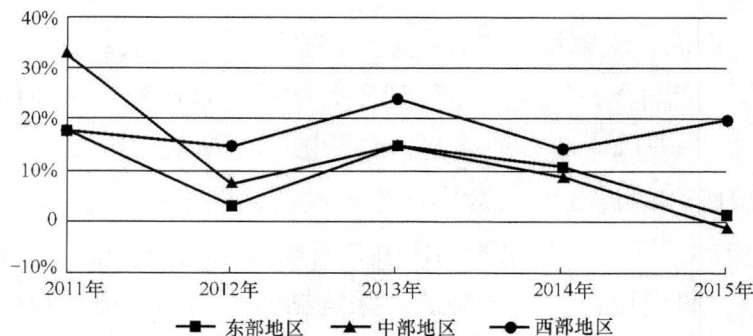

图 2-5-11 "十二五"期间机械工业各区域利润总额增速变化情况

从占比的变化来看，"十二五"期间中部、西部地区在主要经济指标中的比重都在增加，东部地区占比下降。中部地区主营业务收入占比提升 4.37 个百分点，利润和税金分别提高 0.62 和 0.07 个百分点；西部地区主营业务收入提升 1.32 个百分点，利润和税金分别提高 2.71 和 2.07 个百分点。但从绝对量来看，东部地区在主营业务收入、利润总额和税金总额 3 项指标中的占比均在 65% 左右，仍占绝大多数，具体见表 2-5-7。

表 2-5-7　　"十一五"与"十二五"末期机械工业不同地区企业经济指标比重情况

	主营业务收入			利润总额			税金总额		
	2015 年	2010 年	增减百分点	2015 年	2010 年	增减百分点	2015 年	2010 年	增减百分点
东部地区	65.02%	70.71%	−5.69%	66.71%	70.04%	−3.33%	64.99%	67.13%	−2.14%
中部地区	24.02%	19.65%	4.37%	22.98%	22.36%	0.62%	22.86%	22.79%	0.07%
西部地区	10.96%	9.64%	1.32%	10.31%	7.6%	2.71%	12.15%	10.08%	2.07%

第六章　汽车行业"十二五"发展回顾

一、行业总体成就显著

（一）产销增速趋于稳定

"十二五"前二年（2011年和2012年），随着《汽车产业调整和振兴规划》以及一系列扶持政策的退出，汽车工业在经历了2009年和2010年的爆发性增长后进入调整期，产销增速仅实现了微弱增长。"十二五"的后三年，随着宏观经济调整，汽车政策相对稳定，汽车产销量基数增大，以及汽车保有量的迅速提高，我国汽车工业转入稳定增长阶段。2011—2015年全国汽车年生产分别为1 841.89万辆、1 927.18万辆、2 211.68万辆、2 372.29万辆、2 450.33万辆，年均增速为6.05%。2001—2015年汽车产量及增长率如图2-6-1所示。

目前，全行业50万辆生产规模的企业有11家，其中超过百万辆的汽车生产企业有6家，超过500万辆的汽车生产企业有1家。2015年，汽车销量排名前十位的企业集团销量占汽车销售总量的89.47%。

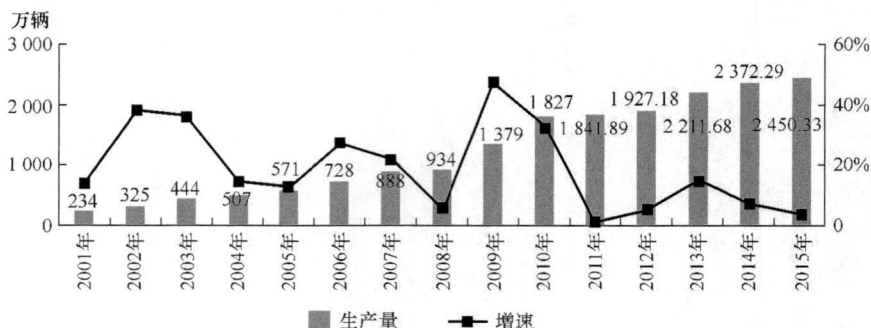

图 2-6-1　2001—2015年汽车产量及增长率

（二）中国品牌产品取得长足进步

伴随着产业的蓬勃发展，中国品牌在近十多年的时间里也取得了长足的进步。进入"十二五"以来，中国品牌在国内市场与外资品牌的竞争进一步加剧，同时海外市场需求下滑，整体增速出现放缓。但全行业继续坚持加大研发投入、强化自主创新能力、打造品牌、参与国际竞争，中国品牌始终保持了增长的趋势。2011—2015 年中国品牌汽车销量分别为 1 014.49 万辆、1 029.62 万辆、1 127.72 万辆、1 136.46 万辆和 1 218.89 万辆，年均增速为 2.88%，如图 2-6-2 所示。

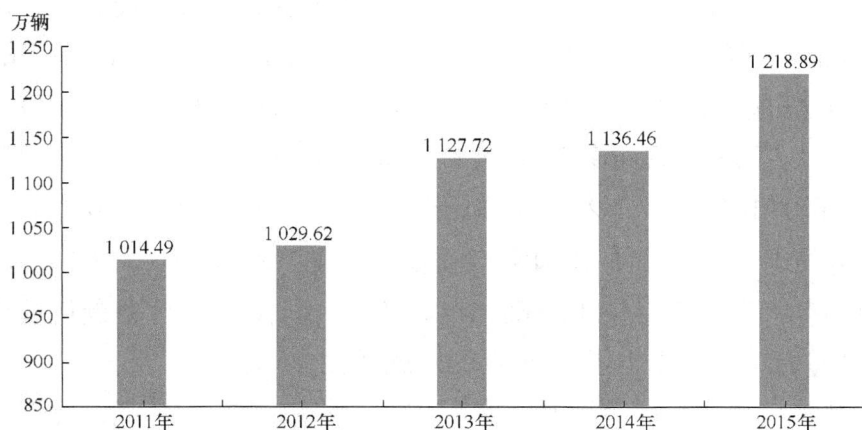

图 2-6-2　2011—2015 年中国品牌汽车销量情况

2011—2015 年中国品牌乘用车销量分别为 611.22 万辆、648.5 万辆、722.2 万辆、757.33 万辆和 873.76 万辆，同比分别增长−2.56%、6.10%、11.36%、4.86%和 15.37%，年均增速为 6.85%，如图 2-6-3 所示。

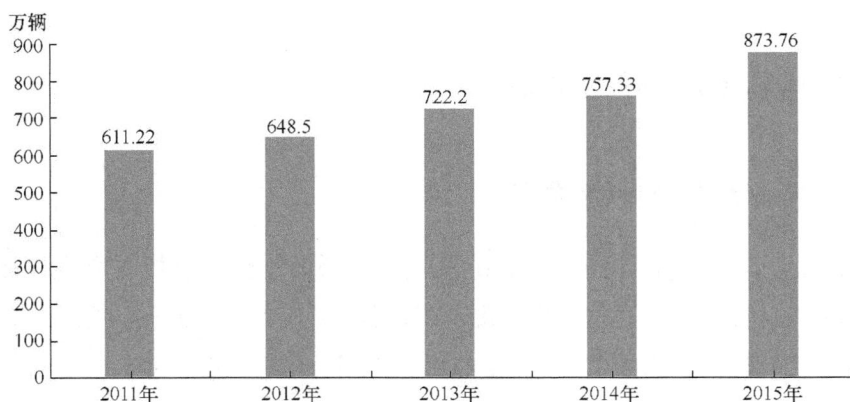

图 2-6-3　2011—2015 年中国品牌乘用车销量情况

中国品牌乘用车技术进步主要表现为：一是主要整车企业建立了比较完整的技术研发体系，包括流程、标准、设计和验证手段，在研发能力建设方面累计投入超过 500 亿元，实现从技术依赖向技术自主的转变、从逆向开发向正向开发的转变；二是研发水平大幅提升，基本具备整车造型能力，部分主流车型造型堪比外国品牌，基本掌握车辆安全、节能、环保等核心技术，实现动力平台、车辆平台技术自主化；三是产品水平不断进步，同级别车辆配置相当于或超过外国品牌，具有性价比优势；四是产品市场覆盖率大幅提高，产品线已拓展至各个细分市场，基本能够满足不同客户的需求；五是产品品质的提升，J.D.Power 数据显示，中国品牌乘用车新车质量（IQS）PP100（每 100 台车辆的问题点数）从 2003 年的 469 个减少到了 2014 年的 131 个，与外国品牌的差距由 2003 年的 191 个缩小到 2014 年的 36 个，相当于外国品牌 2010 年的水平；六是新能源汽车快速发展，在国家有关政策的支持和鼓励下，中国品牌新能源汽车已经具有很好的产品技术基础和市场基础，进入 2014 年，新能源汽车呈现 2 倍以上的净增长，引起世界汽车界的广泛关注。

中国品牌企业成就令人瞩目，如长安、一汽、上汽、广汽、北汽、吉利、长城等骨干企业在中国品牌乘用车增速和份额连续下滑的形势下仍能保持增长势头，逸动、荣威、奔腾、哈弗、吉利等车型增速也高于细分市场平均增速。2015 年出口量位居前十位的企业依次是：奇瑞、华晨、上汽、北汽、力帆、江淮、东风、吉利、重汽和长安，分别销售 8.67 万辆、8.15 万辆、8.02 万辆、7.95 万辆、6.11 万辆、5.95 万辆、4.92 万辆、2.85 万辆、2.79 万辆和 2.45 万辆。

二、行业结构调整成效明显

（一）产品结构进一步优化

在中国私人汽车消费不断增长的形势下，乘用车的市场主体地位进一步巩固，市场份额从 2010 年的 76.09%提高到 2015 年的 86.03%，乘用车产销均超 2 000 万辆。乘用车市场中，由于消费升级和个性化需求，SUV 和 MPV 的比重提升明显，而轿车、微型客车比重有所下降。其中，SUV 和 MPV 占乘用车的比例分别从 9.63%和 3.25%提高到 29.62%和 10.08%，轿车和微型客车占乘用车的比例分别从 68.91%和 18.22%下降到 55.18%和 5.12%。商用车产品作为生产资料已经形成较为稳定的市场格局，其中 2015 年全年生产货车产品中的重、中、轻、微型货车占全部货车的比例分别为 18.92%、7.2%、54.84%和 19.04%；客车产品中大、中、轻型客车占全部客车的比例分别为 14.5%、13.23%、72.27%。

根据公安部公布的数据，截至 2015 年年底，全国机动车保有量达 2.79 亿辆，其中汽车 1.72 亿辆（包括三轮汽车和低速货车 955 万辆），汽车占机动车的比率迅速提高，近五年汽车占机动车的比率从 47.06%提高到 61.82%，大众机动化出行方式经历了从摩托车到汽车的转变，交通出行结构发生了根本性变化。全国有 40 个城市的汽车保有量超过百万辆，北京、成都、深圳、上海、重庆、天津、苏州、郑州、杭州、广州、西安 11 个城市的汽车保有量超过 200 万辆。

家庭购车已成为汽车消费的绝对主流。2015 年，小型载客汽车达 1.36 亿辆，其中，以个人名义登记的小型载客汽车（私家车）达到 1.24 亿辆，占小型载客汽车的 91.53%。全国平均每百户家庭拥有 31 辆私家车，北京、成都、深圳等大城市每百户家庭拥有私家车超过 60 辆。

（二）新能源汽车高速增长

2009 年，国家制定发布了《节能与新能源汽车产业发展规划》《十城千辆节能与新能源汽车示范推广应用工程》《私人购买新能源汽车试点财政补助资金管理暂行办法》等一系列旨在推进新能源汽车技术突破、示范推广的政策措施。进入"十二五"以来，鼓励新能源汽车发展的政策措施不断建立完善。受各项鼓励措施的拉动，新能源汽车的市场规模快速扩大。据中汽协会不完全统计，2015 年新能源汽车生产 340 417 辆，销售 331 092 辆，比上年分别增长 3.3 倍和 3.4 倍。其中纯电动汽车产销分别完成 254 633 辆和 247 482 辆，比上年分别增长 4.2 倍和 4.5 倍；插电式混合动力汽车产销分别完成 85 838 辆和 83 610 辆，比上年增长 1.9 倍和 1.8 倍。目前，新能源汽车不仅在公共交通领域得到了大力推广，而且已开始逐步进入家庭。2012—2015 年新能源汽车产销情况见表 2-6-1。

表 2-6-1　　　　　　　　　2012—2015 年新能源汽车产销情况

单位：辆

汽车产品	2015 年		2014 年		2013 年		2012 年	
	产量	销量	产量	销量	产量	销量	产量	销量
汽车总计	340 417	331 092	78 499	74 763	17 533	17 642	12 814	13 053
一、乘用车	214 780	207 382	57 367	53 917	13 200	12 991	9 811	9 891
1. 轿车	203 578	198 761	56 921	53 469	12 310	12 106	9 321	9 376

汽车产品	2015 年		2014 年		2013 年		2012 年	
	产量	销量	产量	销量	产量	销量	产量	销量
2. 其他乘用车	11 202	8 621	446	448	890	885	490	515
二、商用车	125 691	123 710	21 132	20 846	4 333	4 651	3 003	3 162
1. 客车	107 131	106 928	20 760	20 321	3 841	3 695	1 788	1 842
2. 货车	18 560	16 782	372	525	492	956	1 215	1 320

据统计，2015 年新能源汽车推广应用数量超过 10 000 辆的城市（区域）有 11 个，为上海、深圳、北京、河北、江苏、湖南、广东、浙江、广州、青岛、天津，推广数量占推广总量的 70.7%；3 000～10 000 辆的城市（区域）有 15 个，推广数量占推广总量的 24.2%；1 000～3 000 辆的城市（区域）有 6 个；100～1 000 辆的城市（区域）有 6 个；不足 100 辆的城市（区域）有 1 个。

"十二五"期间，我国新能源汽车产业化取得明显进展，初步建立并掌握了新能源汽车整车动力系统平台以及关键零部件的核心技术，基本建立了"三纵三横"和由"三大平台"构成的技术创新体系，形成了较全面的基础研究、产品开发、试验检测和评价的能力。其中：插电式混合动力乘用车技术开发取得阶段性成果，产品性能和可靠性明显提升，纯电续驶里程进一步提高，能耗明显降低，混合动力总成技术进一步优化成熟；纯电动乘用车产品技术稳步提升，中高端产品技术水平接近国际先进水平，初步具备了商业化推广条件。关键总成方面，动力电车发展环境不断优化，在政产学研的共同努力下，动力电池产业化形成了强有力的支撑体系。技术领域方面，驱动电机技术稳步提升，"十二五"期间，国内驱动电机系统企业加大与整车企业的合作力度，共同开发新型驱动电机及控制器，电机系统向动力总成集成发展，功率密度超过 3.3kW/kg 的高速高密度永磁电机成功应用于整车产品，整个行业已具备 42～200kW 全系列驱动电机及控制器产品的开发和制造能力；整车电控单元自主研发生产能力显著提升，国内已初步掌握了整车电控单元的软硬件开发关键技术，并建立了拥有自主知识产权的整车电控单元软硬件平台，实现了整车电控单元的产业化和批量应用；动力电池单体能量密度达到 180Wh/kg，电池系统成本达 3 元/瓦时以下。

（三）产业链进一步完善

零部件是汽车产业链的重要组成部分，在"十二五"期间得益于高速发展的汽车整车行业，我国汽车零部件产业发展迅速，不断转型升级，向专业化方向转变，逐步形成了较完备的各类车型配套体系，汽车产业链进一步完善。产业规模持续扩大，2015 年规模以上 13 242 家汽车零部件行业实现主营业务收入 3.4 万亿元，比"十一五"期末增长 93%；占整个汽车工业主营业务收入的 46%，比"十一五"期末提高了 6 个百分点。

在整车出口呈现下滑趋势的同时，零部件出口成为我国汽车商品出口增长的主要支撑。据统计，2015 年零部件累计出口 619.2 亿美元，占汽车商品出口总额的 77.4%；2015 年汽车整车进出口贸易逆差为 326.5 亿美元，零部件进出口贸易顺差达到 298.5 亿美元，比"十一五"期末增加了 153.1 亿美元。

零部件产业集群已经形成。我国汽车零部件工业是伴随着整车厂起步发展起来的，基本都围绕整车生产基地，呈现集群式发展。随着近年来上海、长春、湖北十堰/武汉、安徽合肥/芜湖、广东花都、京津冀、环渤海经济圈等汽车零部件产业基地的崛起，我国现已基本形成东北、京津、华中、西南、长三角、珠三角六大零部件的集中区域。汽车零部件产业集群化的形成，提高了产业纵向延伸和相关产业横向合作的效率，产业链协同效应逐步凸显。

三、创新体系逐步形成

（一）总体研发投入强度加大

近年来，国内企业为了持续提高自主创新能力、增强中国品牌的核心竞争力，不断加强对研发中心、创新战略联盟等多种创新能力建设的投入，尤其是在与高校、研究机构，以及企业间合作建设研发中心、创建技术创新联盟等方面取得了不少进展。根据《中国汽车工业年鉴》统计，"十二五"前四年，全行业研发投入占营业收入的比重分别为 1.63%、1.63%、1.96%、1.99%。截至 2014 年年底，共有 60 余家汽车企业通过了国家级企业技术中心的评定，其中 23 家为汽车整车制造企业，汽车行业骨干企业均已建立了国家级企业技术中心。长安等骨干企业还在海外建立了研发中心。

汽车企业越来越重视知识产权的保护，"十二五"前四年，汽车行业国内专利公开总量年均增速为 24%，其中，2013 年是增长速度最快的一年，汽车行业专利公开总数为 83 609 件，同比增长 40.1%，增速同比上升 20.9 个百分点。

（二）标志性技术创新成果

在国内汽车企业不断加强科研投入的背景下，汽车产业在一些核心技术方面取得了一定的突破。"十二五"期间，中国一汽"高品质 J6 重型车及重型柴油机自主研发与技术创新"项目获得了 2010 年度国家科学技术进步一等奖。这是中国科技奖项的最高荣誉，也是该奖项设立以来首次把最高奖项颁发给民用车辆；奇瑞公司联合重庆理工大学、北京理工大学研发成功的 CVT 无级变速器，被评为中国汽车工业科学技术一等奖；上汽乘用车"纯电动轿车荣威 E50 自主开发项目"获中国汽车工业科学技术二等奖；泛亚技术中心"整车电子电气架构 CLEA 的自主开发及应用"等项目获中国汽车工业科学技术三等奖；重汽承担的"重型商用车自动变速器技术开发"通过"863"的项目验收；国家重大科技专项中的"高档数控机床与基础制造装备"项目所有 9 个子课题的 12 台设备都通过国家验收，实现了我国汽车共轨技术的全局性突破；北汽集团在吸收、消化萨博技术上自主研发的 2.0T 发动机成功下线；一汽轿车完成的"电阻点焊质量自动监控技术"、万向集团完成的"万向基于汽车零部件系统的'三位一体'创新体系建设"获得国家科学技术进步二等奖；青岛科技大学研发出耐油的羧基丁腈橡胶，填补了国内技术空白。

（三）行业创新活动形式多样

由中国汽车工业协会牵头，一汽、东风、上汽、长安、北汽、广汽、华晨 7 家整车生产企业，以及北京有色金属研究总院、天津力神共同设立了"国联汽车动力电池研究院"，联合开展动力电池共性技术研发。协会还与国家自然科学基金委合作，联合 8 家整车企业设立汽车联合基金，用于支持汽车行业的基础性研究；2015 年项目申请涉及 17 个省（市、自治区）的 49 个依托单位，接收项目申请 103 项，正式受理项目 92 个；协会联合中国汽车工程学会与 8 家整车企业共同研讨，完成了 2015 年《中国汽车产业创新发展联合基金项目指南》的编制和发布工作，鼓励高校、科研院所与汽车企业联合申请重点支持项目。由一汽集团等国内 12 家整车及零部件企业与同济大学、清华大学、武汉理工大学、重庆大学、中科院大连物理化学研究所等研究机构共同组成了"中国燃料电池汽车技术创新战略联盟"；广汽集团和奇瑞公司建立了战略联盟，在研发资源上开展共享合作，是国内企业合作创新的尝试；奇瑞公司在上海建立了新能源研发基地，同时与当地关键零部件企业建立了新能源汽车产业联盟；吉利公司自建了安全技术试验室开展整车碰撞试验；神龙汽车开始建设新的研发中心；长安汽车在重庆市垫江兴建的西部首座汽车综合实验场已经正式完工并投入使用，该试验场内设具有世界先进水平、国内独有的干湿操纵性道路。

四、汽车产品更加绿色、高效

"十二五"期间，在环境、能源双重压力下，节能与新能源汽车更受重视。2013年，全国多地雾霾天气颗粒物严重超标，对居民健康、交通出行都产生了极为恶劣的影响，"雾霾"受到全社会的关注。为应对环境严重污染，国务院于2013年9月10日发布了《大气污染防治行动计划》，将对全国空气质量重点整治，以使京津冀、长三角和珠三角等区域的空气质量好转。随后各地方的大气污染治理政策相继出台。中央及地方的治理方案对机动车使用、购买等环节提出了限制措施，同时大力鼓励节能与新能源汽车的推广应用。消费者开始转向选择新能源汽车，新能源汽车产销量增长明显。2014年，淘汰黄标车600万辆的目标被写进了政府工作报告，老旧高污染的在用车治理也成为政府改善汽车尾气排放现状，实现大气污染治理的最重要、有效的手段。

汽车排放标准升级稳步推进，重点城市提前实施更严格的标准。虽然油品升级一直滞后于汽车排放标准升级的步伐，但为了实现国家减排目标，自2011年7月和2015年年初起，以汽油（包括天然气）、柴油为动力的汽车产品分别完成了由第三阶段排放标准全面升级至第四阶段排放标准。上海、北京分别自2014年4月30日和2015年1月1日起，提前实施汽车第五阶段排放标准。根据标准比较，国四标准比国三标准颗粒物限值降低了80%以上，CO限值降低了28%，NO_x降低了30%。

2012年，国务院印发了《节能与新能源汽车产业发展规划（2012—2020年）》（国发〔2012〕22号），明确提出要进一步完善汽车节能管理制度，实施乘用车企业平均燃料消耗量管理，逐步降低我国乘用车产品的平均燃料消耗量，实现

2015年和2020年我国乘用车产品平均燃料消耗量降至6.9升/100公里和5.0升/100公里的目标。

2014年12月22日GB 19578-2014《乘用车燃料消耗量限值》和GB 27999-2014《乘用车燃料消耗量评价方法及指标》正式发布，定于2016年1月1日起实施，标志着乘用车油耗水平进入第四阶段要求。

"十二五"期间，商用车燃料消耗量已开始纳入行业管理。2014年2月19日GB 30510-2014《重型商用车辆燃料消耗量限值》正式发布，标准规定自2014年7月1日起，重型商用车油耗水平实施第一阶段限值要求。

五、优质企业不断涌现

（一）国有企业占主导地位

在推动我国经济保持中高速增长和迈向中高端水平、完善和发展中国特色社会主义制度、实现中华民族伟大复兴中国梦的进程中，国有企业肩负着重大的历史使命和责任。在汽车行业中，国有企业是主力军，截止到2015年年底，国有控股企业709家，占全行业的4.80%，资产总计、主营业务收入和利税总额分别为2.68万亿元、2.91万亿元和5 016亿元，分别占全行业的44.67%、39.80%和50.50%。汽车行业国有企业在产业转型升级、建设世界汽车强国的征程中任重而道远。

（二）新能源零部件企业快速发展

在国家扶持政策的影响下，近年来新能源汽车零部件发展速度迅猛。国家和地方政府的高度重视，示范推广工程的有效开展，加快了新能源汽车关键零部件研发和生产配套技术体系的建设，初步形成了以环渤海湾、长三角、珠三角、长株潭和西南地区为代表的产业集群。在电动汽车的电池、电机、电控系统、技术标准、检测能力和基础研究等方面均取得了重要进展。在动力电池方面，国内累计投资已经超过百亿元，形成了年产能200亿千瓦时，车用动力电池单体制造商总产值突破70亿元，超过百家的动力电池及配套企业已开展了动力电池、关键原材料、生产装备及管理系统的研发及产业化工作，电池已广泛配套在国内整车上，总体运行情况良好；电机驱动系统方面，国内驱动电机的主要技术指标已接近国际水平，形成了精进电动、上海电驱动、上海大郡、株洲电力和大洋电机等一批骨干企业。

六、智能网联技术推进两化融合

我国汽车企业已开展智能网联汽车工程化和产业化方面的工作。在汽车智能化上，如复杂交通环境感知、行驶目标识别、车辆控制算法等技术，取得了阶段性成果。在国家自然科学基金委和科技部项目的支持下，一汽集团、东风汽车、长安汽车在面向可实用化的智能汽车技术方面，开展了大量的基础研究和原理样机试制、实车路试，部分技术正在进行产业化。但是，在电控单元的软硬件、系统可靠性和控制精度方面，与国际先进水平相比落后 10～15 年。

在汽车信息化方面，国内汽车企业目前主要侧重于智能汽车辅助驾驶技术的开发；IT 企业侧重于通信及信息服务，研发重点集中在应用于后装市场的车载终端领域。

目前国内已形成"4+3"车联网联盟：车联网产业技术创新联盟、车载信息服务产业应用联盟、车联网产业技术创新战略联盟、车联网推进联盟、上海车联网联盟、无锡车联网联盟、深圳车联网联盟等。各联盟对于"车联网"的定义不尽相同，推进点也各有侧重，尚未形成紧密联系。除各联盟外，汽车企业也纷纷就智能网联汽车与相关企业、院校展开合作。智能网联汽车产业链上的许多厂商也在积极参与智能网联汽车的研发。

七、汽车工业国际化水平提升

（一）汽车产销量居世界首位

2009—2015 年我国汽车产销量连续 7 年居世界首位。2015 年我国汽车产量占全球的比重上升到 27%，比 2010 年提高 3.5 个百分点，比 2000 年提高了 23.5 个百分点。中国已经成为名副其实的新车产销大国。2015 年我国汽车产业对全球汽车产业当年产量的增长贡献率为 83%，汽车产业的国际地位有了实质性的提升，为中国成为世界汽车制造强国奠定了更为坚实的基础。

（二）企业国际化发展加快

中国汽车集团的国际化发展进一步加快，企业规模稳步提升。2015 年进入财富全球 500 强的中国汽车企业为上汽、一汽、东风、北汽、广汽、吉利 6 家（2010 年为东风、上汽、一汽 3 家），其中上汽、一汽、东风三家营业收入比 2010 年分别提高了 2 倍、1.65 倍和 1 倍。国内大型汽车集团在产品规模和企业规模方面与国际公司的差距在不断缩小。

金融危机爆发后，国内汽车零部件企业国际化发展的步伐加快，海外并购增长迅猛。进入 21 世纪以来，外国汽车零部件企业加快了进入中国市场的步伐，总体上中国品牌汽车零部件企业在整体实力以及关键技术领域与国外公司仍存在较大的差距。为了改变与国外企业竞争中的不利局面，中国品牌汽车零部件企业一方面加大对自主研发的投入，同时也投入了较大资金进行海外收购扩张。相较于自主研发"时间跨度长、资金投入大、研发风险高"的现实，直接进行海外并购更为有利。由于受 2008 年全球金融危机的影响，欧美许多国家的经济受到冲击，部分零部件企业陷入财务危机，这也为中国零部件在全球范围内展开并购提供了有利条件。例如，2015 年上半年，中国航空工业集团公司以 8 亿美元收购美国瀚德汽车；潍柴动力以 1.87 亿欧元再次收购德国凯傲公司 4.95% 的股权，完成后潍柴动力间接持股比例将达 38.25%；中国化工橡胶有限公司以 70 亿欧元收购倍耐力。海外并购加快了国内零部件企业掌握先进技术、进入国际配套市场的步伐。

第七章　纺织行业"十二五"发展回顾

一、行业运行保持总体稳定

（一）行业生产持续稳定增长

"十二五"以来，全球经济步入经济危机后的缓慢复苏期，我国纺织行业受到国内外市场需求的影响，行业生产增速有所下降，但总体仍保持了稳定的增长。2010年，我国纺织纤维加工量为4 130万吨，约占全球纤维加工总量的51%；2015年，我国纺织纤维加工量为5 300万吨，仍占全球纤维加工总量的50%以上，见表2-7-1。"十二五"期间我国纺织纤维加工量复合年均增长率为5.1%。

表2-7-1　　　　　　　　"十二五"期间我国纺织纤维加工量

项目	2010年	2011年	2012年	2013年	2014年	2015年
纺织纤维加工量（万吨）	4 130	4 310	4 540	4 850	5 000	5 300
占全球纤维加工总量的比重	51%	52%	54%	56%	50%以上	50%以上

数据来源：中国纺织工业联合会统计中心。

从我国纺织行业主要大类产品产量指标来看，也表现出持续稳定增长的态势。据国家统计局数据显示，2010年，我国全社会纱产量为2 572.8万吨，布产量为800.0亿米，化学纤维产量为3 090万吨，规模以上企业服装产量为285.0亿件；至2015年，我国全社会纱产量达3 538.0万吨，布产量达892.6亿米，化学纤维产量达4 831.7万吨，规模以上企业服装产量为308.3亿件，见表2-7-2。"十二五"期间，纱、布、化学纤维、服装产量的复合年均增长率分别为6.6%、2.2%、9.4%和1.6%。

表2-7-2　　　　　　　　"十二五"期间我国纺织工业主要产品产量

产品	2010年	2011年	2012年	2013年	2014年	2015年
纱（万吨）	2 572.8	2 717.9	2 984.0	3 200.0	3 379.2	3 538.0
布（亿米）	800.0	814.1	848.9	882.7	893.7	892.6
化学纤维（万吨）	3 090.0	3 390.1	3 837.4	4 121.9	4 389.8	4 831.7
服装（亿件）	285.0	254.2	267.3	271.0	299.2	308.3

（二）产品出口巩固全球份额

我国是纺织品服装出口大国，在国际纺织品服装贸易舞台中一直发挥着举足轻重的作用，也是我国出口创汇的支柱性产业。"十二五"期间，我国纺织品服装出口受到国际市场需求下降、竞争激烈等因素影响，出口增速有所放缓，但占全球的比重仍有所增强。据中国海关数据显示，2010 年，我国纺织品服装出口 2 120.0 亿美元，约占全国出口贸易额的 13.4%；2015 年，我国纺织品服装出口 2 911.5 亿美元，约占全国出口贸易额的 12.8%。"十二五"期间，我国纺织品服装出口额复合年均增速为 6.6%。根据 WTO 的统计，2015 年我国纺织品服装出口占世界纺织品服装出口总额的比重为 38%，比 2010 年增加 3.9 个百分点。2010 年纺织品服装贸易顺差为 1 862.8 亿美元，占全国商品贸易顺差的 101.7%；2015 年纺织品服装贸易顺差为 2 578.0 亿美元，占全国商品贸易顺差的 43.4%。具体数据见表 2-7-3。

表 2-7-3　　　　　　　　"十二五"期间我国纺织品服装出口额

内容	2010 年	2011 年	2012 年	2013 年	2014 年	2015 年
纺织品服装出口额（亿美元）	2 120.0	2 541.2	2 625.0	2 920.8	3 069.6	2 911.5
占全国出口额比重	13.4%	13.4%	12.8%	13.2%	13.1%	12.8%
占全球纺织品服装出口额比重	34.1%	34.8%	36.2%	37.1%	37.1%	38.0%
纺织品服装进出口贸易差额（亿美元）	1 862.8	2 248.1	2 311.9	2 576.9	2 726.7	2 578.0
贸易顺差占全国比重	101.7%	144.9%	100.0%	99.2%	71.3%	43.4%

数据来源：中国海关、WTO、中国纺织工业联合会统计中心。

注：纺织品服装出口额包括 94 章褥垫、睡袋及其他寝具。

2015 年，纺织品服装出口额中一般贸易比重为 77.1%，比 2010 年的 74.4% 提高了 2.7 个百分点；纺织品出口额为 1 152.6 亿美元，占比 39.6%；服装出口额为 1 728.9 亿美元，占比 59.4%，"十二五"期间纺织品、服装出口结构基本平稳，见表 2-7-4。

表 2-7-4　　　　　　　　"十二五"期间我国纺织品、服装出口额结构

内容	2010 年	2011 年	2012 年	2013 年	2014 年	2015 年
纺织品、服装出口额中一般贸易比重	74.4%	75.8%	75.3%	75.7%	76.2%	77.1%
纺织品、服装出口额中纺织品比重	38.9%	39.7%	39.0%	39.0%	38.8%	39.6%
纺织品、服装出口额中服装比重	61.1%	60.3%	61.0%	61.0%	61.2%	59.4%

数据来源：中国海关、中国纺织工业联合会统计中心。

（三）投资规模实现稳定增长

"十二五"期间，我国纺织行业的投资信心相对稳定，投资规模持续扩大，但增速水平也有所回落。2010 年，全行业 500 万元以上项目固定资产投资完成额为 4 036.7 亿元，同比增长 30.1%，占同期制造业固定资产投资总额的 5.4%；2015 年，全行业 500 万元以上项目固定资产投资完成额为 11 913.2 亿元，同比增长 15.0%，占同期制造业固定资产投资总额的 6.6%，见表 2-7-5。"十二五"期间，我国纺织行业固定资产投资额复合年均增长率为 24.2%，比同期制造业的增长率高 4.9 个百分点。

表 2-7-5 　　　　　　　"十二五"期间我国纺织行业实际完成投资额

项目	2010 年	2011 年	2012 年	2013 年	2014 年	2015 年
纺织行业实际完成投资额（亿元）	4 036.7	6 799.1	7 793.0	9 140.3	10 362.5	11 913.2
制造业实际完成投资额（亿元）	74 528	102 594	124 403.9	147 369.7	166 918	180 365
纺织行业占制造业比重	5.4%	6.6%	6.3%	6.2%	6.2%	6.6%

数据来源：国家统计局、中国纺织工业联合会统计中心。

（四）质量效益得到持续提升

"十二五"期间，我国纺织行业通过产业调整，加强企业市场反应能力，行业质量效益得到持续改善，占全国工业利润比重持续提升。

2010 年，我国规模以上纺织企业累计完成主营业务收入约 45 467 亿元，2015 年，完成主营业务收入 70 713.5 亿元，年均复合增长率为 9.2%，略低于全国工业主营业务收入增速 0.3 个百分点，占全国规模以上工业主营业务收入的比重为 6.4%，见表 2-7-6。

表 2-7-6 　　　　　"十二五"期间我国纺织行业规模以上企业主营业务收入

项目	2010 年	2011 年	2012 年	2013 年	2014 年	2015 年
纺织行业主营业务收入（亿元）	45 467	53 397.4	56 852.3	63 848.9	67 220.1	70 713.5
工业主营业务收入（亿元）	697 744	841 830	929 292	1 029 150	1 094 647	1 103 301
纺织行业占工业比重	6.5%	6.3%	6.1%	6.2%	6.1%	6.4%

数据来源：国家统计局、中国纺织工业联合会统计中心。

注：2010 年规模以上企业为年主营业务收入 500 万元以上的工业企业，2010 年以后年份规模以上企业为年主营业务收入 2 000 万元及以上的工业企业数据，2010 年纺织行业主营业务收入为估算值。

虽然全行业主营业务收入增速略低于全国工业平均水平，但全行业利润增长水平较快。2010年，我国规模以上纺织企业累计实现利润总额约2240亿元，2015年，实现利润总额3 860.4亿元，复合年均增长率为11.5%，比工业利润总额年均增长率（3.7%）高7.8个百分点，见表2-7-7。"十二五"期间规模以上纺织企业的平均利润率为5.5%，比"十一五"期间的4.9%高0.6个百分点，显示出我国纺织企业的盈利能力在稳步提升。

表2-7-7　　　　　　　"十二五"期间我国纺织行业规模以上企业利润额

项目	2010年	2011年	2012年	2013年	2014年	2015年
纺织行业利润额（亿元）	2 240	2 956.4	3 015.1	3 506.1	3 662.7	3 860.4
工业利润额（亿元）	53 049	61 396	61 910	62 831	60 472	63 554
纺织行业占工业比重	4.2%	4.8%	4.9%	5.6%	6.1%	6.1%

数据来源：国家统计局、中国纺织工业联合会统计中心。

二、产业结构调整走向深入

"十二五"期间，我国纺织行业在发展规模、运行质效等方面取得良好发展成就的同时，产业结构调整走向深入，并取得了一系列新进展。

（一）产品结构优化改善

产业用纺织品行业获得持续较快发展，应用领域不断扩大，带动纺织产业终端产品结构进一步优化。2015年，我国产业用纺织品产量达到1 341万吨，"十二五"期间复合年均增长率为10.3%，是全行业纤维加工量年均增速的2倍。服装、家纺、产业用三大终端产品纤维消耗量比重由2010年51∶29∶20调整为2015年46.6∶28.1∶25.3，见表2-7-8。

化学纤维产业总体保持平稳发展，有效缓解了国内天然纤维供给不足的矛盾，保障了纺织原料的稳定供应。2015年我国化纤产量达到4 831.7万吨，化纤占纺织纤维加工总量的比重达到84%，比2010年提高14个百分点；产品结构向高层次化推进，差别化率由2010年的46%提高到56%，化纤在产业用纺织品领域应用的比例为28%，比2010年提高5个百分点。

（二）骨干企业带动效率提升

骨干企业对全行业发展的贡献作用提升。2013 年，占规模以上企业数量约 1/3 的 1.2 万户优势企业，利润总额占全行业的比重达到 81.7%，平均利润率达到 10.2%。目前，全行业有 30 多家企业的年主营业务收入突破百亿元。全国 200 多个县镇地区发展成为特色纺织产业集群地，占行业经济比重超过 40%。

表 2-7-8   "十二五"期间我国纺织行业结构调整情况

类别名称		2010 年	2011 年	2012 年	2013 年	2014 年	2015 年
三大终端产业纤维消耗占纤维加工总量比重	服装	51%	50%	49%	48%	46.8%	46.4%
	家用纺织品	29%	29%	29%	29%	28.6%	28.1%
	产业用纺织品	20%	21%	22%	23%	24.6%	25.5%
各种纤维原料占纤维加工总量比重	天然纤维	30%	28%	23%	20%	18%	16%
	化学纤维	70%	72%	77%	80%	82%	84%
各地区主营业务收入占全行业比重	东部	80.6%	78.2%	77.2%	76.1%	75.1%	75.1%
	中部	12.0%	14.4%	15.3%	16.2%	17.5%	18.1%
	西部	4.8%	5.1%	4.9%	4.8%	5.0%	5.1%
	东北	2.6%	2.4%	2.7%	2.9%	2.4%	1.8%

数据来源：国家统计局、中国纺织工业联合会统计中心。

三、科技创新取得新突破

"十二五"期间，纺织行业贯彻落实《纺织工业"十二五"发展规划》《建设纺织强国纲要（2011—2020 年）》和《纺织工业"十二五"科技进步纲要》，围绕"十大类 50 项关键技术和 110 项先进适用技术"，在纤维材料、纺织、染整、产业用纺织品、纺织装备、信息化等领域取得了一批创新成果，带动了全行业关键、共性技术的突破。"十二五"期间，纺织行业有 16 项成果获得国家科学技术奖，其中"筒子纱数字化自动染色成套技术与装备"获国家科技进步一等奖，650 项成果获中国纺织工业联合会科学技术奖。

"十二五"期间，纺织行业规模以上企业研究与实验发展（R&D）经费支出 1 478.5 亿元，投入强度呈逐年上升趋势，尤其是纺织服装服饰业和化学纤维制造业上升明显。研发活动在大中型企业更加集中，大中型企业科技创新投入强度明显高于规模以上企业的平均水平，2014 年，大中型纺织企业数量在规上企业中占比 20%，而 R&D 内部支出占比 79%，规上纺织企业有 R&D 活动的企业数量占比 10.2%，而大中型企业为 22.1%，每个规模以上纺织企业的平均 R&D 内部支出额为 85 万元，而大中型企业为 335 万元。规模以上纺织企业及大中型纺织企业 R&D 投入强度分别如图 2-7-1 和图 2-7-2 所示。

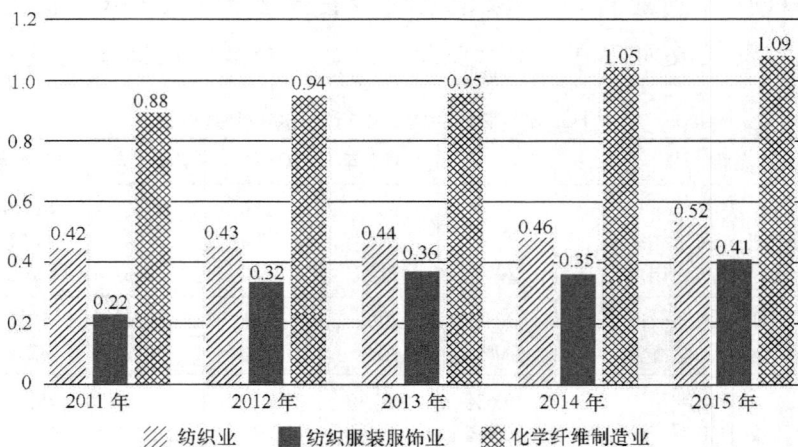

图 2-7-1　2011—2015 年规模以上纺织企业 R&D 投入强度（数据来源：《中国统计年鉴》）

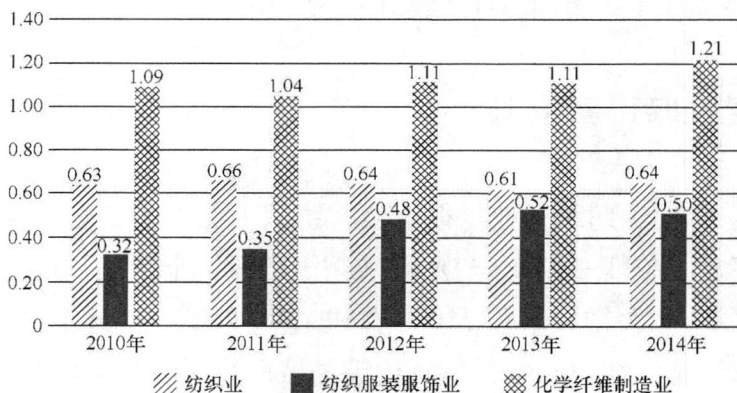

图 2-7-2　大中型纺织企业 R&D 投入强度（数据来源：《工业企业科技活动统计年鉴》）

（一）纤维材料开发和产业化应用取得新突破

化纤产品的差别化、功能化水平不断提高，大容量熔体直纺柔性化技术取得突破，细旦和超细纤维、异型纤维、高导湿涤纶纤维、"超仿棉"聚酯纤维等关键技术相继突破并实现产业化。

生物质纤维材料开发取得进展，以竹浆粕、麻秆浆粕为原料的生物质纤维实现产业化生产，突破了溶剂法纤维素纤维千吨级准工业化、天然彩色桑蚕丝、黄麻纤维精细化等关键技术及产业化应用技术。

高性能纤维材料加工技术进一步提高，碳纤维 T300、芳纶 1313、芳砜纶、超高分子量聚乙烯、聚苯硫醚和玄武岩等高性能纤维进一步提高质量、扩大应用，T700、T800 级碳纤维产业化技术取得较大进展。超高分子量聚乙烯干法纺丝、聚四氟乙烯纤维、芳纶 1414 实现产业化，千吨级聚酰亚胺纤维成套技术和装备取得突破，打破了国外技术的垄断。

（二）生产制造和两化融合技术进一步提升

"十二五"期间，棉纺行业自动络筒、紧密纺、集体落纱细纱机、细络联、喷气涡流纺、转杯纺等连续化、自动化、高速化的装备广泛使用，先进的棉纺设备和无梭织机比重分别达到 78.3%和 57%以上。新型纺纱技术在毛纺企业的推广面达到了 60%，高支苎麻、亚麻纱生产技术进一步提高，新一代黄麻成套设备研发成功，缫丝企业全面普及了自动缫丝机。新型差别化、功能性纤维的应用，纱线结构多样化技术开发以及织物结构的创新设计，丰富了纱线和织物品种。精细印花、数码印花技术取得较大突破，电脑测配色、制网、染化料自动配送、自动调浆、在线检测等先进技术的应用面进一步扩大，抗菌、抗皱等单一功能后整理进一步发展为改善面料外观、风格、手感的磨毛、轧光、柔软等整理技术。

纺织品印花调浆的全自动电脑调浆系统、纺织品数码喷印系统、棉纺设备网络监控系统、纺织服装生产数据在线采集与智能化现场管理系统、集数字化/信息化/工业化于一体的RCMTM定制平台等技术和系统的成功研发和产业化应用，以及纺织企业信息化示范工程等一系列重点信息化工程建设项目的建设，提升了纺织产品研发、设计、在线检测控制、纺织企业管理的水平，推进了纺织产业信息化与工业化的两化融合。

（三）节能减排及循环利用技术取得新成效

"十二五"期间，大量节能降耗减排新技术获得广泛推广应用。棉纺织行业使用无 PVA 环保浆料用量增长 10%以上；化纤行业多项节能减排技术和原液着色纤维技术得到推广应用；印染行业短流程低温前处理、少水节能印染、废水深度处理及回用等节能减排先进技术获得突破和应用，百米印染布新鲜水取水量由 2.5 吨下降到 1.8 吨以下，水回用率由 15%提高到 30%以上。再利用纤维年产量约 600 万吨，占纤维加工总量的比重由 2010 年的 9.6%提高到 12%以上。废旧纺织品回收、分拣和综合利用产业链建设开始启动，产业用纺织品行业已经大量使用再生化纤和废旧纺织品，"旧衣零抛弃"活动推动了旧服装家纺的规范回收和再利用进程。

（四）纺织装备技术不断提高

纺纱设备的自主研发能力有较大的提高，高速精梳机已批量投放市场，全自动粗纱机及粗细联输送系统的关键技术取得突破，达到国际先进水平；高档数控剑杆织机、喷气织机取得一批具有自主知识产权的核心技术成果；40 万吨/年聚酯装备、150 吨/日和 200 吨/日涤纶短纤成套生产线已实现产业化生产，千吨级碳纤维等成套生产线已投入使用；电脑提花圆纬机、电脑自动横机、高速特里科经编机、簇绒地毯织机等成套装备技术均已推向市场；化学品自动配送、印染工艺及设备在线监控技术取得长足发展并在行业得到应用，自动化筒子纱染色生产物流系统解决了传统筒子纱染色生产率低、能耗高、资源利用率低以及人为因素干扰等问题，国产纺织品数码喷印装备的最高喷印速度达到 1 000 平方米/小时；实现了 SMS、SMMS 等多模头纺粘熔喷复合生产线的国产化制造，涤纶纺粘和梳理成网土工布生产线的推广应用为国家基本建设提供了良好的建设基布材料；针布、电子清纱器、钢丝圈、槽筒、胶辊等专用基础件对提高纺织机械产品的质量、精度、加工效率起到了非常明显的作用。

（五）科技支撑体系建设进一步加强

"十二五"期间纺织科技投入、基地建设、人才培养取得新的进展。纺织企业普遍增加了科技创新投入，对各类型纺织企业的科技进步注入了活力。"十二五"期间新增国家认定企业技术中心 15 家，纺织行业国家认定企业技术中心超过 50 个；认定国家技术创新示范企业 15 家，对引导纺织企业提高自主创新能力起到了重要的示范作用。已建成的国家工程技术研究中心、重点实验室等创新机构承担了一批国家"973"计划、国家"863"计划、国家科技支撑计划、国家自然科学基金项目,是行业基础性、前瞻性和战略性科学研究的主体。建立了一批纺织产业技术联盟,成为产业集成创新的重要形式。新一代纺织设备产业技术创新联盟、化纤产业技术创新战略联盟已列入科技部试点联盟。化纤再生与循环经济、产业用纺织品、高性能 PVA 纤维及功能性纺织品、原液着色、天竹、汉麻高值特种生物资源、宁夏羊绒、纺织印染行业废水处理与资源化等产业技术创新联盟快速发展。

"十二五"期间,纺织行业共制定、修订标准 584 项,归口标准总数达到 1 900余项,全面覆盖服装、家用、产业用及纺织装备等领域。纺织品安全、生态纺织品、功能性纺织品以及新型成套纺织装备等领域的标准制定和实施工作得到加强,标准体系进一步优化完善,有 23 项标准分别获得中国标准创新贡献奖和行业科学技术奖。全行业标准化技术机构达到 28 个,1 000 余名标准化专家被聘为委员,标准化技术机构和人才队伍不断壮大。积极参与国际标准(ISO)制定,自主提出了 17 项标准提案,3 项 ISO 标准和 1 项 IWTO 标准正式发布实施,新承担了 ISO 两个技术机构秘书处,两位专家成为 ISO 技术机构主席,提升了我国在国际标准领域的话语权。企业参与标准工作的积极性不断增强,标准化工作能力得到提升。

四、品牌建设取得长足进步

随着我国国民经济的快速发展及人民生活水平的持续提高,基于我国纺织工业产业活力的释放、创新能力的扩容与市场需求潜力的激发,加之已经拥有相对完备的工业基础与产业链配套资源,纺织行业的自主品牌建设取得了长足进步。

(一)品牌意识获得普遍提升

"品牌是体现国家综合实力的重要标志"的国家品牌意识已经形成;《建设纺织强国纲要(2011—2020 年)》的出台,提出 2020 年全面建成纺织强国的目标,确定要培育一批知名产品品牌、企业品牌、区域品牌、国际品牌;涌现出一大批具有品牌影响力和号召力的知名品牌,根据中国商业联合会、中华商业信息中心全国大型零售企业数据统计，目前在国内市场活跃的国内外服装家纺品牌约有 4 000 个，其中国内品牌 3 500 个，自主品牌是国内消费市场的主力军，全行业拥有"中国驰名商标"300 多个。

（二）品牌共建格局逐步形成

国家有关部门从资金支持、税收优惠、工作指导和荣誉称号等方面出台了一系列推进品牌建设的政策措施；行业协会从品牌评选、展会论坛、标准制定、专业培训、区域品牌试点、公共品牌打造、公共服务平台建设等方面开展了大量工作；越来越多的企业建立了品牌培育管理体系，2012 年至今，90 家企业参与工业和信息化部品牌培育试点，10 家被评为"品牌培育示范企业"。国家层面的政策支持体系、行业组织的协同推进体系、企业的品牌培育管理体系、社会各机构的技术支撑体系、新闻媒体的宣传推广体系等多方共建格局已基本形成。

（三）品牌价值体系充分体现

由质量、创新、快速反应、社会责任等基本要素构成的"四位一体"的品牌价值体系得到企业的广泛认同与践行。

质量意识和产品质量进一步提升。企业除了注重提升自身产品质量外，也愈加重视质量管理体系建设，中国纺织工业联合会对 286 家企业的最新调查显示，通过 ISO 9001 体系认证的企业超过 80%，超过六成企业建有内部质量控制实验室。

品牌创新能力明显增强。产品设计创新、技术创新与管理创新水平提高，从追求规模扩张转向走"精、专、特"或"高、新、优"之路。企业研发设计投入逐步加大，品牌创新能力增强。据中国纺织工业联合会专项调查显示，2014 年样本品牌企业科研设计投入强度保持在 2.2%～2.4%，明显高于规模以上纺织企业科研设计投入强度低于 1%的水平。

快速反应能力进一步支撑品牌发展。互联网电商给传统的商务活动、消费方式、企业的生产组织、库存周转、物流配送等带来了巨大挑战，给全行业尤其是终端产品带来深刻影响。许多品牌企业在跨界营销、流程再造、模式创新等方面不断谋求新的发展，电子商务发展快速，2014 年，全行业电子商务交易额约 2.85 万亿元，占全国的 25%，继续保持领先地位。

品牌企业的社会责任意识明显增强。截至 2013 年年底，全国共有 64 家纺织服装企业发布了 171 份社会责任报告，其中 58 份报告通过纺织服装企业社会责任报告联合发布会平台发布，54 份报告经过第三方机构的独立验证或联合会鉴证。

塑造适合企业和市场的独特文化以抢占文化制高点，已成为服装品牌增强核心竞争力、取得市场先机、增加市场话语权的重要举措。品牌企业更加注重建立品牌文化系统、积淀品牌文化、开展文化营销，许多成熟的自主品牌在我国传统文化中寻求符合自身品牌风格的文化元素。

五、可持续发展成效显著

（一）节能减排和资源循环指标基本完成

2010—2014 年，纺织行业万元工业增加值用水量下降约 20%，印染行业单位产品水耗下降 28%，由 2.5 吨/百米下降到 1.8 吨/百米；水的重复利用率由 15% 提高到 30%；单位产品综合能耗下降了 18%，由 50 公斤标煤/百米下降到 41 公斤标煤/百米；2010—2014 年，纺织业废水排放量从 24.55 亿吨下降到 19.6 亿吨，化学需氧量从 30.06 万吨下降到 23.9 万吨，氨氮从 3.2 万吨下降到 1.6 万吨，分别下降了 20.16%、20.49%、50%。资源循环利用指标按计划进度完成。2015 年，全国再利用纺织纤维用量达到 600 万吨，比 2010 年增长 50%。

（二）行业可持续发展的机制更加完善

2011 年 7 月，中国纺织工业联合会成立了环境保护与资源节约促进委员会（下简称"中纺联环资委"），在全行业广泛开展节能减排与资源节约、综合利用推动行业自律。2012 年 9 月，中纺联环资委联合多家院校、科研机构和企业，成立了国家纺织产业节能减排技术支撑联盟，组织大力推广成熟的节能减排先进技术，树立行业示范企业，开展节能减排百万义诊活动，组织编制《取水定额第 14 部分：毛纺织产品》《纺织废水膜法处理与回用技术规范》《棉本色纱线单位产品能耗限额》和《聚酯涤纶单位产品能源消耗限额》等标准。

各省区推进行业绿色发展，采取多种措施，落实节能减排。如浙江省通过制定年度整治提升实施方案，提高污染治理标准，将大批的印染企业搬迁入驻排污、治污设施齐备的产业园，对未通过整治验收的污染企业，一律依法责令停产整治或关闭；广东省积极开展清洁生产促进行业节能减排，成为最早开展企业清洁生产审核的省份，到 2013 年，共有 144 家纺织企业通过了省级清洁生产企业认定，ISO 14000 环境管理体系认证在行业内得到广泛推广。

（三）废旧纺织品回收利用取得新进展

2013 年，国家发改委拟定了《废旧纺织品综合利用实施方案（2014—2016年)》，提出重点任务的要求：大中城市建设试点，探索可持续的社会家庭废旧衣物回收利用体系；率先解决制式服装以及学校、酒店、宾馆定期更换被装的综合利用问题，升级改造现有集散地。中纺联环资委组织发起了"旧衣零抛弃——中国品牌服装回收活动"。目前，已有 35 个品牌门店、1 个学校、2 个社区参与到活动当中，通过媒体宣传，逐步唤起公众对废旧纺织品综合利用的意识。

"十二五"期间，我国再利用纺织纤维获得较好的发展，占纤维加工总量的比重由 2010 年的 9.6%提高到 12%以上。再生纤维的品种、质量以及下游产品的开发应用水平均有所提升。部分产业集群地已经建成"回收—分拣—加工—销售"的循环产业链，国内首家采用化学法生产循环再生纤维的企业已经投产，废旧纺织品的应用技术已取得产业化成果，如将废旧纺织品制成高附加值的汽车隔音板材，将废旧纺织品醇解喷丝生产能够制作面料的涤纶短纤等。目前我国纺织企业生产过程中产生的废料基本都做到了回收利用，经过物理或化学技术处理后生产出新产品，用于清洁产品、汽车配饰、建筑工程、包装材料、防护设施等领域。

六、区域结构调整推进

纺织产业向中西部转移进程有所推进，海外布局取得新进展，产业布局结构逐步优化。2015 年，中西部地区规模以上纺织企业主营业务收入占全行业的比重为 23.2%，较 2010 年提高了 6.4 个百分点。纺织企业在海外投资棉纺、服装、化纤等纺织加工基地的实践有所增加，为提升跨国资源配置能力累积经验。

七、人才规模素质不断提升

（一）人才队伍规模不断扩大

纺织行业现有职工 2 200 多万人，规模以上企业职工约 1 000 万人，研发人员规模不断扩大，2015 年规模以上纺织企业研发人员全时当量为 113 583 人年，同比增长 9.7%，是 2011 年的 1.4 倍，如图 2-7-3 所示。根据第三次经济普查的数据（2013 年），研发活动主要集中在大中型企业，规上纺织企业中有 R&D 活动的企业数占比为 9.0%，而大中型企业为 20.4%；根据大中型企业分行业的数据，最重视研发投入的是化纤行业，其次是纺织业，服装和服饰制造业从有 R&D 活动的企业数占比、R&D 人员占比两个指标来看都是最低。

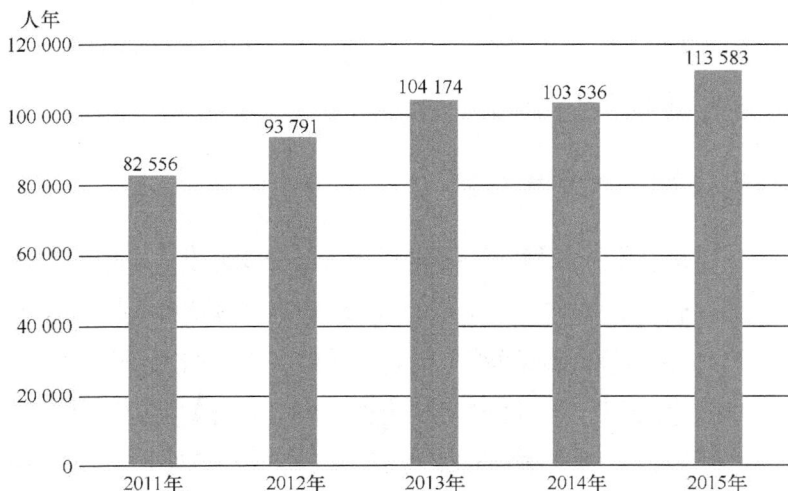

图 2-7-3　2011—2015 年规模以上企业 R&D 人员全时当量（数据来源：《中国统计年鉴》）
注：规模以上企业为年主营业务收入 2 000 万元以上的企业，未包括纺织企业。

规模以上纺织企业中专业技术人员占 9.8%，高中（中专）以上学历占整个队伍的比例已达 53%，其中在化纤行业、纺机、印染行业中，高中（中专）以上学历在 70%左右。在纺织职工中具有高技术技能的职工比重越来越大，成为产业升级的重要人力资源。当前，已产生大批卓越工程技术人员、企业高管、技术研发领军人物、学科带头人，优秀服装、纺织品、针织、家居产品与环境艺术设计师，以及拥有大批具有较强创造力的高职队伍，这些杰出人才构成了纺织行业科学发展的核心力量。

（二）人才培养能力不断增强

纺织行业逐步建立和完善了多种层次的人力资源培育体系，利用大专院校的师资力量和教学硬件，培养纺织行业跨学科复合型人才。全国设有纺织服装有关专业（纺织、服装、印染、艺术设计等）的本科大学约有 185 所，培养能力每年大约 1.5 万人，高职院校约 200 所，培养能力每年约 2.0 万人，中职院校约 100 所，培养能力每年约 1.2 万人。办学规模和办学层次也不断提高，原来的 7 所部属纺织院校在 1998 年时在校生只有 2.8 万人，现在有 12 万人，原来在校研究生只有 980 人（含其他专业），现在仅纺织服装和相关专业就有学生 2 592 人，硕士点 62 个，博士点 14 个。全国有纺织服装类专业的高职高专院校近百所，在校学生 11.2 万人，其中纺织类专业学生为 4.48 万人，服装类专业学生为 3.92 万人，染整类专业学生为 2.8 万人。约有 20%以上的毕业生成为专业技术带头人或企业中层以上管理人员。

（三）设计人才培养力度加强

品牌企业愈加重视科研设计人员队伍和机构的建设，加大研发设计投入力度，培养、引进高端设计人才。"中国服装家纺自主品牌调查"显示，2013 年，调研样本企业平均每家拥有专职研发设计人员 77 名，比上年增加 6 名，占职工人数的 7.4%，同比提高 0.4 个百分点。根据调查报告，随着品牌年龄的增长，户均研发设计人员数量呈递增趋势，例如品牌年龄 20 年以上的户均研发设计人员数量是品牌年龄 5 年以下的 3.6 倍，如图 2-7-4 所示。

从不同品牌的运营模式来看，渠道型和生产渠道并重型品牌的户均研发设计人员数量最多，均超过 100 人；设计师品牌和渠道型品牌的研发设计人员比重最高，分别达 17.2%和 11.8%，如图 2-7-5 所示。

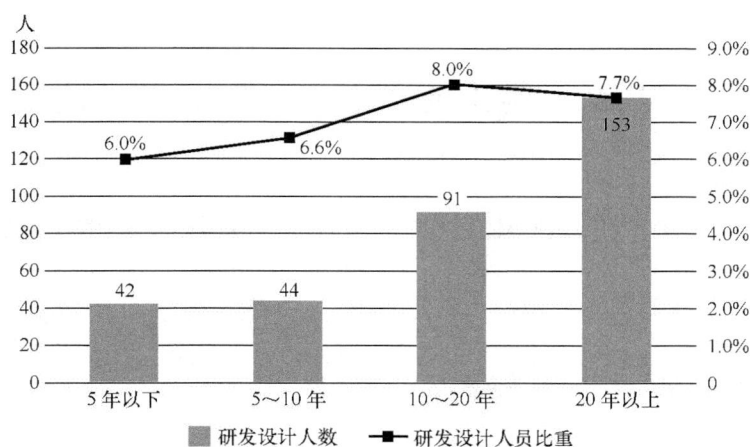

图 2-7-4 2014 年调查样本企业按品牌年龄比较研发设计人员数量及比重

（数据来源：《2014 年中国纺织行业品牌发展报告》）

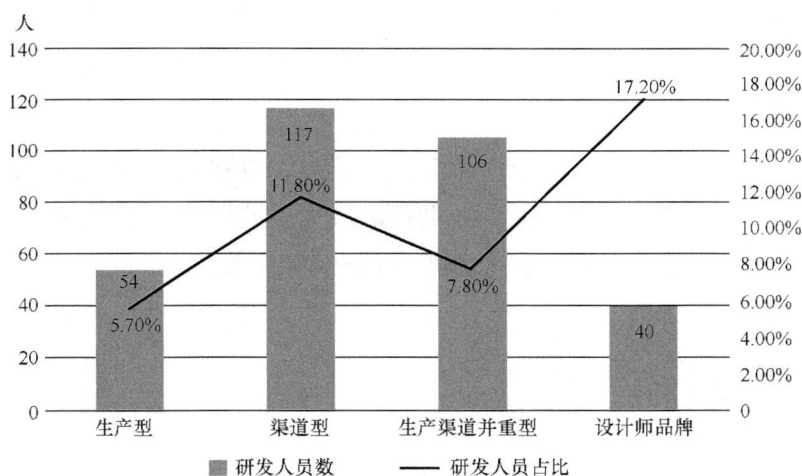

图 2-7-5 2014 年调查样本企业按运营模式比较研发设计人员数量及比重

（数据来源：《2014 年中国纺织行业品牌发展报告》）

第八章 轻工业"十二五"发展回顾

"十二五"期间,轻工业积极调整产业结构,加快转型升级步伐,实现了全行业平稳较快发展。

一、规模效益水平迈上新台阶

2015 年轻工企业主营业务收入 28.2 万亿元,实现利润 2 万亿元,其中规模以上企业的主营业务收入和利润分别为 23.1 万亿元、1.5 万亿元,较 2010 年分别增长 66.4%和 102.7%;工业增加值占全国工业总体的 20.1%,较 2010 年提高 2.2 个百分点;轻工产品出口额 5 982.4 亿美元,较 2010 年增长 71.6%。

"十二五"期间,轻工业工业增加值、主营业务收入、利润总额和出口额的年均增长分别为 10.1%、14.0%、15.4%和 11%,综合竞争实力进一步提升,巩固了我国作为世界轻工产品生产消费出口大国的地位。

二、结构调整不断优化

产品结构变化显著,新产品开发加快,产品档次提升,质量稳步提高。适应国内外市场需求变化的能力逐步增强,产品内销比重提升,2015 年内销占88.3%,较 2010 年提高 3.9 个百分点。产业集中度明显提升,龙头企业引领作用逐年增强,2015 年排名前 100 位企业的主营业务收入和利润分别占轻工业的10.6%和 13.1%。产业集群蓬勃发展,2015 年轻工特色区域和产业集群产值约占轻工规模以上企业工业总产值的 36%,较 2010 年提高了 10 个百分点。区域结构趋于协调,随着产业有序转移,中西部地区承接产业转移的能力提升,2015年东部和中西部地区轻工业主营业务收入占全国的比重为 57.5%、34.4%,中西部地区较 2010 年提高了 7.1 个百分点。

三、科技创新能力进一步增强

"十二五"期间，逐步建立起造纸、皮革、食品、家电、电池、日化、轻工机械、制笔等行业的产学研用创新团队并初步建成了轻工行业创新平台。到"十二五"期末，已创建国家重点实验室 14 个、国家工程实验室 7 个、国家工程（技术）研究中心 23 个、国家级企业技术中心 144 个、国家技术创新示范企业 51 个，轻工业技术创新体系逐步完善。

一批重大国家科技支撑计划项目、技术改造项目顺利实施，制笔行业中性墨水、水性墨水、中油墨水、笔头用不锈钢材料和笔头精密加工设备，基于拉伸流变的塑料高效节能加工成型技术和设备，塑料的超临界 CO_2 微发泡制备技术，日化行业新型绿色表面活性剂油脂乙氧基化物、醇醚糖苷、氧化法 AEC 等关键技术，制糖行业封闭循环用水技术，制革和毛皮加工水循环利用技术等一批关键共性技术已得到突破。一批成果达到了国际先进水平，经济、社会效益显著。

科技研发投入增加，具有自主知识产权的创新产品增多，据不完全统计，造纸、皮革、食品、家电、电池等 24 个行业专利年度申请数量从 2010 年的 160 152 件，增加到 2015 年的 371 418 件。"十二五"期间，高性能二次电池新型电极电解质材料及相关技术等 17 项科研成果获国家技术发明奖，变频空调关键技术研究及应用等 26 项科研成果获国家科技进步奖。中国轻工业联合会科学技术奖共评出获奖项目 806 项。轻工行业技术改造力度加大，据不完全统计，2011—2015 年，国家安排轻工技改项目 3 980 项，总投资约 1 313 亿元。轻工装备水平不断提升，酿酒、制鞋、五金等劳动密集型行业加快装备升级改造，大力推进机械化、数控化、自动化、智能化设备在行业的应用。造纸装备、食品加工装备、塑料加工装备、皮革和皮革制品加工装备、缝制机械等装备的自主化水平不断提升，取得了一定的技术突破，在国内市场的应用率不断提高，并增强了国际市场竞争力，其中塑料机械出口量已占国内销售量的 30% 左右，出口增长率达 20%。

中国轻工业联合会发布《轻工业技术进步"十二五"发展指导意见》，家电、塑料、造纸、皮革、发酵、缝制机械、制笔等行业制（修）订行业技术进步指导意见或技术路线图；造纸、发酵、酿酒、制糖、皮革、电池、制盐 7 个行业参与制定发布先进适用节能减排技术指南。

四、绿色发展取得积极进展

通过采用新技术、新工艺和新材料，提高能源利用率和资源综合利用率，皮革、造纸等行业的综合消耗明显下降。造纸、酒精、味精、柠檬酸、制革、铅蓄电池等行业全面或超额完成了淘汰指标，其中制革行业淘汰落后产能 3 471 万标张，造纸行业淘汰落后产能 3 000 万吨，铅蓄电池企业由 1 800 多家减少至 300 多家。通过实施绿色照明工程、能效标识管理、环境标志认证、节能产品认证和节能惠民工程，绿色节能产品市场比重不断提高，2015 年照明电器行业产品中的汞使用量相比 2010 年削减了近 50%。国家安排的清洁生产示范项目、高风险污染物削减行动计划项目涉及轻工行业的项目共计 98 个，总投资约 107 亿元。

专栏三：企业绿色发展典型案例

1. **山东泉林纸业有限责任公司**

山东泉林纸业有限责任公司自主研发了"本色麦草浆清洁制浆技术"，攻克了麦草清洁制浆重大难题。利用该技术对传统的制浆生产线进行技改，实现了新技术的产业化，将现有制浆生产线改建成为应用示范项目，浆纸产品符合环保健康等要求，对绿色生产和消费具有很好的引领作用。本色麦草浆清洁制浆技术应用于 10 万吨麦草浆生产线，年节约清水 305 万 m^3，节约麦草原料 7 万吨，减少废水排放量 315 万 m^3，减少进入中段水的 COD 产生量 9 423 吨，减少 COD 外排量 190 吨，消除 AOX 的产生，减少用电 650 万度，纸浆得率提高 10% 以上。"本色麦草浆清洁制浆技术"的推广应用对节能减排、改善环境、秸秆的综合利用、提升行业清洁生产水平、促进造纸行业可持续发展起着重大的推动作用。

2. **浙江中辉皮草有限公司**

浙江中辉皮草有限公司在国内首次系统地对毛皮加工主要工序操作液进

行循环利用（包括本工序内部回用和交叉回用），最大限度地降低水和化工材料消耗，主要解决毛皮加工耗水、耗化工材料量大，废水排放量大等共性关键问题，实现了脱脂操作液、浸酸软化操作液、含铬废水、染色废水、主加脂废水等的循环利用及中水回用。应用该项目明显减少了污水的排放量，节约了大量化工材料和工业用水，并取得了可观的经济效益。项目开发的浸酸液混凝技术和混凝气浮机，系列复合混凝剂和高效絮凝沉降设备，染色废水回用及处理技术填补了毛皮工业的空白，项目集成技术体系达到了国际领先水平。

五、融合发展成为新的亮点

以"机器替代人工"为主要特征的降本增效、制造升级快速发展，智能制造、互联网技术应用取得积极成果。骨干企业积极开展"两化"深度融合改造，利用信息技术提升研发设计、制造过程、营销管理和物流配送。文化创意和设计服务与室内装饰、智能家居、工艺美术、文体用品等相关产业融合发展，形成了新的经济增长点。商业模式创新、线上线下融合发展进一步加快。

专栏四：融合发展典型案例

海尔集团在智能制造创新方面走在了行业前列，由以企业为中心转变为以用户为中心，从制造型企业向平台型企业转型。通过搭建共创共享的生态圈，从大规模制造转向大规模定制，满足用户最佳体验。率先打造以用户为中心的互联工厂，已建成沈阳冰箱、郑州空调、佛山洗衣机、青岛热水器、胶州空调等互联工厂。通过前联用户，后联营销、研发、制造，将用户需求与制造资源无缝对接，让用户参与到生产制造的全过程中来，用户能够随时随地定制个性化产品，互联工厂可以快速感知和满足用户的个性化定制需求。通过人、机、物的智能互联，实现智能制造下的大规模定制，满足用户的个性化需求。以海尔沈阳冰箱互联工厂为例，单线体实现 500 多种型号的同步化生产，单线产能提升 80%，单位面积产出提升了 100%，定单交付周期由 15 天降低到 7 天，快速满足用户的个性化体验，实现了很高的用户价值和企业价值。

六、质量品牌和标准体系建设水平提高

轻工业规模以上企业的质量管理控制能力不断提升，建立健全了先进的质量控制体系，产品质量检测方式及质量控制手段逐步与国际接轨。企业诚信体系建设取得一定成效，产品质量安全水平稳步提高。重点行业积极开展品牌培育和评价工作，食品、家用电器、皮革、五金制品和钟表等行业的品牌建设取得进展，骨干企业建立了有效的品牌管理体系，品牌运营能力明显增强，一批品牌企业的国际影响力逐步增强。轻工行业质量检测管理得到加强，截至"十二五"期末，轻工行业具有国家级资质认定的检测机构89家，覆盖了大部分轻工产品领域。

标准体系进一步完善，不断优化标准体系结构，加快了产业急需、具有创新和国际化标准的制（修）订。"十二五"期间，制定1 752项标准，其中国家标准694项，行业标准1 058项。截至2015年年底，轻工标准总数达到5 368项，其中国家标准2 262项，行业标准3 106项。标准化技术机构进一步健全，中国轻工业联合会组织制定并发布了《全国轻工行业专业标准化技术委员会管理暂行办法》，轻工行业已有全国专业标准化技术委员会50个，分技术委员会86个。承担国际标准化组织ISO/IEC的技术机构5个秘书处工作，主导提出制（修）订的国际标准提案28项。

七、产业集群发展水平提升

"十二五"期末，轻工业特色区域和产业集群已发展到470多个，比"十一五"期末增长了57%，涉及35个行业，主要分布在全国21个省、自治区和直辖市。家电、皮革、家具、塑料、陶瓷、发酵等行业发展基础较好的产业集群，建立和完善了一批面向中小企业的技术研发、技术咨询、检测、信息等科技服务集成平台，完善产业和区域创新体系，引导中小企业走"专精特新"的发展道路。中国轻工业联合会围绕轻工业特色区域和产业集群建设，开展轻工行业中小企业公共服务示范平台认定工作，先后认定了33个轻工行业中小企业公共

服务示范平台，其中 17 个获得"国家中小企业公共服务示范平台"称号。商务部确定的 179 个"外贸转型升级专业型示范基地"中，涉及轻工行业的有 63 个。工业和信息化部发布的 267 个"国家新型工业化产业示范基地"中，涉及轻工行业的有 37 个。

八、国际竞争力稳步提高

轻工产品出口额在国民经济各行业中居于首位。100 多种产品产量居世界第一，自行车出口占全球市场的 75%，家电、皮革、家具、羽绒制品出口约占全球市场的 40%。"十二五"期间，轻工企业开拓国际市场能力进一步增强，多种形式的经济技术合作力度加大，自主品牌出口规模增长。2015 年轻工行业进出口贸易总额为 7 271.5 亿美元，占全国进出口总额的 18.4%，其中出口总额 5 982.4 亿美元，占全国出口总额的 26.3%；贸易顺差 4 693.3 亿美元，占全国贸易顺差的 79%。轻工商品出口贸易中，以一般贸易方式实现的出口额同比增长 2.41%，占出口总额的 65.47%，比重比上年增加了 3.33 个百分点；以加工贸易方式（包括来料加工、进料加工）出口占出口总额的 23.68%，比上年减少了 5.21 个百分点。加工贸易方式出口降幅较大，一般贸易出口增速显著快于加工贸易，贸易方式继续优化。

九、优质企业不断涌现

2015 年轻工行业工业企业达 72.6 万个，其中规模以上企业 10.9 万个，居各工业行业之首，占全国工业企业总数的 29%；以占全国工业 15% 的资产，实现了占全国工业 21% 的主营业务收入、23.5% 的利润。轻工企业在结构调整和转型升级中不断取得新成绩，优质企业不断涌现。"十二五"期间，轻工行业开展了年度轻工业百强企业评价工作，轻工业百强企业是轻工行业的优秀代表，是新形势下转型升级的成功典范。

第九章 医药行业"十二五"发展回顾

一、行业发展迈上新台阶

（一）行业增长处于工业前列

"十二五"期间，规模以上医药行业增加值年均增长 13.4%，占全国工业增加值的比重从 2.3%提高至 3.0%。2015 年（国家统计局快报数据），规模以上企业实现主营业务收入 26 885 亿元，实现利润总额 2 768 亿元，"十二五"期间年均增速分别为 17.4%和 14.5%。投资保持较快增长，2015 年完成固定资产投资 5 812 亿元，"十二五"期间年均复合增长率达 18.9%。在国际经济疲软的背景下，医药行业出口增速有所回落，2010—2014 年医药行业出口交货值复合增长率为 7.79%，降到了个位数，而整个"十一五"期间医药出口交货值复合增长率为 20%以上。医药行业各主要经济指标始终居工业各行业前列，各项具体数据如图 2-9-1 至图 2-9-6 和表 2-9-1 至表 2-9-2 所示。

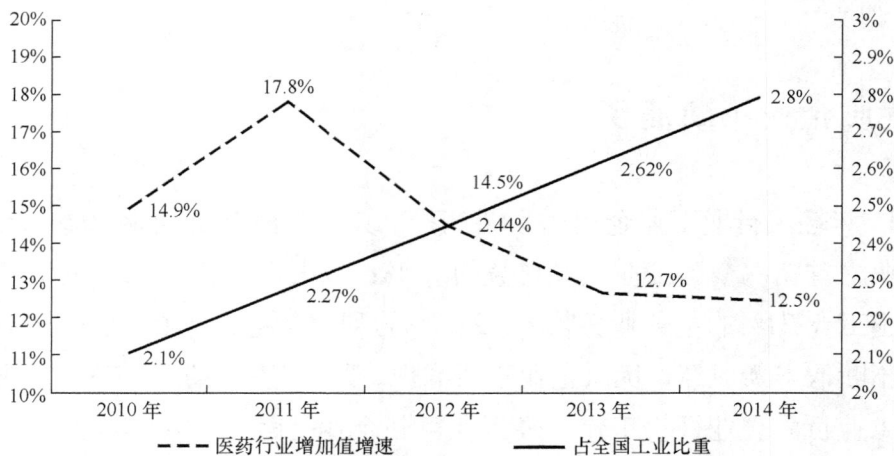

图 2-9-1 2010—2014 年医药行业增加值增速与占比情况

（数据来源：工业和信息化部《中国医药统计年报》）

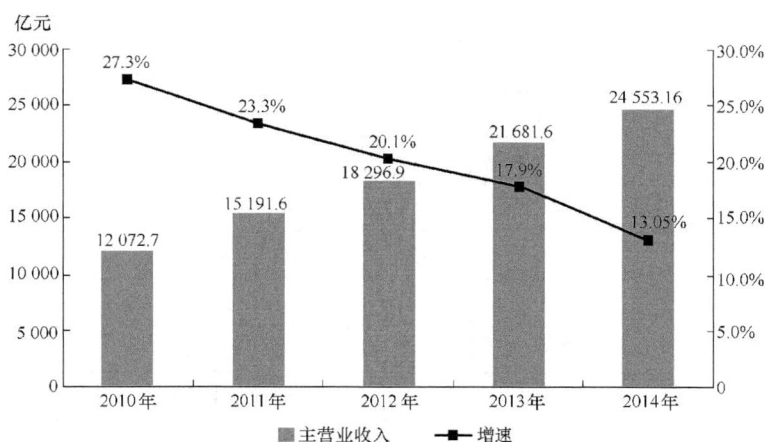

图 2-9-2　2010—2014 年医药行业主营业务收入（数据来源：工业和信息化部《中国医药统计年报》）

表 2-9-1　　　　　　　　　医药行业各子行业主营业务收入完成情况

单位：亿元

	2010 年	2014 年	2010—2014 年增速	2005—2009 年增速
合计	12 072.70	24 553.16	19.4%	23.0%
化学药品原料药制造	2 438.41	4 240.35	14.8%	14.1%
化学药品制剂制造	3 428.20	6 303.71	16.4%	24.9%
中药饮片加工	633.91	1 495.63	23.9%	40.8%
中成药制造	2 473.54	5 806.46	23.8%	18.7%
生物药品制造	1 260.80	2 749.77	21.5%	34.1%
卫生材料及医药用品制造	623.49	1 662.32	27.8%	35.0%
医疗仪器设备及器械制造	1 140.94	2 136.07	17.0%	29.2%
制药机械	73.40	158.86	21.3%	17.4%

数据来源：工业和信息化部《中国医药统计年报》。

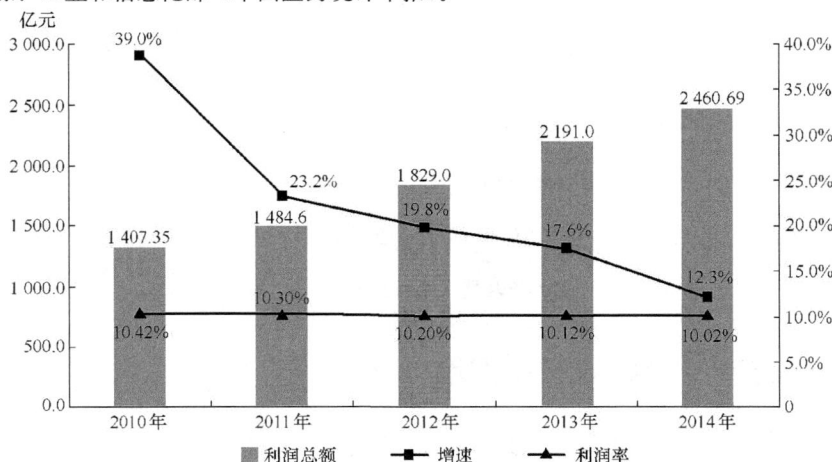

图 2-9-3　2010—2014 年医药行业利润总额与利润率变化情况

（数据来源：工业和信息化部《中国医药统计年报》）

表 2-9-2   医药行业各子行业利润完成情况

单位：亿元

	2010 年	2014 年	2010—2014 年增速	2005—2009 年增速
合计	1 407.35	2 460.69	15.0%	31.7%
化学药品原料药制造	236.29	311.82	7.2%	28.0%
化学药品制剂制造	424.15	733.92	14.7%	32.9%
中药饮片加工	55.58	105.25	17.3%	54.0%
中成药制造	309.70	597.93	17.9%	23.2%
生物药品制造	187.02	321.84	14.5%	39.1%
卫生材料及医药用品制造	62.31	152.39	25.1%	43.6%
医疗仪器设备及器械制造	125.25	219.29	15.0%	38.9%
制药机械	7.05	18.26	26.8%	20.4%

数据来源：工业和信息化部《中国医药统计年报》。

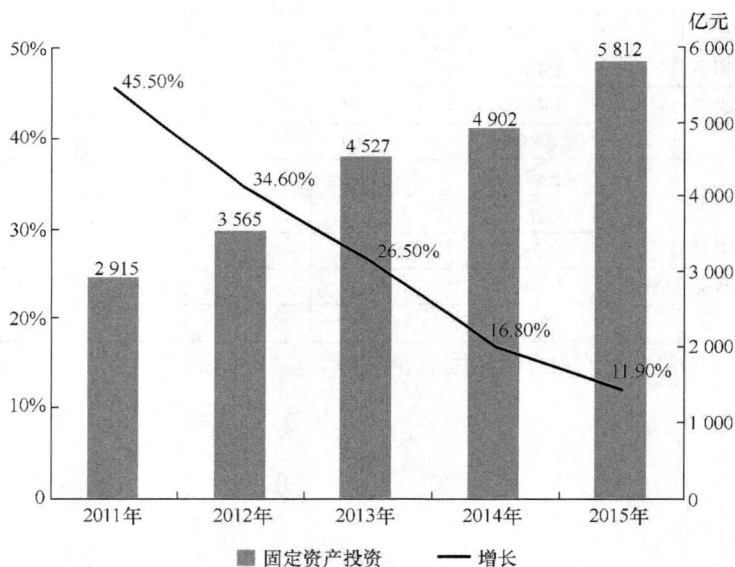

图 2-9-4　2011—2015 年医药行业固定资产投资及增速情况

（数据来源：国家统计局）

（二）医药产品数量与产量同增

截至 2015 年年底，国家食品药品监督管理总局（CFDA）批准的药品文号数量累计 173 909 个，包括化学药品 106 723 个，中成药 60 671 个，生物制品 1 891 个，进口药品 4 624 个（见表 2-9-3）。

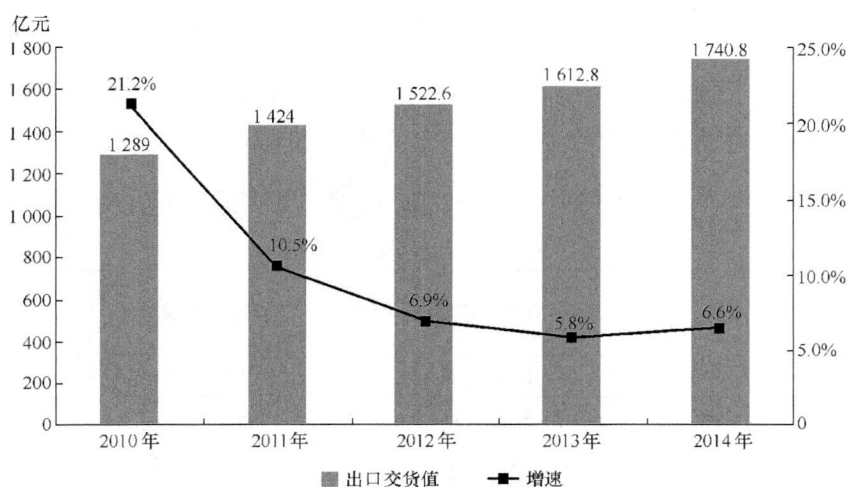

图 2-9-5　2010—2014 年医药行业出口交货值及增速情况

（数据来源：工业和信息化部《中国医药统计年报》）

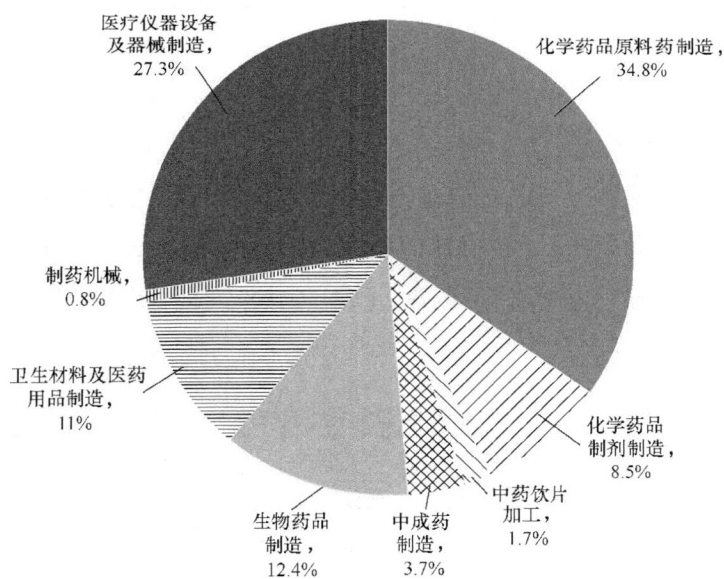

图 2-9-6　2014 年医药行业各子行业出口交货值占比情况

（数据来源：工业和信息化部《中国医药统计年报》）

表 2-9-3　　　　　　　　　　截至 2015 年年底已批准生产的药品情况

数量 \ 类别	国产药品			进口药品
	化学药品	中成药	生物制品	
批准文号数量（个）	106 949	60 732	1 905	4 674
比例	61.4%	34.9%	1.1%	2.7%

数据来源：CFDA。

2013 年主要医药产品年产量较 2010 年均有不同程度的提高,其中冻干粉针剂和化学原料药产量增幅最大,均超过 50%,胶囊和粉针剂保持略微增长,而片剂和注射液年产量均出现下降(见表 2-9-4),说明两大类产品在新版 GMP 认证和国家规范流通秩序的推动下,市场过度竞争现象有所缓和。

表 2-9-4 统计范围内的主要产品产量

项目 剂型	2010 年产量	2013 年产量	增幅
化学原料药(吨)	817 093.233	1 247 164.680	52.6%
片剂(万片)	53 317 976.939	41 806 918.266	−21.6%
胶囊(万粒)	12 943 396.843	13 479 455.955	4.1%
粉针剂(万支)	1 326 144.037	1 342 470.858	1.2%
冻干粉针剂(万瓶)	297 978.307	511 162.931	71.5%
注射液(万支)	2 834 133.062	2 681 798.526	−5.4%

数据来源:工业和信息化部《中国医药统计年报》。

近年来,Ⅰ类、Ⅱ类、Ⅲ类各类医疗器械注册数量都快速增长,截至 2014 年 12 月 31 日,国产有效医疗器械注册证总数为 93 582 条,分别属于 14 723 家生产企业(见表 2-9-5)。多数临床应用面广、使用量大的常规医疗器械都实现了国产化,如常规 X 线机、监护仪、全自动生化分析仪、外科手术设备、康复设备等,部分产品开始从仿制向创新过渡。一些大型医疗设备近年来也取得突破,部分替代了进口产品。

表 2-9-5 2010—2015 年 CFDA 医疗器械注册数据汇总

	Ⅰ类		Ⅱ类		Ⅲ类		港澳台地区		进口	
	首次	再注册	首次	再注册	首次	再注册	首次	再注册	首次	再注册
2010 年	3 526	2 493	3 251	4 181	374	890	46	39	1 626	1 746
2011 年	3 583	2 095	3 350	3 441	388	701	44	110	1 654	1 336
2012 年	4 331	2 739	3 637	3 300	913	1 628	215	72	3 517	4 181
2013 年	4 252	3 738	4 391	5 801	1 030	1 852	229	66	3 916	3 798
2014 年	15 922								5 219	
2015 年					3 921				5 466	

(三)基本药物供应保障能力加强

为提高基本药物的生产供应保障能力,国家相关部门采取政策措施,引导基本药物生产企业改进工艺技术，提高产品质量，有效降低生产成本，稳定市场供应。发展改革委、工业和信息化部在 2012 年、2013 年产业振兴和技术改造专项中，将基本药物新版 GMP 改造作为医药领域的一项支持重点，支持行业优势企业结合 GMP 改造，提高基本药物质量技术和装备水平。工业和信息化部在中药材生产扶持项目中，对部分基本药物所需中药材的生产基地建设也给予了支持。

针对部分基本药物小品种供应短缺问题，工业和信息化部会同有关部门组织开展了基本药物定点生产试点，该项工作被纳入《"十二五"期间深化医药卫生体制改革规划暨实施方案》。工业和信息化部、原卫生部、发展改革委、原食品药品监管局于 2012 年 11 月联合下发了《关于对用量小、临床必需的基本药物品种实行定点生产试点的实施方案》，启动了遴选品种、确定价格、制定招标规则等工作，选择了麦角新碱、去乙酰毛花苷、氨苯砜、普鲁卡因胺、洛贝林、多巴酚丁胺、甲巯咪唑 7 个品种作为第一批定点生产试点品种，2014 年启动招选企业的工作。此外，为保障基本小品种生产供应，有关部门还将组织建设小品种集中生产基地，建立短缺药储备，完善定价、招标等方面的政策，通过综合施策，调动企业生产小品种的积极性。

工业和信息化部加强了基本药物生产统计监测，根据生产供应信息，"十二五"期间基本药物生产整体平稳有序，除部分小品种外，各级医疗卫生机构的用药需求都可以得到有效满足。提高基本药物生产集中度基本达到了规划目标，根据 2014 年基层医疗机构采购数据（23 个省）和 2014 年上半年的样本医院数据，用药金额最大的前 10 个基本药物销售前 20 位企业的合计市场份额均超过规划目标的 80%。另，2012 年在基层医疗机构（23 个省）销售收入前 100 位的企业所占份额为 72.5%，具有较高的集中度。

二、产业升级步伐加快

（一）企业技术改造升级力度加大

据估算，全行业实施新版 GMP 改造所需投资在 2 000 亿元以上，无菌药品 GMP 改造成本最高，是 2011—2014 年固定资产投资的主要部分。企业技术改造的重点是 GMP 升级、新厂区建设、新产品产业化和产品扩能。在 GMP 改造中，一些企业选择新建，而不是改造原有生产线，进一步加大了投资。新厂区建设是技改投资的另一个重点。由于搬迁或发展的需要，很多大型企业都面临新厂区建设的任务，投资额动辄达到数十亿元。

（二）质量保障能力得到普遍提升

大量新型制药设备得到应用，包括自动化水平高，可实现在线控制、在线检测、无菌对接、在位清洗、在位消毒和灭菌、隔离操作等功能的新型原料药生产设备，先进的注射剂高速灌装联动线，吹瓶、灌装、封口三合一设备，高速、全自动压片机和胶囊充填机，高效、节能的中药提取浓缩设备等。大批先进的进口设备被引进、消化、吸收、再创新，国内制药设备骨干企业，如新华医疗、东富龙、楚天科技、千山药机等，也抓住机遇实现了快速发展。

（三）以先进技术改造传统产业升级

大规模动物细胞培养技术提升，细胞培养罐达到 5 000 升规模。微生物深层发酵技术进步，一些抗生素发酵罐规模已达到 500 立方米以上。手性拆分和手性合成技术应用于多项新产品开发。酶催化工艺在抗生素、他汀类部分产品生产中得到广泛使用。注射用血栓通、丹红注射液、热毒宁注射液等一批中药大品种建立了以指纹图谱为标准，包括中药材规范化种植、工艺过程控制、成品质量控制在内的全过程质量控制体系，降低了产品不良反应。

三、创新能力提升成绩显著

（一）加大医药创新支持和投入

《国家中长期科学和技术发展规划纲要（2006—2020 年）》将研制重大新药和先进医疗设备作为科学技术发展的重点领域的优先主题。2010 年国务院下发《关于加快培育和发展战略性新兴产业的决定》，以生物医药为主的生物产业被列为重点发展领域之一。近年来，通过国家科技重大专项、国家高技术研究发展计划（"863"）、国家重点基础研究发展计划（"973"）、国家科技支撑计划、战略性新兴产业发展专项等方式加大了对医药创新发展的支持力度，2011 年以来下达中央财政资金近 200 亿元，扶持力度居各行业前列。其中，2008 年启动的"重大新药创制"重大科技专项，截至目前已累计投入超 200 亿元，在推动创新药物研发、大品种技术改造、药物研发技术平台建设等方面发挥了积极的作用。在"重大新药创制"科技重大专项的推动下，涌现出了一批高质量创新成果，"十二五"期间 210 个创新药获批开展临床研究，埃克替尼、阿帕替尼、西达本胺、康柏西普等 15 个一类创新药获批生产，110 多个新化学仿制药上市，中药质量控制与安全性技术水平提升，PET-CT、128 排 CT 等一批大型医疗设备和脑起搏器、人工耳蜗等高端植入介入产品获批上市。

此外，国家支持建立了一批主要以企业为主体的研发创新和产业化技术平台，累计支持建立了国家工程技术研究中心 32 个、创新型企业 41 家、国家重点实验室 10 家、国家工程研究中心 9 家、国家级企业技术中心 84 家、产业技术创新战略联盟 11 个，促进了医药工业整体技术创新能力的提升。

（二）企业创新积极性提升

2015 年规模以上企业研发投入约 450 亿元，较 2010 年翻两番。从事创新药研发的企业日渐增多，一些传统的原料药、普药生产企业也开始增加新药的研发。在生物药中最活跃的抗体药物领域，我国从事抗体药物研发的企业超过了100 家。恒瑞、海正、先声、正大天晴、豪森、绿叶、齐鲁、康缘、东阳光等创新型企业的研发投入持续达到销售收入的 5% 以上，年研发投入达到 2 亿~6 亿元。受国家产业政策影响和医药产业高成长性的吸引，很多其他行业资金、私募股权基金（PE 基金）和风险投资基金（VC 基金）都将创新型医药企业作为投资重点，大量社会资本涌入医药行业，促进了创新型中小企业的发展，也为新产品的开发融集了大量资金。

（三）企业技术创新主体地位逐步加强

一些企业研发中心的装备水平、科研力量、研发项目达到了较高的水平，越来越多的海归学者回国创业，为我国的医药创新增添了活力。如截至 2013 年，江苏恒瑞制药拥有各类研发人员 1 100 多名，其中 89 名博士中海外归国人员 47名，国家"千人计划"专家 4 名，是国内获准进入临床研究创新药物最多的企业；浙江海正药业的研发团队包括国家"千人计划"专家 6 名，在研项目包括化药 1.1 类新药 10 个（5 个进入临床研究）和生物新药 20 多个；浙江贝达药业由 4 个"千人计划"专家领衔研发团队，在研项目包括 10 个国家一类新药（1 个获批件）和 11 个国家三类新药；四环药业拥有专门做创新药研究的 150 人的团队，3 个 1.1 类新药进入临床研究，6 个在申报中；先声药业 2013 年启动了"创新药物百家汇"项目，计划投资 20 亿元，吸引欧美生物医药领域专家到国内创业，5 年内孵育和培植不少于 100 家创新创业公司。企业承担国家科技项目的比重增加，2013 年"重大新药创制"专项立项计划中，企业牵头课题占 69%，建立了 8 个企业技术创新平台，促进了创新资源向企业转移和流动。

（四）研发外包服务（CRO）发展迅速

近年来，药品研发专业化分工越来越细，研发外包业务迅速发展，既降低了成本，又提高了效率，极大地促进了我国创新水平的提高。围绕北京、上海形成了 CRO 产业集群，可提供新药研发全过程服务发展，质量标准与国际接轨，不仅面向国际市场，而且越来越多地为国内企业提供服务，为提高我国医药创新水平、提高研发效率提供了支撑。

（五）企业创新发展成果显著

一是新药上市数量增加。2011—2015 年，国家食品药品监管总局共批准药品注册申请 2 250 件，其中境内注册的化学药新药 425 件（化药注册分类 1~4，含原料药和制剂），中药新药 68 件（中药、天然药物注册分类 1~7），生物制品 76 件。与"十一五"期间相比，批准的仿制药品数量减少，新药数量增加，具体见表 2-9-6 和表 2-9-7。

表 2-9-6　　　　2010—2015 年各年度受理药品注册申请审评情况

年份	化学药品	中药	生物制品	合计
2010 年	5 161	673	458	6 292
2011 年	5 884	651	419	6 954
2012 年	5 944	519	456	6 919
2013 年	6 411	594	526	7 531
2014 年	7 807	531	454	8 792
2015 年	7 201	358	561	8 120

数据来源：国家药品审评中心。

表 2-9-7 2011—2015 年批准的药品情况

注册分类	新药	改剂型	仿制药	进口药	合计
化学药品	484	106	1 367	332	2 289
中药	75	87	24	2	188
生物制品	90			34	124
合计	2 601				

数据来源：国家药品审评中心。

二是新药研发品质提升。化学药方面，新药申请数量较"十一五"期间及以前年度显著增加。2011—2013 年，CFDA 新受理的化药 1.1 类注册申请达到 263 件，较此前年度明显增加。围绕重大和多发疾病治疗，近年来国内企业成功开发上市了具有自主知识产权的埃克替尼、帕拉米韦、艾拉莫德、艾瑞昔布、海姆泊芬、吗啉硝唑、康柏西普、阿帕替尼、西达苯胺等多个创新药物，成功仿制出伊马替尼、地西他滨、非布司他、替加环素等通用名药大品种，为重大疾病治疗和降低医疗成本提供了支持。

中药方面，新药审批数量有所下降，但仍有部分有价值的新药。包括开发出物质基础相对明确、质量可控程度较高的有效部位中药注射剂丹参多酚酸、银杏内酯（二萜内酯葡胺）注射液，针对儿童用药短缺状况，先后开发出九味熄风颗粒、小儿益麻颗粒、小儿黄龙颗粒等儿科用药。

生物药方面，自主研发的重组幽门螺旋杆菌疫苗、重组人戊型肝炎疫苗获批；疫情防控急需的手足口病灭活疫苗和 Sabine 株脊髓灰质炎灭活疫苗完成了临床研究；作为生物药领域最活跃的抗体药物——重组人Ⅱ型肿瘤坏死因子受体抗体融合蛋白、重组人源化抗人表皮生长因子受体单抗、重组抗 CD25 人源化单抗、康柏西普等获批，使我国企业可生产的抗体药物达到 9 个，还有约 20 个品种正在进行临床研究或进入注册申请阶段，涵盖了全球多数抗体药物销售额领先的"重磅产品"。

2011 年来批准的国内企业开发的创新化学药和生物药见表 2-9-8。

表 2-9-8 2011 年来批准的国内企业开发的创新化学药和生物药

药品	适应症	分类	厂家	批准时间
艾拉莫德	类风湿性关节炎	化药 1.1	先声药业	2011 年
艾瑞昔布	骨关节炎	化药 1.1	江苏恒瑞	2011 年
埃克替尼	非小细胞肺癌	化药 1.1	浙江贝达药业	2011 年

续表

药品	适应症	分类	厂家	批准时间
吡非尼酮	肺纤维化	化药 1.1	上海睿星基因技术公司	2011 年
重组人尿激酶原	急性心肌梗死	生物 1	上海天士力	2011 年
PEG~G~CSF	粒细胞减少症	生物 1	石药集团	2011 年
戊肝疫苗	戊型肝炎	生物 1	厦门万泰沧浪	2011 年
抗 CD25 单抗	肾移植排斥	生物 2	上海中信国健	2011 年
艾力沙坦酯	高血压	化药 1.1	上海艾力斯	2012 年
双环铂	肿瘤	化药 1.1	北京兴大科学	2012 年
海姆泊芬	鲜红斑痣	化药 1.1	上海复旦张江	2013 年
帕拉米韦	流感	化药 1.1	广州南新	2013 年
吗啉硝唑	外科/妇科感染	化药 1.1	江苏豪森	2013 年
康柏西普	湿性相关性黄斑变性	生物 2	成都康弘	2013 年
阿帕替尼	肿瘤	化药 1.1	江苏恒瑞	2014 年
西达苯胺	肿瘤	化药 1.1	深圳微芯	2014 年

资料来源：CFDA。

（六）新药逐步探索走向国际市场

我国企业申请的医药领域 PCT 专利逐年增多，2011 年达到 667 件，比 2010 年增长 35%。据国家重大新药创制专项阶段性报道，已经申请发明专利近 9 000 项，获得专利授权 3 000 余项，其中国际专利授权 560 项。包括化药、生物药、中药在内的约 30 个品种在发达国家开展了临床研究，其中天士力制药的中成药复方丹参滴丸等三个中药在美国进入 III 期临床研究，海正药业的化学药海泽麦布在美国进入 II 期临床研究。我国企业在境外开展临床研究的药品见表 2-9-9。

表 2-9-9　　　　我国企业在境外开展临床研究的药品

序号	产品	企业	适应症	临床研究国家/地区
1	复方丹参滴丸	天士力制药	冠心病、心绞痛	美国
2	桂枝茯苓胶囊	江苏康缘药业	痛经	美国
3	扶正化瘀片	上海现代中医药股份有限公司	肝纤维症、丙型肝炎	美国
4	血脂康	北大维信生物科技有限公司	高血脂	美国
5	SV-8008	生维医药科技（苏州）公司	恶性肿瘤	美国
6	注射用去水卫矛醇	中恒集团广西梧州药业	成神经胶质细胞瘤	美国

续表

序号	产品	企业	适应症	临床研究国家/地区
7	虎杖苷注射液	深圳市海王生物工程有限公司	抗休克	美国
8	海泽麦布 （HS-25）	浙江海正药业股份有限公司	家族性高胆固醇血症、血胆固醇过多症、谷甾醇血症	美国
9	贝格司亭 （F-627）	健能隆医药技术（上海）有限公司	嗜中性白血球减少症	欧洲、北美、澳大利亚
10	双环铂	江苏索普兴大药业有限公司	肿瘤	瑞士
11	重组人胸腺素 β4	北京诺思兰德生物技术股份有限公司	皮肤与角膜损伤、冠心病	韩国
12	西达本胺	沪亚生物国际公司	癌症，组蛋白脱乙酰基酶抑制剂	美国
13	注射用罗替戈汀缓释微球	绿叶制药集团有限公司	帕金森病	美国
14	瑞格列汀	江苏恒瑞医药股份公司	二型糖尿病	美国
15	SIM-071201	先声药业	脑血管病	澳大利亚
16	培菲康	上海信谊药业	腹泻	美国
17	重组腺病毒肺结核疫苗 Ad5Ag85A	天津康希诺生物技术有限公司	结核分枝杆菌感染	加拿大
18	F-652（生物药）	健能隆医药技术（上海）有限公司	抗炎	澳大利亚
19	对甲苯磺酰胺注射液	北京健达康新药开发有限公司	实体瘤	美国
20	吡非尼酮	上海睿星基因技术有限公司	糖尿病肾小球硬化症	美国
21	重组人纽兰格林	上海泽生科技开发公司	抗心衰	美国

（七）多项高端医疗器械填补国产空白

在诊疗设备方面，目前国内企业已基本掌握了 PET 探测器、低温超导高场磁体、超声探头、X 线探测器等关键技术，数字化 X 线机（DR）的核心部件 TFT 非晶硅探测器实现了国产化，1.5T 超导磁共振成像系统、64 层 CT、PET～CT、全自动化学发光免疫分析仪等重大产品成功上市，部分替代了进口，降低了医疗机构的采购成本。在医用材料及植/介入产品方面，植入式脑起搏器、人工耳蜗获得注册证书，国产冠脉支架的市场份额已经领先于进口产品，升级产品聚乳酸全降解冠脉支架、抗钙化生物心脏瓣膜等已进入临床试验。

四、质量标准水平显著提升

（一）国家药典标准不断提高

国家标准提高行动计划稳步推进。国家食品药品监管总局结合《中国药典》的修订，"十二五"期间完成了 2 000 多个药品标准提高任务；参照国外药典标准，结合我国实际情况，开展了《中国药典》55 项附录方法的增补修订工作；颁布《中国药典（2010 版）》第二增补本，新增药品标准 288 个，修订 160 个；2015 年 12 月颁布的新版药典收载品种 5 800 多种，修订品种 751 个，并将药用敷料品种增加到 260 个，药品质量可控性、有效性的技术保障得到进一步提升。此外，系统部署和推进相对薄弱的中药、民族药及药品包装材料标准提高任务。

国家药品医疗器械标准提高行动计划继续推进。继续健全、完善医疗器械标准体系，加强医疗器械的检测技术和方法研究，优先提高基础通用标准，提高高风险产品及市场使用量大产品的标准，对 330 余项医疗器械标准组织了制（修）订，发布医疗器械行业标准 201 项。

（二）推进仿制药一致性评价工作

落实《国家药品安全规划》的要求，按照"科学公正、鼓励先进、分步实施、全面提高"的原则，首先选择基本药物口服难溶性固体制剂为重点，分期分批与被仿制药进行全面对比研究，全面提高我国仿制药质量。国家食药监总局 2013 年年初印发了《仿制药质量一致性评价工作方案》，组织起草了《普通口服固体制剂溶出曲线测定与比较指导原则（征求意见稿）》和《口服固体制剂参比制剂确立原则（征求意见稿）》等技术文件，部署了 75 个品种评价方法和标准的制定任务，到 2015 年年底前基本完成国家基本药物质量一致性评价方法和标准的制定，以及一些品种的质量一致性审查。

（三）实施新版 GMP 认证

自 2011 年 3 月 1 日起，《药品生产质量管理规范（2010 年修订）》正式实施，至 2015 年年底，全国 75%的企业通过新版 GMP 认证。通过认证企业生产的品种覆盖《国家基本药物目录》（2012 年版）中的全部无菌药品，覆盖国家医保药品目录和临床常用药品中无菌药品的 98.7%，总体产能已达 2012 年市场实际需求的 160%以上，保证了药品市场的稳定供应。新版 GMP 参照世界卫生组织、欧盟等国际先进标准制定，对提高我国药品生产企业的质量保障能力有重大的推动作用。

一批优势企业的生产质量管理体系实现了与国际标准接轨，为开拓国际市场创造了条件。截至 2014 年年底，我国共有 160 家原料药生产企业的 450 个原料药品种获得国外 GMP 认证，其中 14 个原料药品种获得 WHO 的 GMP 认证，88 个原料药品种获得欧洲药品质量管理局（EDQM）的 GMP 认证，223 个原料药品种获得国际药品认证合作组织（PIC/S）的 GMP 认证；共有 103 家制剂企业的 143 个制剂品种获得国外 GMP 认证，其中获得美国 FDA、欧盟、日本厚生省或 WHO 的 GMP 认证的制剂企业达到 40 家左右。

截至 2012 年 2 月，国家基本药物（2009 版）全部"纳入电子监管"，共涉及药品生产企业 2 800 多家，药品批准文号约 5.4 万个，为保障基本药物的质量安全提供了重要支撑。

五、产业绿色发展能力提升

节能减排和清洁生产得到普遍重视。企业大都设立了明确的节能减排目标，努力提高清洁生产和污染治理水平，应用节能、节水技术和设备，提高能源利用效率，提高水循环利用率，淘汰落后工艺设备。

有关部门在节能减排方面制定了支持政策，2011—2013 年，工业和信息化部支持医药企业领域能源管理中心项目 2 个、清洁生产示范工程项目 7 个，下达资金 6 000 万元；组织专家针对重点品种和产品领域，筛选出无机陶瓷组合膜分离技术、纳滤分离浓缩技术等医药行业节能减排先进适用技术 34 项，在医药领域应用和推广。但总体上医药工业实现规划既定的节能节水目标仍有很大的难度，特别是环保治理仍有大量工作要做。

六、企业多渠道融资做大做强

境内外上市融资促进企业发展。2009—2014 年，包括在新三板挂牌企业，我国医药企业共有 200 家成功上市，部分医药企业上市情况见表 2-9-10。如果不考虑新三板市场，则有 125 家医药企业成功上市，累计募集资金 1 265.92 亿元。新三板市场的开通，为更多中小型医药企业打开了融资之门，中国正金字塔形的多层次资本市场结构也正在形成。新三板上市不仅为中小企业解决了资金来源，促进了企业的进一步发展，同时也可作为进入场内市场的跳板。

表 2-9-10　　　　　　　　2010—2014 年部分医药企业上市情况

上市企业	交易所	所属行业	募集资金	上市时间
葵花药业	深圳证券交易所	医药制造业	13.33 亿元	2014 年 12 月 30 日
长春瑞迪	深圳证券交易所	医疗检验仪器制造	4.53 亿元	2014 年 9 月 10 日
九洲药业	上海证券交易所	医药制造业	8.02 亿元	2014 年 10 月 10 日
一心堂	深圳中小板	医药零售	7 942 万元	2014 年 7 月 2 日
莎普爱思	上海证券交易所	化学制药	3.6 亿元	2014 年 7 月 2 日
博腾股份	深圳创业板	CRO	6.8 亿元	2014 年 1 月 29 日
中生联合	香港主板	保健品	4.1 亿港币	2014 年 1 月 15 日
博雅生物	深圳创业板	血液制品	4.76 亿元	2012 年 3 月 8 日
尔康制药	深圳创业板	药用辅料	8.27 亿元	2011 年 9 月 27 日
沃森生物	深圳创业板	生物制品	23.8 亿元	2010 年 11 月 12 日

国内医药上市企业分行业统计情况如图 2-9-7 所示。

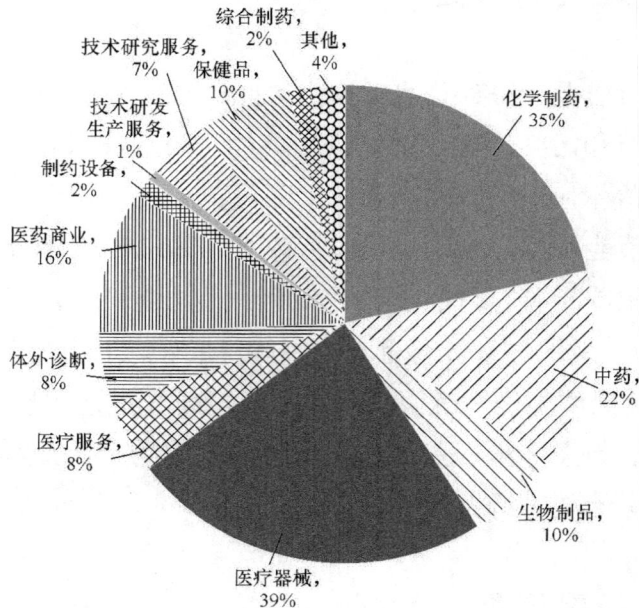

图 2-9-7　国内医药上市企业分行业统计（数据来源：清科研究中心）

"十二五"期间医药行业兼并重组非常活跃。很多优势企业将兼并重组作为企业做大做强的重要途径，特别是一些上市公司借助资本市场的融资功能，希望通过并购实现增长，也促使医药兼并重组不断升温。兼并重组项目主要围绕获取发展所需品种、资源、渠道和平台，提高资源配置效率，以及满足资本市场对业绩增长的需求。从并购数量来看，从 2009 年的 42 起增至 2014 年的近 200 起，从并购金额来看，从 2009 年的 69.5 亿元逐年上升至 2014 年的近 600 亿元规模，如图 2-9-8 所示。

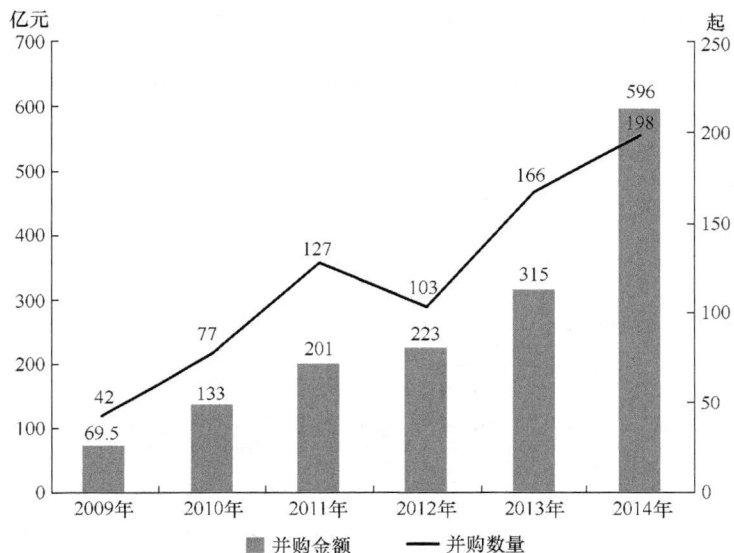

图 2-9-8　2009—2014 年并购数量及金额（数据来源：清科研究中心）

行业高成长性吸引大量的 PE/VC 资本进入。清科数据显示，2009 年以来，医药行业 PE/VC 投资数量呈连年上升趋势。2009 年医药行业 PE/VC 投资数量为 162 例，至 2013 年已增长至 340 例。从投资金额来看，2010—2013 年每年的 PE/VC 投资规模稳定在 110 亿元以上，如图 2-9-9 所示。

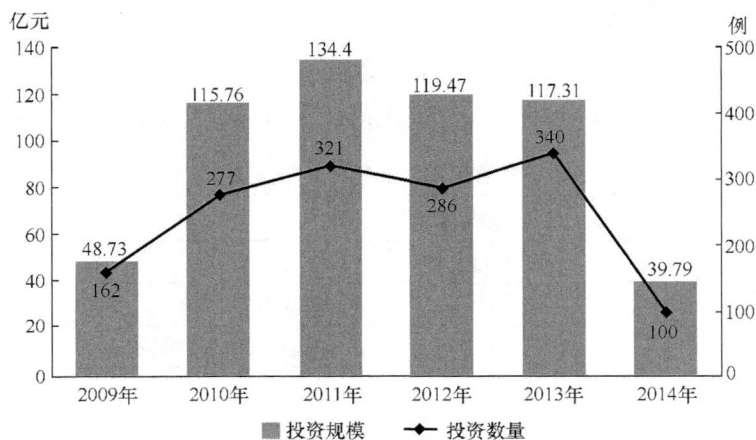

图 2-9-9　2009—2014 年医药行业投资情况（数据来源：清科研究中心）

跨境并购渐成热点。国内企业境外并购开始起步，一批国内有实力的企业通过实施境外并购，获取所需的产品、技术，搭建进军国际市场的平台。据不完全统计，国内"十二五"期间发生的境外并购项目有数十起，规模较大、交易额在1亿美元以上的达7起。目前国内企业境外并购主要集中在医疗设备领域，通过并购获取国外企业成熟的产品和技术平台，药品领域除了中化帝斯曼和深圳海普瑞公司并购项目外，主要是并购一些小规模的研发和商业渠道公司，具体见表2-9-11。

表2-9-11　　　　　　　　　2010年以来国内并购国外医药企业主要项目

序号	收购方	被收购方	收购业务	时间
1	中化集团	荷兰帝斯曼公司	抗感染业务	2011年
2	华润医疗	美国Aurora公司	磁共振成像设备	2011年
3	华大基因	美国Complete Genomics公司	基因测序	2012年
4	复星医药	以色列Alma公司	医用激光	2013年
5	深圳迈瑞	美国Zonare医疗公司	超声诊断系统	2013年
6	上海微创医疗	美国Wright医疗集团	骨科关节产品	2013年
7	深圳海普瑞	美国SPL公司	肝素	2014年

我国医药行业对外开放较早，自1980年首家中外合资企业天津大冢制药建立至今，包括辉瑞、默克、罗氏、诺华、强生、赛诺菲、拜耳等全球排名领先的跨国公司都先后在中国投资建厂，并逐步扩大投资规模，延伸投资领域，从建设工厂到设立区域研发中心，将中国作为创新药开展国际多中心临床试验的重要地点，寻求产品尽快进入中国。为了更好地开发中国市场，国外企业近年来开展了规模较大的合资和并购。另外，辉瑞制药与海正药业组建合资公司合作开发中国仿制药市场，美国安进公司和浙江贝达组建合资公司合作开发生物药，美国礼来制药和南通联亚药业通过改扩建在南通新建仿制药生产基地等，外资企业已成为我国医药产业的重要组成。具体见表2-9-12。

表2-9-12　　　　　　　　　2009年以来国外并购国内医药企业主要项目

序号	收购方	被收购方	收购业务	时间
1	诺华	浙江天元生物	疫苗	2009年
2	赛诺菲安万特	美华太阳石	儿童用药	2010年
3	日本盐野义	南京长澳药业	抗感染、消化领域	2011年
4	美敦力	康辉医疗	骨科器械，全资收购	2012年
5	美国史塞克	创生控股	骨科器械，全资收购	2013年
6	拜耳医药	滇虹药业	OTC业务	2014年

七、两化整合促进产业升级

2011 年，工业和信息化部、科技部、财政部等部门联合下发了《关于加快推进信息化与工业化深度融合的若干意见》，提出了两化融合的主要任务和目标。2011 年工业和信息化部下发了《工业企业"信息化和工业化融合"评估规范》。在两化融合的推进下，我国医药企业普遍对信息化建设很重视，信息技术在生产、经营和管理的单一业务环节上应用程度不断提高，生产设备自动化水平较高，但在管理与控制集成、产供销集成、财务与业务集成、决策支持等集成应用方面较薄弱（如医药企业管理协会对国内 60 多家医药企业的状况评估中，实现生产全过程信息化管控的企业不足 1/5），跨企业的业务协作和发展模式创新尚待开发，这也为医药行业的两化融合指明了方向和重点。

一批企业在两化融合方面已取得较好的成效，对行业发展具有示范意义。海正药业自主开发了研发产业化信息平台，建立了计算机辅助药物设计、虚拟筛选系统，设计合成了一批新化合物，申请国家发明专利近 30 项，发现了近 20 个有价值新先导化合物。恒瑞医药开发了"新药研发项目管理和临床统计分析系统"，为提高新药研发效率提供了保证。科伦药业建立了涵盖全集团的供应链管理系统（SCM）和全国布局的物流管理及运费结算体系，优化了管理流程。康恩贝制药在通过美国 FDA 检查的大观霉素原料药生产线上采用先进的 PAT/MES 系统，将数据信息化自动采集、自动控制与全流程信息化管理结合，减少了人为差错和质量隐患，保证了药品质量。东北制药集团在新项目中依靠自己的力量建设了 30 余套 DCS、PLC 自动化生产线，并按照美国 FDA 的 GAMP5（Good Automated Manufacturing Practice）指南进行了计算机控制系统验证，保证了生产体系的稳定、可控和可追溯。康缘药业建立了基于过程知识系统（PKS，Process Knowledge System）的数字化中药提取工厂，实现中药提取精制过程的数字化、规范化和数据的可追溯性，改善了中成药的质量稳定性和均一性。

八、区域产业特色发展突出

（一）医药产业发展得到地方普遍重视

很多省份都制定了专门的医药（生物医药）产业规划，将医药产业作为地方经济发展支柱加以培育，建立了各类医药产业园区，在招商引资方面重视引进医药企业，在医药产业发展方面给予了很多配套和支持政策。2014年，山东、江苏、河南、广东、吉林的医药销售收入位居全国前五位，合计所占比重达42%，山东、江苏继续保持了"十一五"期末的全国领先地位。

（二）三大集聚区继续发挥产业发展引领作用

2014年，医药工业销售收入排名前10位的省份中有5个来自长三角、珠三角和环渤海三大集聚区；利润总额排名前10位的省份中有7个来自三大集聚区。东部省份利用资金、技术、人才和信息优势，在发展高附加值产品和与国际接轨方面走在了前列，并呈现集聚发展的优势。三大集聚区成为我国发展生物技术药物和生物服务业的集聚区，重点企业包括中国生物技术集团、广药白云山、上海中信国健、沈阳三生等，其中以上海为中心的江浙沪地区成为我国发展抗体药物最集中的地区。深圳、上海、北京等地成为我国高端医疗器械发展的集聚区，重点企业如深圳迈瑞、开立、联影、乐普等，其中深圳在医疗设备发展方面具备完整的产业链，形成了较强的配套能力。江苏、浙江、山东等地成为我国发展创新药和药品国际化的集聚区。以江苏为例，该省企业2011年共向药监部门提交1类新药生产申请8个，临床申请27个，2012年向药监部门提交1类新药生产申请9个，临床申请33个，成为我国创新药的主要产地。

（三）东部地区引领产业升级

"十二五"期间，多数省份的医药工业规模保持了较快增长，18个省份的医药工业销售收入年均增长超过20%，13个省份的医药工业利润总额增长超过20%。2013年，山东、江苏、广东、河南、浙江列居销售收入前五位，继续保持了"十一五"期末的全国地位。东部省份继续在医药工业发展和结构调整方面发挥引领作用。2012 年，医药工业销售收入前 10 位的省份有 5 个来自东部，利润总额前 10 位的省份有 6 个来自东部。东部省份利用资金、技术、人才和信息优势，在发展高附加值产品和与国际接轨方面走在了前列。一批行业骨干企业支撑了东部地区的发展，2012 年医药百强企业中，多数集中在东部地区。

（四）中西部医药工业特色发展显著

"十二五"期间销售收入排名增速前五位的省份中，中西部省份占 4 个，分别是云南（第一）、青海（第三）、甘肃（第四）、安徽（第五）。一些中西部省份利用地域资源优势，在中药（含民族药）发展方面取得了很大进展，2014 年中成药销售收入排名前 5 位的省份中，中西部占了 3 个，分别是吉林（第一）、江西（第三）、四川（第四），且保持了较快增速。此外，围绕成都、重庆形成了具有一定规模的医疗器械产业集群；西部地区生物药也取得了一定的发展，中国医学科学院医学生物学研究所、沃森生物、中国生物技术集团公司兰州生物所、成都生物所的疫苗产业发展较快，成都康弘药业的创新药康柏西普新近上市等，推动西部地区医药工业结构有所升级。

九、国际竞争力不断增强

（一）医药产品出口减缓

中国企业生产的化学原料药、医疗器械一直在国际市场上具有较强的竞争力，长期保持 20% 以上的增速。但近年来由于出口量增长放缓、出口价格持续下跌，医药产品出口额增速快速下滑。根据海关进出口数据，2014 年医药产品出口额为 549.6 亿美元，2010—2014 年平均增幅为 13.6%，其中 2012 年以后医药出口增速降到了个位数，见表 2-9-13。

表 2-9-13　　　　　　　　2010—2014 年中国医药出口统计

年份	金额（亿美元）	同比	数量同比	均价同比
2010 年	329.99	21.36%	2.68%	18.9%
2011 年	445.16	34.9%	18.2%	14.13%

年份	金额（亿美元）	同比	数量同比	均价同比
2012 年	479.02	7.61%	4.43%	3.04%
2013 年	511.79	6.84%	1.1%	5.68%
2014 年	549.60	7.38%	11.76%	−3.92%

出口产品结构变化。中国是化学原料药生产和出口大国，化学原料药出口占出口总额的比重接近 50%。医疗器械是出口第二大类，占出口总额的近 40%。从细分类别来看，2010—2014 年，医院诊断与治疗设备、医用敷料、中药提取物、西药制剂所占比重增长，化学原料药所占比重下降，见表 2-9-14。

表 2-9-14　　　　　　　　2010 年与 2014 年中国医药出口类别

类别	2010 年		2014 年	
	金额（亿美元）	比重	金额（亿美元）	比重
中药类	17.08	5.18%	35.92	6.54%
其中：提取物	7.68	2.33%	17.77	3.23%
中成药	1.94	0.59%	2.50	0.46%
中药材及饮片	6.51	1.97%	12.95	2.36%
化学药类	210.64	63.83%	313.70	57.08%
其中：化学原料药	173.8	52.67%	258.57	47.05%
化学成药	15.51	4.7%	29.38	5.35%
生化药	21.33	6.46%	25.75	4.68%
医疗器械类	102.27	30.99%	200.22	36.43%
其中：医用敷料	12.22	3.7%	26.29	4.78%
一次性耗材	17.69	5.36%	32.03	5.83%
医院诊断与治疗设备	45.31	13.73%	89.55	16.3%
口腔设备与材料	2.89	0.88%	6.53	1.19%

（二）医药产品出口各具特色

一是化学原料药出口向多元化和精深化方向发展。化学原料药是规模最大的出口类别，2014 年在出口额中所占比重为 47.05%，重点产品包括维生素 E、维生素 C、6-APA、扑热息痛等。在传统大宗原料药的基础上，化学原料药出口品种正在向精深化和多元化方向发展。首先，一些医药中间体向下游医药级产品延伸，如青霉素类产品从出口青霉素工业盐、6-APA 等中间体向出口阿莫西林转移。头孢类抗生素无菌粉出口数量也快速增长，且进入到发达国家市场，如齐鲁制药、立国制药等多个无菌头孢原料药通过国际认证，并出口欧美国家。其次，一些中小规模特色原料药成为新的增长点。"十二五"期间，番茄红素、甾体激素类产品、辅酶 Q10、4-AA、沙坦类产品、阿托伐他汀等出口增长较快。

二是制剂出口增长迅速且附加值提高。我国制剂出口整体规模仍然较小，近年来增长较快。2013 年化药制剂出口额为 27.1 亿美元，"十二五"期间年均增长 21.8%，在全部医药出口额中所占的比重从 2010 年的 3.8%增长到 2014 年的 5.35%，在药品类（包括中药类和西药类产品）出口额中所占的比重从 2010 年的 5.8%增长到 2012 年的 8.5%。2012 年，化药制剂对欧、美、日、澳等发达国家的出口额超过了发展中国家，对发达国家市场的制剂出口额中，内资企业所占的比重首次超过了国外制药公司在华独资或合资企业所占比重。浙江华海药业是我国制剂国际化领军企业，2013 年该公司制剂出口额达到 8 000 万美元以上，主要销往发达国家市场。2013 年我国中成药出口额为 2.67 亿美元，"十二五"期间年均增长 12%，主要销往东南亚市场。

国内企业在欧美发达国家获得的仿制药批件（ANDA/MA）累计达到近百个。我国制剂出口正在面临三个转变：一是由代工生产为主向自主品牌产品转变，二是由 ANDA 向 NDA 转变，三是由亚非拉市场为主向欧美日市场为主转变。其中，华海药业积极开发缓控释制剂和改变给药途径产品，2013 年新产品拉莫三嗪控释片在美国销售取得突破，获得了良好的盈利；海正药业有 6 个抗肿瘤注射剂在欧盟注册，免疫抑制剂他克莫司在欧盟实现首仿；恒瑞医药抗肿瘤药物伊立替康、奥沙利铂分别在美国和欧洲上市，环磷酰胺即将获批，形成了有竞争力的抗肿瘤产品组合；人福医药积极开发皮肤科产品市场，培育 OTC 药物品牌。此外，一些传统的化学原料药优势企业，如京新药业、普洛康裕、齐鲁制药等，依托原料药国际市场优势向制剂国际化延伸，可形成全产业链国际竞争力。中药制剂积极拓展国际市场，成都地奥的地奥心血康胶囊通过荷兰药品注册，成为第一个以药品正式进入欧盟市场的中成药，并已进入英国和奥地利的互认程序。兰州佛慈的浓缩当归丸、扬子江药业的银杏叶片、天士力集团的复方丹参滴丸等中成药也进入欧盟的简化注册程序。

三是疫苗产品首次进入国际供应体系。中国生物技术集团公司成都生物制品所的乙脑减毒活疫苗在十余个国家成功注册，并于 2013 年 10 月通过 WHO

预认证，进入相关国际组织采购清单，成为国内首个获得 WHO 预认证的疫苗产品，是我国生物制品发展水平与国际接轨的重要标志。

四是医疗器械出口比重增加。2014 年医疗器械在出口额中所占比重为 37.8%，其中附加值较高的医疗设备发展势头良好，2013 年出口额为 85 亿美元，"十二五"期间年均增长 23.3%。在全部出口额中所占的比重从 2010 年的 11.4% 增长到 2013 年的 16.6%，在医疗器械出口额中的比重从 2010 年的 32.8%增长到 2013 年的 43.9%，重点出口品种是彩超、监护仪和 CT，其中彩超 2013 年出口额 4.77 亿美元，同比增长 11.39%，国内主要出口企业为深圳迈瑞和深圳开立。医疗设备出口比重增加，使我国以低附加值医疗器械出口为主的结构得到改善。

（三）面向国际市场的 CRO 和高附加值原料药 CMO 发展迅速

2013 年我国 CRO 服务外包规模超过 30 亿美元，典型企业是药明康德、睿智化学和康龙化成。另外还出现了若干专业化的为国外创新药研究及产业化提供原料药的 CMO 企业，包括天津凯莱英、重庆博腾和浙江华义等。

第十章　电子信息行业"十二五"发展回顾

一、行业发展取得新突破

（一）行业增速领先，规模持续扩大

2015 年，我国电子信息行业收入规模合计 15.5 万亿元，比 2010 年增长 97.4%，"十二五"期间年均增长 14.6%，超过同期 GDP 年均增速 4 个百分点；其中，规模以上电子信息制造业实现收入 11.1 万亿元，比 2010 年增长 70.8%，年均增速 11.3%；软件业收入 4.3 万亿元，比 2010 年增长 230.8%，年均增速 27.0%，如图 2-10-1 所示。

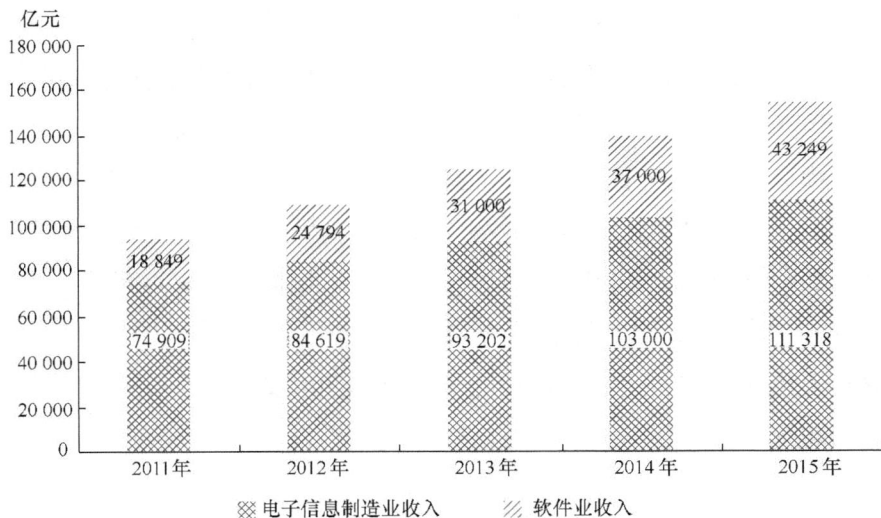

图 2-10-1　2011—2015 年电子信息行业收入情况

2015 年，我国手机产量达到 18.2 亿部，占全球出货量的 90% 以上；彩色电视机产量 1.6 亿台，微型计算机产量 3.1 亿部，移动通信基站设备产量 3.1 亿信道，生产规模均稳居全球首位。集成电路和平板显示领域在政策的扶持下实现快速赶超发展，2015 年集成电路产量达到 1 087 亿块，比 2010 年增长 66.7%；液晶面板产量达到 38.6 亿片，占全球出货量的比重超过 25%。

（二）效益水平提升，带动作用突出

2015 年，规模以上电子信息制造业实现利润总额 5 602 亿元，比 2010 年增长 98.3%，年均增速达到 14.7%；上缴税金 2 470 亿元，比 2010 年增长 160%，年均增速达到 21.1%。2015 年，规模以上电子信息制造业平均利润率达到 5.0%，比 2010 年提高 0.6 个百分点。截至 2015 年年底，规模以上电子信息制造业收入与利润占全国工业的比重达到 10%和 8.4%，分别比 2010 年提高 0.9 和 3.1 个百分点。

除直接经济贡献外，信息技术在经济社会各领域的应用渗透日趋广泛和深化，有力促进了生产生活效率的提升。在工业领域，主要行业大中型企业数字化设计工具普及率超过 85%，主要行业关键工艺数控化率超过 70%，显著提升了精准制造、极端制造、敏捷制造能力。在电子政务方面，中央和省级部门主要业务的信息化率超过 85%，有效促进了行政体制改革和服务型政府建设。在社会信息化方面，2015 年，我国移动电话普及率达到 95.5 部/百人，比 2010 年提高 31.1 部/百人；3G/4G 用户普及率渗透率接近 60%，比 2010 年提高 50 个百分点以上；互联网普及率突破 50%，达到 50.3%，比 2010 年提高 16 个百分点。电子商务领域迅猛发展，2015 年全社会电子商务交易额达到 20.8 万亿元，比 2010 年增长 3 倍以上；腾讯、阿里巴巴等龙头企业打造开放平台，成为带动大众创业、万众创新的新渠道，2015 年我国有超过 1 000 万人通过网店直接就业，带动上下游供应链、快递等服务业间接就业超过 400 万人。中小企业和网络就业创业的蓬勃发展已经成为我国经济发展新常态的显著特点和趋势。

二、结构调整亮点频现

（一）产业结构优化，内生动力增强

从产业整体结构来看，软硬件比例趋于协调。截至 2015 年年底，我国电子信息行业中，规模以上电子信息制造业与软件业收入份额对比为 70：30，与"十一五"末期的 80：20 相比，软硬件比例更趋协调，结构明显优化。在制造业中，

行业内生动力明显增强，内销市场与内资企业比重进一步提升，分别达到54%和40%，比"十一五"末期提高10个百分点以上；在软件业中，服务化趋势日益凸显，信息技术服务收入比重突破50%，比"十一五"末期提高20个百分点以上。

（二）新产业、新业态不断加速成长

"十二五"期间，面对国内宏观经济新常态和产业发展环境新常态，电子信息行业加快转型升级步伐，新型显示、智能移动终端、物联网、云计算等新兴领域蓬勃发展，已经成为引领产业发展的新动力。**新型显示**："十二五"期间我国平板显示行业加速发展，成为世界第三大生产基地。目前国内面板自给率超过70%，占全球市场份额超过25%。同时，行业配套体系逐步完善。部分5代线材料本地配套率达到70%，其中玻璃基板国产化率达70%，彩色滤光片达到60%，偏光片达到100%，液晶材料达到60%。**移动智能终端**：2015年，我国自主品牌智能手机出货量占国内市场份额超过80%，占全球市场份额超过40%，且有进一步提升的趋势。此外，工业移动智能终端如移动智能监控设备等，商业移动智能终端如缴费终端、读卡终端等，多媒体移动智能终端如平板电脑、电子书等多类型产品均呈现快速发展态势。**物联网**："十二五"期间，我国物联网领域已初步形成了完整的产业体系，具备了一定的标准、技术和产业基础，应用发展已进入实质性推进阶段，在推动转型升级、提升服务、改善民生、增效节能等方面发挥着重要作用。2015年，我国物联网产业规模突破7000亿元，比2010年增长3倍以上。**云计算**："十二五"期间，我国云计算产业取得了长足的发展，中国用户的"云化"需求快速提升，国内IT企业纷纷向云计算转型，云计算已从技术导入阶段进入到了产业蓬勃发展、应用迅速普及阶段。2015年我国云计算市场规模突破2000亿元，同比增长50%以上。**大数据**："十二五"期间，在政府部门的高度重视支持下，在产业链各环节的积极推动下，大数据领域正在加速成长落地。目前，我国对大数据本质的认识逐步深入，应用路径逐渐明确，成功案例不断丰富，发展步伐明显加快。以百度为例，拥有国内最大的消费者行为数据库，覆盖95%的国内网民，其基于用户行为数据和多维研究工具，可以帮助企业定位消费者的区域分布和兴趣爱好，便于企业调整营销策略。

三、重大技术实现突破

（一）研发投入加大，体系逐步完善

在国内外电子信息领域竞争不断加剧的背景下，我国电子信息企业对研发创新的重视程度不断提高。"十二五"期间，我国电子信息领域发明专利年均增速超过 20%；截至 2015 年年底，行业平均研发投入强度接近 3%；以电子信息百强企业为代表的龙头制造企业研发投入强度超过 6%，软件业务收入前百家企业研发投入占比超过 7%。研发创新能力提升有效促进了电子信息产业体系的优化与完善，"缺芯少屏"局面得到扭转。在芯片领域，中芯国际、华力微电子 28 纳米芯片工艺进入量产，北斗移动通信芯片与海思智能电视芯片正式投入市场应用，新一代龙芯产品全面进入产业化阶段。在面板领域，2015 年我国有 8 条 8.5 代及以上液晶面板生产线实现量产，京东方投建全球首条 10.5 代线，大陆液晶面板出货量在未来有望跃居世界第一；在基础操作系统领域，YunOS 用户突破 4 000 万户，成为国内第三大手机操作系统。在新一代通信技术、可穿戴设备和大数据等新兴领域，政府和企业把握先机，积极布局，取得了良好的发展局面。

（二）技术加快突破，创新成果丰硕

"十二五"期间，电子信息行业骨干企业的集成创新能力大幅提升，集成电路、高性能计算、网络通信、软件等领域部分关键技术跨入世界先进行列，云计算、大数据、移动互联网等新兴领域创新活跃。集成电路设计水平达到 16 纳米，28 纳米实现小规模生产。具有自主知识产权的 55 纳米变相存储技术产品正式发布。高性能计算机"天河二号"位居全球超级计算机榜首，如图 2-10-2 所示。具有自主知识产权的时分同步码分多址长期演进技术成为第四代移动通信国际主流标准之一，并实现大规模商用。自主知识产权的高压大功率 IGBT 模块投入批量生产，如图 2-10-3 所示。高世代平板显示生产技术取得重大进展，国内首颗 AMOLED 驱动芯片研制成功。安全可靠的软硬件实现重要突破，集成适配优化取得显著进展，在电力、交通等领域实现规模化应用。基础软件发展取得突破，WPS 等办公套件国内政府正版化采购市场占有率达 70%，并进入国际市场。工业软件应用推广成效显著，信息安全产品及服务器占据 60%以上

的市场，培育了一批专业化企业。部分云计算技术达到国际先进水平，并积极主导制定了云计算、物联网、射频连接器、同轴通信电缆等领域的国际标准。

图 2-10-2　"天河二号"超级计算机

图 2-10-3　国产高压大功率 IGBT 芯片及模块

四、行业迈向绿色高效

（一）全面贯彻清洁生产

"十二五"期间，绿色 IT 战略加快实施。行业管理部门制定发布了电子信息制造业节能减排指导意见并制订了"绿色 IT 推进计划"。龙头企业积极发展低耗能 CPU、节能电源、高能效计算机等绿色化产品,绿色数据中心和绿色节能通信网络中心建设步伐加快,老旧高耗能设备退网工作成效显著。同时,政府部门不断加快完善平板电脑、计算机、打印机等电子信息产品的能耗标准,加强能效标识认证,相关企业积极参与产品"能效之星"评价,对于推动行业整体绿色生产水平发挥了积极作用。

(二)积极助力节能减排

除强化自身的绿色低碳发展能力外,电子信息企业在促进传统工业绿色升级方面也发挥了重要的作用。例如,建立能源管理中心是企业提升能源管理信息化水平的重要手段。统计数据显示,已经建设能源管理中心的企业平均节约能源 1.5%～10%。经测算,如果环渤海地区规模以上企业全部实施企业能源管理中心建设,预计节煤量可以超过 1 亿吨。目前,我国大部分省市已开始着手建立地区、行业、重点企业三位一体的工业能耗监测和预测预警体系,目标是实现能源管理的数字化、可视化和智能化。

专栏五:绿色发展典型案例

联想集团——努力实现自身运营零排放。从 2009 年哥本哈根世界气候大会到德班世界气候会议,全球的政府、企业、组织在应对气候变化的行动上更加务实,低碳与可持续发展已经成为全世界共同努力的方向。作为积极应对气候变化的行动者,联想取得了显著的成效。这让联想更加坚信,通过技术创新降低产品碳排放,优化运营减小公司碳足迹,推动供应链节能减排以及与政府、行业组织的深度合作,能够稳定控制并减少温室气体的排放,实现社会的绿色发展。

降低产品碳排放。降低产品在使用中的碳排放是联想产品的发展目标和不变的追求,联想致力于提供更具竞争力的低碳节能产品。为此,联想不断优化产品硬件能效,研发产品节能软件。

探索碳足迹管理。联想始终关注量化产品生命周期内的环境影响。通过计算产品碳足迹,联想可以清楚地了解产品全生命周期的碳排放情况,更有针对性地改进产品的环保属性。

绿色运营。绿色的运营是联想应对气候变化的重要承诺。联想组建了一支全球能源管理小组来监管和指导各地的能源项目团队，以推动联想在全球运营的节能减排。联想建立了全球能源管理数据库，用于评估能源消耗、确定温室气体排放源、监测温室气体排放量，寻找改进机会，与合作伙伴分享经验，力求最大限度地减少和消除潜在风险。

低碳物流运输。随着联想的全球化进程，物流运输已经成为联想环境影响的重要方面。联想在物流运输方面综合考虑环境、速度以及费用，通过改变运输方式、缩短运输距离、集中发货及改进包装，降低物流过程对环境的影响。联想在美洲、欧洲和亚洲使用当地的生产设施，并尽可能使用最低碳的运输方式，如铁路或海路。联想与运输伙伴密切合作，通过更轻更小的产品包装、更高密度和可重复使用的包装材料、散装运输，以及区域配送设施，实现低碳物流运输。

使用可再生能源。联想致力于加大可再生能源的使用。联想（中国）的一些工厂安装了太阳能热水系统，在北京的停车场安装了太阳能灯。此外，联想一直在探索使用替代燃料的可行性，在全球的工厂推广太阳能发电系统，使用太阳能热水等。联想通过购买可再生能源信用额度和碳汇落实减排目标。

供应链行动。联想通过与供应商签订长期协议、达成经济上的联盟等多种方式，努力减少整个供应链对环境的影响。联想长期参与电子行业公民联盟（EICC）的环境可持续工作小组，开发和贯彻碳/水报表工具，对供应链中的碳排放和用水量进行监测和报告。

助推社会绿色发展。联想在不断完善自身环境管理、提高环境绩效、履行联想应对气候变化承诺的同时，积极参与有益于环境可持续发展的项目，共同构筑行业以及社会的绿色未来。

五、优质企业不断涌现

（一）投资整合日趋活跃

"十二五"期间，电子信息领域的投资与资源整合步伐不断加快。2015年全年，电子信息行业 500 万元以上项目完成固定资产投资额 1.37 万亿元，是 2010 年的 2.3 倍，如图 2-10-4 所示。

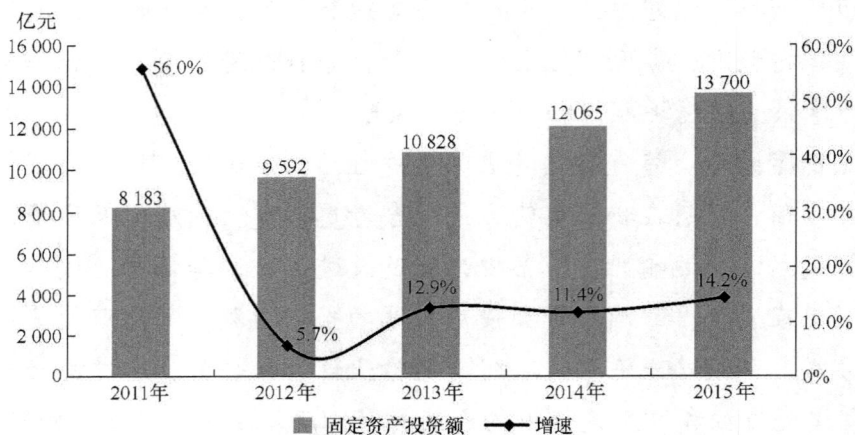

图 2-10-4　2011—2015 年电子信息行业固定资产投资完成情况

在直接投资快速增长的同时，以品牌、技术和渠道为目的的整合并购步伐也在不断加快。据汤森路透报告显示，2015 年我国境内并购中，以电子信息为代表的高科技行业并购总额达到 1 222 亿美元，增长 200%以上，金额与增速均居各行业首位。从跨国并购合作来看，紫光控股新华三，浪潮与思科、中电科与微软成立合资公司等，显示出国内企业整合国外资源的能力不断提升。

（二）龙头企业加快壮大

"十二五"期间，以电子信息百强为代表的行业龙头企业积极落实大公司战略，坚持做大做强，规模、效益稳步增长。从规模方面看，2015 届百强企业共实现主营业务收入 2.3 万亿元，比 2010 届增长近一倍；实现利润总额 1 416 亿元，是 2010 届的 2.2 倍；总资产合计达到 2.7 万亿元，是 2010 届的 2.5 倍；百强企业入围门槛由 2010 年的 19 亿元，提高到 2015 年的 36.2 亿元。从质量效益方面看，百强企业利润率由 2010 年的 5.1%提高到 2015 年的 6.3%。从研发方面看，2015 届百强企业研发投入强度达到 5.5%，拥有专利总量达到 17.6 万件，分别比 2010 年提高 0.6 个百分点和 11.6 万件。

六、两化融合引领行业升级

"十二五"期间，电子信息行业坚持把推动两化深度融合作为发展重心，政府部门不断加强顶层设计，骨干企业积极践行促进融合发展。现阶段，我国电子信息行业已经具备支撑两化深度融合的现实基础。在基础网络设施方面，网络基础设施能力不断增强，4G 商用部署加快推进，骨干网互联架构不断优化；在软硬件方面，网络设备、服务器、芯片设计和制造企业已具备较强的国际竞争力，多个重要领域已形成协同互动的产业体系；在应用服务方面，我国互联网产业实力仅次于美国，基于本土的应用创新活跃，即时通信、搜索、浏览、电子商务等迅速崛起壮大，并从消费服务向生产服务延伸。

融合发展已成为我国工业界和 IT 界的基本共识，并积累了丰富的实践经验。制造企业正积极将信息技术应用从消费侧的销售、服务环节向生产侧的研发、设计、制造等环节深度延伸。电子信息企业加快向工业领域拓展，特别是互联网企业投资并购活动频繁，正在全面打通线上、线下商业体系。

从电子信息行业内来看，近水楼台效应非常明显。电子信息企业正不断加快将信息技术应用于传统的制造和服务环节。华为、中兴、海信等企业投资建立智能工厂，浪潮、紫光等与传统制造业企业紧密合作，力求在"工业 4.0"时代掌握新的竞争优势，占据有利竞争地位。华为面向制造企业提供智能工厂解决方案，提供面向服务的、可弹性扩展的一体化制造云解决方案，为制造业的大数据分析、存储及计算提供强有力的信息技术基础设施保障。海尔由大规模制造向大规模定制转型，积极探索建立基于物联网的互联企业。浪潮集团为国内 40 万家制造业企业提供"互联网+制造"信息服务，计划通过关键环节技术应用、整体技术应用、智慧企业"三步走"的策略，帮助更多传统企业转型创新。

专栏六：两化融合典型案例

海信集团智能工厂成效显著。在海信的黄岛电视工厂中，AGV 小车来回穿梭于库房与线体间，机器人、机械手和自动化专机正高效精准地实现产品的装配、检测、包装，成品经自动分拣、码垛、覆膜后，由 AGV 自动运送到指定的货位。

2012 年，海信开始系统规划建设供应链管理、制造系统效率管理体系，并将二者有机结合，系统推进工厂信息化再造、自动化及装备智能化，形成了以"质量提升、组织变革与流程优化、供应链计划、供应链再设计、供方优化、工厂布局与工艺优化、仓储物流优化、产品 DFM/DFA 优化、信息化、自动化"这"十大支柱"为支撑，以数字化驱动整个价值链的互联互通和智能化升级，以及以"两化融合"为手段的智能制造管理体系和相关标准，并通过自动化与信息化的深度融合打造领先的智能工厂。

在技术和产品创新能力建设方面，海信依靠用户大数据挖掘、分布式并行处理等自主创新技术，搭建了支撑智能产品内容与运营的"海视云"平台，利用智能终端与用户的实时交互所取得的信息，支持产品开发、制造过程和服务的持续创新与改进，不断提升用户体验和产品的使用价值。

在以"两化融合"为核心的智能工厂建设方面，海信已建立了以主计划为中心的 IoT（物联网），通过 MPS、PLM、SRM、MES、WMS、CRM 等信息系统的高度集成，搭建完整的 SCM 信息系统，实现全供应链的网络化协同。在生产过程中，产品所需物料、部件与整机条码关联，实现从产品到原材料（供应商、生产批次）的质量信息双向追溯。通过自动化与信息化的深度融合，借助网络技术，实现生产中的物料信息自动采集，以 BOM 为基准调整条码规范，MES 系统自动防错，提高数据准确性与作业效率；MES 与 WMS 系统交互，根据线体工序节拍，明确原材料备料指令，发送给 AGV 控制系统，结合 RFID 标签、RF 手持，实现高效、防呆、自动送料至线体工位的闭环管理。

在生产模式创新及高精度设备应用上，集团旗下的海信电器在行业内率先进行了"模组整机一体化生产模式"的探索实践，实现生产的一个流，减少了周转和搬运，确保了前后工序生产的平衡性，实现了质量和效率的双提升，生产效率较传统模式提升高达 104%。

截至 2015 年年底，海信集团三年来制造提效累计超过 120%，仅人工费节省就超过 14 亿元。随着精品战略、智能制造的推进，海信已形成行业内的制造比较优势，实施效果也得到了国家相关部委的肯定。在两化融合方面，于 2015 年荣获工业和信息化部《两化融合管理体系评定证书》。在智能制造方面，海信的"新一代信息技术行业智能工厂参考模型标准研究"项目，通过工业和信息化部 2015 年智能制造专项项目立项申请。

七、区域布局有所优化

"十二五"期间，随着宏观环境不断变革，我国中西部地区的成本比较优势逐步显现，承接国外、沿海地区电子信息产业梯度转移的成效日益显著，一批重大电子信息投资项目陆续落户，中西部地区的电子信息行业实现快速发展。2015年，我国中部和西部地区电子信息制造业实现销售产值14 963亿元和10 584亿元，分别比2010年增长3.3倍和3.8倍；占全国比重达到13.2%和9.3%，比2010年提高7.8和5.8个百分点。2015年，中部和西部地区软件业务收入分别为1 978亿元和4 410亿元，分别比2010年增长1.7倍和3.1倍，中西部地区合计比重较2010年提高1.1个百分点。

八、国际竞争力不断增强

（一）产品外贸规模扩大

2015年，我国电子信息产品进出口总额13 088亿美元，比2010年增长29.2%，占全国货物贸易进出口总额的33.1%；其中，出口总额7 811亿元，比2010年增长32.1%；进口总额5 277亿元，比2010年增长25.2%。"十二五"期间，我国电子信息产品对外贸易结构也发生了明显的改善，主要体现为内生增长动力持续增强，截至2015年年底，电子信息产品出口总额中，一般贸易和内资企业占比分别达到25.5%和31.0%，比2010年提高9个和13个百分点，如图2-10-5所示。

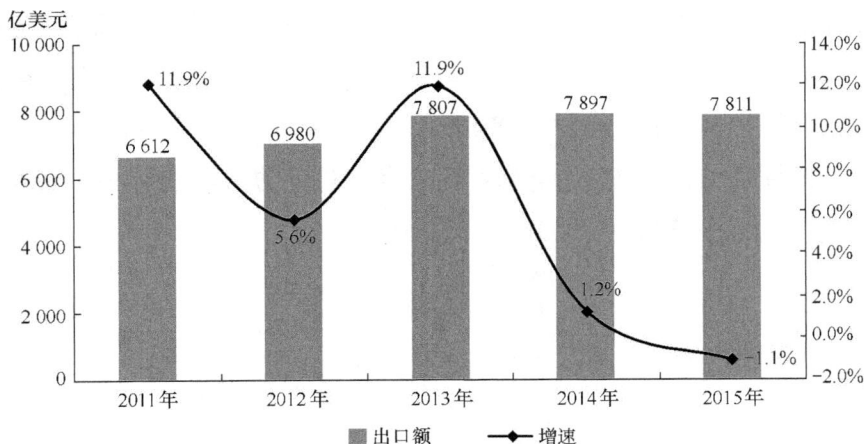

图 2-10-5　2011—2015 年电子信息产品出口额情况

此外,电子信息产品对外贸易发展还呈现出以下几方面的特点:一是产品结构趋于优化。出口方面,手机、智能卡、光缆、存储器等新兴和高技术产品增势突出;进口方面,集成电路进口增速放缓,液晶显示板进口额同比下降,显示出基础电子产品国产化替代成效显著。二是新型贸易方式蓬勃发展。跨境电子商务、融资租赁等新型贸易方式顺应个性化的全球消费潮流,正逐步成为电子产品外贸发展的新增长点。2015 年,电子信息产品跨境电子商务、租赁贸易出口增速超过 20%。三是自贸区战略实施成效显著。自贸区战略促进电子信息产品出口效果明显,对自贸伙伴如新加坡、巴基斯坦、智利、新西兰、澳大利亚、泰国、菲律宾、马来西亚和柬埔寨等,近年来出口增速均领先于平均水平。

(二)国际竞合层次提升

"十二五"期间,电子信息企业在产品"走出去"的基础上,积极参与国际并购、标准制定与研发合作,实现了品牌、资金与技术的全方位"走出去"。如中兴收购阿尔卡特—朗讯的网络服务部门、华为收购英国物联网研究机构 Neul、TCL 收购 Palm、创维收购德国美兹等,有效拓展了企业的海外发展渠道,提升了品牌的国际影响力。在电子信息行业百强企业中,有华为、TCL、中兴、共进等 30 多家企业的海外收入占比超过 1/3,成为名副其实的跨国经营企业。2015年,我国电子信息领域有 4 家企业入围世界 500 强,有 4 家互联网企业和 2 家集成电路设计企业进入全球十强,通信设备制造商跻身世界第一阵营。在参与国际规则制定方面,骨干企业积极参与制定云计算、物联网、射频连接器、同轴通信电缆等领域的国际标准,获得国际认可,进一步提升了我国电子信息产业在国际标准化工作中的话语权;我国作为重要参与方,推动《信息技术协定》(ITA)扩围谈判结束。扩围谈判协议实施后,将有助于我国相关产品扩大出口,巩固在全球价值链中的地位。

第十一章　工业节能与清洁生产"十二五"发展回顾

一、工业绿色发展取得新成就

"十二五"期间，在经济新常态的驱动下，我国的能源消费、碳排放、污染物排放水平逐步降低，绿色发展取得了新的成就。2005—2010 年，中国能源消费总量年均增长近 2 亿吨，碳排放年均增长 3.8 亿吨，一举成为世界上碳排放总量最大的国家。"十二五"期间，特别是 2012 年之后，中国的能源消费和碳排放总量增长明显放缓。2012—2014 年，能源消费总量年均增长 1.2 亿吨，碳排放年均增长 2 亿吨左右，年均增速较"十一五"期间分别下降 40%和 60%左右。碳排放增速的下降，增强了中国 2030 年左右实现碳排放峰值的信心。"十二五"期间，全国单位 GDP 能耗累计下降 18.2%，超额完成 16%的规划目标。与此同时，"十二五"期间，我国主要污染物 COD、氨氮、二氧化硫、氮氧化物排放量分别累计降低 12.9%、13.0%、18.0%和 18.6%[25]，全部超额完成主要污染物减排"十二五"规划目标。

二、结构因素在能耗下降中作用明显

在过去的几十年，技术进步始终是推动中国绿色发展的主要因素。工业部门占中国能源消费的 70%以上，对能源强度的持续下降具有举足轻重的作用。长期以来，工业部门特别是高能耗行业的产值增速快于 GDP 的平均增速，不利于能源强度的整体下降。"十二五"期间，受全球金融危机的影响，中国工业部门的产值增速逐步放缓。从六大高能耗行业的产值规模增速来看，电力工业和黑色金属冶炼业（钢铁工业）、非金属矿物制品业（建材工业）下行明显。从能源消费来看，2010—2014 年，建材工业能源消费总量占全国能源消费的比重由9.01%下降到 8.59%，钢铁工业由 18.54%下降到 16.28%，六大高能耗行业整体

---

25 见环境保护部《2015 年中国环境状况公报》。

由 52.88%下降到 51.38%[26]。高能耗行业在经济、能源结构中的整体性下降，使结构因素在能耗强度下降中发挥了重要作用。

"十二五"期间，我国西南水电基地溪洛渡、向家坝、糯扎渡、锦屏一级和二级等一批重点工程陆续竣工投产。2015 年年底全国发电装机容量达 15.08 亿千瓦、同比增长 10.5%，其中非化石能源发电装机比重提高至 34.3%左右。电力结构进一步优化，有力促进了能源结构调整。2015 年，我国风电累计并网装机容量达 12 934 万千瓦，连续 3 年领跑全球，并成为世界上第一个达到 1 亿千瓦的国家。风电也成为继火电、水电之后，第 3 个达到 1 亿千瓦的发电类型。截至 2015 年年底，全国光伏发电装机容量达 4 318 万千瓦，其中，光伏电站 3 712 万千瓦，分布式光伏 606 万千瓦。光伏发电装机比"十二五"期间太阳能发电目标装机 3 500 万千瓦超出 818 万千瓦。2015 年年底全国核电装机容量达到 2 608 万千瓦，同比增长 29.9%[27]。火电结构进一步优化，技术水平进一步提高。高参数、大容量、高效环保型机组比例进一步提高。截至 2014 年年底，全国 30 万千瓦及以上火电机组比例达到 77.7%，比 2013 年提高近 1.4 个百分点，2005—2014 年累计关停小火电机组预计超过 0.95 亿千瓦。

"十二五"期间，伴随宏观经济发展进入新常态，钢铁行业进入了"低增长、低价格、低效益、高压力"和需要依靠创新推动发展的钢铁新常态。在严峻的形势面前，宝钢、鞍钢、首钢、河北钢铁、华菱等大型钢铁企业积极用新思维去破解企业发展难题。河钢集团致力于颠覆在行业高盈利期形成的思维定势和经营模式，全面推进市场化改革，推进国际化经营，打造完善的市场销售体系，并将最优秀的专业技术人员优化配置到产线和营销一线，企业竞争力得到明显提升。华菱集团以"变革"为突破口取得成效，在优化产品结构的同时降低成本提升企业盈利能力，形成了汽车板、物流、节能环保等新的效益增长点。面对钢材市场需求疲弱和融资压力增强等市场挑战，钢铁企业加强市场研究与分析，在准确研判市场的同时，通过降低库存、产成品资金占用、融资成本等方式，提升了自身的市场竞争力和抗风险能力。近十年来，钢铁行业非钢产业投入近 700 亿元，投资规模不断扩大，逐渐成为钢铁企业盈利创效的重要渠道。2014 年以来，钢铁企业创新发展多元产业，积极培育新的经济增长点，如 2014

---

[26] 见《中国能源统计年鉴 2015》。
[27] 国家能源局、中国国民经济社会统计公报。

年昆钢实现销售收入 845 亿元，其中非钢产业销售收入 425 亿元，已经超过钢铁主业；武钢设置了多个非钢产业板块，明确各板块发展重点，加快实现由钢铁主业依赖型向多元产业协同型转变；首钢打造文化产业园，将搬迁后的首钢老厂区发展成为国内 3A 级旅游景区。随着钢企非钢产业的快速发展，部分钢铁企业的多元产业收入或实现利润已占总收入或利润的 50%，宝钢多元产业实现收入已达近千亿元；鞍钢多元产业外部市场收入占总收入的 50%。

三、主要耗能行业环保技改投入增强

"十二五"期间，煤电企业积极筹措资金，克服困难，进行了大规模环保设施改造。经初步测算，仅 2014 年脱硫、脱硝、除尘建设和改造费用就超过 500 亿元，每年用于煤电环保设施运行的费用超过 800 亿元。现役火力发电机组自 2014 年 7 月 1 日起实施《火电厂大气污染物排放标准》（GB 13223-2011），随着现役机组达标改造完成，2014 年电力大气污染物排放量大幅下降。电力烟尘、二氧化硫、氮氧化物排放量预计分别降至 98 万吨、620 万吨、620 万吨左右，分别比 2013 年下降约 31.0%、20.5%、25.7%。电力二氧化硫排放量（2013 年实现）、氮氧化物排放量（2014 年实现）全面提前完成《节能减排"十二五"规划》规定的电力二氧化硫 800 万吨、氮氧化物 750 万吨的减排目标。与 2006 年排放最高时相比，烟尘、二氧化硫、氮氧化物三项污染物排放之和减少了约 50%。

2015 年，全国 6 000 千瓦及以上火电机组供电标准煤耗 315 克/千瓦时，同比下降 4 克/千瓦时，比 2005 年下降了 55 克/千瓦时，煤电机组供电煤耗继续保持世界先进水平。烟尘控制方面，2014 年，按照修订后的《火电厂大气污染物排放标准》（GB 13223-2011），燃煤电厂除尘设施进行了大范围改造，湿式电除尘器等开始在一些新建机组和改造机组上大规模应用。同时，通过优化现有脱硫吸收塔内流场、改造湿法脱硫除雾系统等方式提高了对烟尘的协同脱除能力。2014 年煤电平均除尘效率达到 99.75% 以上。二氧化硫控制方面，2014 年年底，统计口径内的燃煤发电机组基本上全部采取了脱硫措施，其中，烟气脱硫机组容量约 7.55 亿千瓦，约占全国煤电机组容量的 91.5%，比 2005 年提高了 77 个百分点，比美国 2011 年高 31 个百分点；其他机组主要为具有炉内脱硫能力的循环流化床锅炉。氮氧化物控制方面，2014 年年底，烟气脱硝机组容量约 6.6 亿千瓦，约占全国煤电装机容量的 80%，比美国（2011 年）高 30 个百分点；预计火电烟气脱硝比重将达到 72%左右。

"十二五"期间，重点大中型钢铁企业整体能源利用效率逐步提升。重点大中型钢铁企业主生产工序焦化、烧结、炼铁、炼钢的能耗进一步下降，且下降幅度较大。2014 年重点大中型钢铁企业烧结工序能耗企业限定值达标率为 93%，炼铁工序能耗企业限定值达标率为 91%，转炉工序能耗企业限定值达标率为 42%。占钢铁企业二次能源回收总量 70%的高、焦、转炉煤气的利用量仍在提高，损失率逐步降低。2014 年焦炉煤气利用率提高了 0.63 个百分点，高炉煤气利用率提高了 0.87 个百分点，转炉煤气利用率提高了 4.34 个百分点。吨钢转炉煤气回收量提高了 3.92%，企业自发电量基本比 2013 年提高了 2 个百分点。2014 年，提前实现"十二五"资源综合利用的主要目标，钢渣利用率超过 96%，高炉渣利用率超过 98%。

"十二五"期间，建材工业面对产能严重过剩、市场需求不旺、下行压力加大的严峻形势，认真落实中央决策部署，努力克服各种困难，全行业经济运行总体保持了"稳中有进"，发展质量继续向好。一是化解产能过剩取得初步成效。2014 年新增水泥熟料产能较上年减少 2 400 多万吨，下降 25%。淘汰落后水泥产能 8 100 万吨。二是大型建材企业集团通过并购重组，市场集中度进一步提高。前 10 家水泥集团熟料产能 9.16 亿吨，产业集中度 52%。其中，中国建材集团水泥熟料总产能达 3 亿吨，占全行业的 17%。安徽海螺集团兼并重组效益显著提高，预计全年利润总额同比增长 15%左右。三是技术进步步伐加快。除尘、脱硝、脱硫等适用技术已在建材行业加速推广应用，水泥窑协同处置城市垃圾和产业废弃物发展势头良好，精细陶瓷、闪烁晶体、耐高压复合材料气瓶等产业化技术日趋成熟，企业资源计划（ERP）、制造执行系统（MES）陆续在骨干企业应用，电子商务快速发展，信息化技术业内渗透加快，两化融合进一步加深。

四、节能环保产业地位不断凸显

在经济增长与节能减排的双重压力下，节能环保产业的重要地位一再凸显。

2014 年环保行业营业收入约 3.98 万亿元，到 2015 年总产值达到 4.5 万亿元，成为国民经济新的支柱产业。2014 年，A 股上市环保公司全年收入规模达到 791 亿元，较 2013 年增速达到 14.51%；全年利润规模将达 134 亿元，同比增速为 15.91%，行业景气度逐步提高。

工程类企业增速较快，运营类企业增速平稳。2014 年，环保工程企业营业收入同比增加 19.65%，年增速达 19.33%；环保运营企业营业收入年增速达 2.57%。从行业净利润来看，工程企业增速较快，年增速将达 27.18%，远高于 2013 年的 16.88%；运营企业基数大，增速在回落，年增速预期为 2.75%。综合来看，在国家环保投入的增加和执法加严后企业环保投资的增加双重因素的推动下，环保行业处于高度景气。而从目前环境投入的需求角度来看，环保欠账太多、雾霾依旧、水源性与水质性缺水严重、土壤、流域水等万亿级市场仍未启动，未来环保投入需求仍将继续加大。

环保产业发展概况见表 2-11-1。

表 2-11-1　　　　　　　　　　环保产业发展概况

年份	从业单位数（个）	从业人员数（万人）	营业收入（亿元）
2014 年	25 710	328.0	39 810
2013 年	25 000	325.0	35 000
2011 年	23 820	319.5	30 752.5
2004 年	11 623	159.5	4 572.1
2000 年	18 144	317.6	1 689.9

资料来源：环境保护部，中国产业信息网整理。

五、全社会环保投资迅速增长

环保投资的多少在一定程度上反映了一国对环境保护的重视程度，环保投资是改善环境质量的有效手段。从绝对规模来看，2000—2013 年我国的环保投资绝对量稳步提升，由 2000 年的 1 062 亿元上升至 2014 年的 9 575.5 亿元，增长了 8.51 倍，见表 2-11-2。"十二五"期间，环保投资维持在 9 000 亿元左右，但增速较"十一五"时期明显放缓。

表 2-11-2 环保投资规模

年份	环保投资额（亿元）	环保投资占 GDP 的比重	环保投资占财政支出的比重	环保投资占财政收入的比重	环保投资占全社会固定资产投资的比重
2000 年	1 062.0	1.02%	6.68%	7.93%	3.23%
2005 年	2 565.2	1.39%	7.56%	8.11%	2.89%
2010 年	7 612.2	1.86%	8.47%	9.16%	3.02%
2011 年	7 114.0	1.47%	6.51%	6.85%	2.28%
2012 年	8 253.5	1.55%	6.55%	7.04%	2.20%
2013 年	9 037.2	1.54%	6.47%	7.00%	2.02%
2014 年	9 575.5	1.51%	6.31%	6.82%	1.87%

数据来源：国家统计局，《中国环境统计年鉴》，中国产业信息网整理。

目前，中国在环保投融资领域，除财政转移支付和银行贷款之外，投融资渠道不断增多，多元化投融资格局正逐步形成，增强了环保产业获取资金的可能性和可行性。中国环保产业发展投融资进入了改革发展期，公私合营 PPP 模式、环境金融（绿色信贷、绿色证券、绿色保险等）、环保产业基金、环境产权交易等市场化融资不断涌现，并形成了一批政府与市场、财政与市场资本相结合的投融资体系。

环保产业 PPP 模式进入推广应用阶段。随着政策的不断完善，民间资本、外资等各种社会资本开始大量进入到污水、垃圾处理、供水等领域。2014 年国家提出在环保的公共基础设施建设领域大力吸引社会资本参与 PPP 模式，并强化了相关政策支撑。2014 年 12 月 4 日，国家发展改革委发布《关于开展政府和社会资本合作的指导意见》（发改投资〔2014〕2724 号），其中包含《政府和社会资本合作项目通用合同指南》。同日，财政部网站发布《政府和社会资本合作模式操作指南（试行）》，还发布了《关于政府和社会资本合作示范项目实施有关问题的通知》，确定了 30 个 PPP 示范项目，总投资规模约 1 800 亿元。其中污水处理、供水、环境治理等项目合计达到 15 个。另据不完全统计，各省 2015 年环保 PPP 项目的计划投资总额已突破 1 万亿元。

绿色信贷规模不断增大，"银政投"绿色信贷计划付诸实施。绿色贷款，一般是指银行用较优惠的利率和其他条件来支持有环保效益并同时限制有负面环境效应的贷款项目。2012 年，银监会制定下发绿色信贷纲领性文件《绿色信贷指引》，鼓励银行业金融机构大力开展绿色信贷，对促进节能减排和环境保护提出了明确要求，成为中国银行业实行绿色信贷的纲领性文件。截至 2014 年 6 月末，21 家主要银行机构的节能环保项目和服务贷款余额 4.16 万亿元，占其各项贷款的 6.4%。其中，工业节能节水项目余额 3 470.1 亿元，节能服务贷款余额 349.3 亿元，建筑节能及绿色建筑贷款余额 565.4 亿元，绿色交通运输项目贷款余额 1.98 万亿元。2015 年 1 月 19 日，银监会与国家发改委在京联合发布《能效信贷指引》，成为继发布《绿色信贷指引》之后绿色信贷发展历程上的又一标志性事件。能效信贷作为银行支持用能单位提高能源利用效率、降低能源消耗而提供的信贷融资方式，是绿色信贷的重点领域。目前，国家正在推动地方启动"银政投"绿色信贷计划。该计划由国家开发银行、地方政府和风险投资机构共同出资，形成资金池，面向中小环保企业提供优惠贷款，解决企业环保融资难问题。在"银政投"计划中，政府资金以无息方式注入并循环使用，大幅提高资金使用效率和效果，同时降低企业融资成本。该计划已经在海南、山东等地开展试点。

绿色证券呈现一定的规模。截至 2014 年年底，沪深两市共有 77 家环保主营上市公司，其中，市值在 200 亿元以上的有 8 家，100 亿元～200 亿元的有 14 家，100 亿元以下的有 55 家。在 22 家市值 100 亿元以上的环保上市公司中，国有企业 11 家、民营企业 11 家，充分反映民营环保企业正越来越被资本市场接受和推崇。

绿色保险从试点走向正式实施。绿色保险又称为环境污染责任保险，是基于环境污染赔偿责任的一种商业保险，是以企业发生污染事故对第三者造成的损害依法应承担的赔偿责任为标的的保险。2007 年，为建立环境风险管理的长效机制，应对严峻的环境风险，环境污染强制责任保险开始在全国试点实施。2013 年，环保部和中国保监会联合发文，指导 15 个试点省份在涉及重金属企业、石油化工等高环境风险行业推行环境污染强制责任保险，首次提出了"强制"的概念。2007 年至今，投保企业已超过 2 万家次，保险公司提供的风险保障金累计超过 600 亿元。2014 年，全国有 22 个省、自治区、直辖市近 5 000 家企业投保环境污染责任保险，涉及重金属、石化、危险化学品、危险废物处置、医药、印染等行业。

环保产业基金的陆续成立，为企业提供了更多的投融资新平台。数据显示，当前已成立的以环保为主题的基金约有 15 只，其中指数型基金 3 只，主动管理的产品 12 只（8 只为普通股票基金，4 只为混合型基金），其中鹏华环保产业、银河美丽优萃、申万菱信中证环保、华宝兴业生态中国为 2014 年发售。另外，重庆批准设立了规模为 10 亿元的环保产业股权投资基金。

环境产权交易市场建设开辟了环保产业投融资新天地。《中共中央关于全面深化改革若干重大问题的决定》指出，发展环保市场，推行节能量、碳排放权、排污权、水权 4 种环境产权交易。目前，我国主要开展了排污权交易和碳排放权交易试点工作。2007 年以来，国务院有关部门组织江苏、浙江、湖南、湖北、河南、河北、山西、陕西、内蒙古、天津等 11 个省（区、市）开展排污权有偿使用和交易试点。2014 年 8 月，国务院印发《关于进一步推进排污权有偿使用和交易试点工作的指导意见》，意见提出，到 2015 年年底前试点地区全面完成现有排污单位排污权核定，到 2017 年年底基本建立排污权有偿使用和交易制度。2011 年年底，中国确定在北京、上海、广东、天津、湖北、深圳和重庆 7 个省市开展碳交易试点。截至 2014 年 10 月底，全国 7 个试点一、二级碳排放权交易市场共纳入控排企业 2 000 余家，每年发放配额约 12 亿吨，共交易配额 2 896 万吨，成交额 12.8 亿元。中国是全球最大的碳卖家，据世界银行测算，中国可提供的 CDM 项目占到世界总需求的 50%以上。截至 2015 年 2 月 28 日，已获得 CERs（核证减排量）签发的中国清洁生产机制（CDM）项目已达 1 433 个。

附　录

附录一　中国工业"十二五"发展大事记

序号	时间	事　件
		2011 年
1	2011 年 1 月 24 日	国家环保部、国家质量监督检验检疫总局共同发布了《稀土工业污染物排放标准》（GB 26451—2011），并于 2011 年 10 月 1 日开始正式实施。该标准是世界上首部稀土污染物排放标准
2	2011 年 1 月 26 日	工业和信息化部、国家发展改革委、财政部等 18 部委联合印发《淘汰落后产能工作考核实施方案》，明确了淘汰落后产能工作考核的工作程序，并提出了详细的奖惩措施
3	2011 年 3 月 14 日	全国人大审议通过《中华人民共和国国民经济和社会发展第十二个五年规划纲要》，钢铁、水泥等多个重点行业的"十二五"规划和中小企业成长、产业技术创新、工业产品质量等"十二五"专项规划陆续发布
4	2011 年 3 月 25 日	国家"高档数控机床及基础制造装备"科技重大专项课题"大型快速高效数控全自动冲压生产线"顺利通过国家鉴定，标志着我国汽车工业装备自主化取得重大突破
5	2011 年 4 月 6 日	工业和信息化部、科学技术部、财政部、商务部、国家发展改革委联合印发《关于加快推进信息化与工业化深度融合的若干意见》，明确了未来五年两化深度融合的发展目标和主要任务
6	2011 年 4 月 26 日	国家发展改革委印发《产业结构调整指导目录（2011 年本）》，与 2005 年版本目录相比，鼓励类删除 175 条，新增 413 条；限制类删除 70 条，调整到淘汰类 12 条，新增 85 条；淘汰类删除 157 条，新增 189 条
7	2011 年 4 月 29 日	国家发展改革委、财政部、商务部印发《鼓励进口技术和产品目录（2011 年版）》，根据扩大先进技术、关键零部件、国内短缺资源和节能环保产品进口，更好地发挥进口贴息政策对促进自主创新和结构调整的积极作用的需要，对 2009 年版本目录进行调整
8	2011 年 5 月 10 日	国务院出台了《国务院关于促进稀土行业持续健康发展的若干意见》（国发〔2011〕12 号）。该《意见》对稀土行业持续健康发展提出以下六点意见：一、明确指导思想、基本原则和发展目标；二、建立健全行业监管体系，加强和改善行业管理；三、依法开展稀土专项整治，切实维护良好的行业秩序；四、加快稀土行业整合，调整优化产业结构；五、加强稀土资源储备，大力发展稀土应用产业；六、加强组织领导，营造良好的发展环境
9	2011 年 7 月 1 日	工业和信息化部印发《产业关键共性技术发展指南（2011 年）》，从节能环保与资源综合利用、原材料工业、装备制造业、消费品工业、电子制造业、软件和信息技术服务业、通信业、信息化和生产性服务业 8 个领域阐述了产业关键共性技术的发展方向和应用
10	2011 年 7 月 28 日	"蛟龙号"载人潜水器完成了 5 000 米级海试，这是我国自行设计、拥有自主知识产权的第一台深海载人潜水器，海试成功实现了我国深海装备技术的跨越式发展，标志着我国成为继美、法、俄、日之后第五个掌握 3500 米以上大深度载人深潜技术的国家
11	2011 年 9 月 2 日	我国自主研制的大型民用直升机 AC313 在青海共和机场以 9.2 吨的起飞重量，成功飞越 8 000 米高度，随后圆满完成高原试飞并成为国际上首款取得 4 500 米海拔 A 类适航证的民用直升机。创造了国产直升机高原试飞最高升限的新纪录，结束了国产直升机不能上高原的历史，使中国和欧美俄一样具备自主研制大型民用直升机的能力

续表

序号	时间	事　件
12	2011 年 9 月 7 日	国务院发布《“十二五”节能减排综合性工作方案》，确定了“十二五”期间全国各省（区、市）化学需氧量、氨氮、二氧化硫、氮氧化物排放总量控制目标及各地区的分担量，并提出落实方案的政策措施
13	2011 年 9 月 20 日	中国钢铁工业协会宣布，正式推出中国铁矿石价格指数，并从 10 月起每周对外发布。中国铁矿石价格指数的发布，有利于促进资源企业有效竞争，打破国际铁矿石巨头垄断市场的格局
14	2011 年 10 月 10 日	我国制造的 18 500 吨油压机成功完成 400 吨级特大型钢锭的锻造。这是世界最大、最先进的油压机，标志着我国大型自由锻件的锻造能力达到了世界水平
15	2011 年 10 月 24 日	十部委发布《关于促进战略性新兴产业国际化发展的指导意见》，明确了国际化推进的重点是节能环保产业、新能源产业、新一代信息技术产业、生物产业、高端装备制造产业、新材料产业和新能源汽车产业七大战略性新兴产业，并提出促进相关行业国际化发展的具体措施
16	2011 年 11 月 3 日	“神舟八号”飞船与“天宫一号”目标飞行器成功对接，标志着中国成为继美国、俄罗斯后第三个独立掌握空间交会对接技术的国家
17	2011 年 11 月 12 日	向家坝水电站 8 台单机容量为 80 万千瓦水轮发电机组的 1 号机组转子，顺利吊装到位并开始总装。这是我国拥有完全自主知识产权的世界单机容量最大的水轮发电机组，也标志着我国清洁能源重装工艺及安装水平再上新高度
18	2011 年 12 月 24 日	国家发展改革委、商务部发布《外商投资产业指导目录（2011 年修订）》，该目录体现了我国在外商投资产业政策方面的重大调整，《外商投资产业指导目录（2007 年修订）》同时废止
19	2011 年 12 月 30 日	国务院发布《工业转型升级规划（2011—2015 年）》，这是改革开放以来第一个把整个工业作为规划对象，并且由国务院发布实施的中长期规划
		2012 年
20	2012 年 1 月 29 日	工业和信息化部、财政部、国土资源部联合发布《关于进一步做好国家新型工业化产业示范基地创建工作的指导意见》
21	2012 年 2 月 15 日	国务院召开国务院常务会议，研究部署 2012 年深化经济体制改革重点工作。会议明确要推动多种所有制经济共同发展，鼓励民间资本进入铁路、市政、金融、能源、电信、教育、医疗等领域，扩大增值税改革试点，全面推进资源税改革
22	2012 年 2 月 24 日	工业和信息化部公布了《2012 年度党政机关公务用车选用车型目录（征求意见稿）》。与往年公车目录相比，今年目录的产品全部来自国产自主品牌车商，包括宝马、奔驰、奥迪在内的合资品牌产品无一入选
23	2012 年 3 月 24 日	工业和信息化部发布《关于印发产业基地公共服务能力提升工程实施方案的通知》
24	2012 年 4 月 8 日	经中华人民共和国工业和信息化部审核、中华人民共和国民政部批准，成立了中国稀土行业协会
25	2012 年 4 月 18 日	中钢协发布消息，第一季度重点大中型钢铁企业亏损 10 亿元，是新世纪以来第一次全行业亏损
26	2012 年 4 月 19 日	国务院发布《关于进一步支持小型微型企业健康发展的意见》，明确从财税、融资、市场开拓、经营管理水平提升、公共服务提供以及创新发展和结构调整等 8 个方面进一步支持小型微型企业健康发展

序号	时间	事 件
27	2012 年 5 月 28 日	中共中央政治局就坚持走中国特色新型工业化道路和推进经济结构战略性调整进行第三十三次集体学习。提出要把握科学发展主题，围绕转变经济发展方式，遵循工业化客观规律，适应市场需求变化，积极发展结构优化、技术先进、清洁安全、附加值高、吸纳就业能力强的现代产业体系，提高工业发展质量和效益，努力从工业大国向工业强国转变
28	2012 年 6 月 5 日	世界上首台技术性能参数最先进、工作尺寸最大、生产能力最高的矿用挖掘机正式在太原重型机械集团有限公司下线，实现了我国矿用挖掘机产品从"跟随发展"向"超越发展"转变质的飞跃，成为我国大型矿用挖掘机制造水平全面超越发达国家的重要标志
29	2012 年 6 月 24 日	"神舟九号"与"天宫一号"目标飞行器顺利对接，首次载人交会对接任务圆满成功，标志着我国成为世界上第三个全面掌握空间交会对接技术的国家
30	2012 年 6 月 27 日	我国自主设计、自主集成研制的作业型深海载人潜水器"蛟龙号"海试成功到达7 062 米，成为全世界下潜能力最深的作业型载人潜水器。标志着我国具备了载人到达全球 99%以上海洋深处进行作业的能力，海底载人科学研究和资源勘探能力达到国际领先水平
31	2012 年 6 月 28~ 30 日	工业和信息化部举办信息化与工业化融合成果博览会，全面展示我国推进信息化和工业化融合成果。理由是：此次博览会是对我国信息化和工业化融合发展成果的一次全面展示，多位中央领导同志亲临博览会参观并予以高度肯定
32	2012 年 7 月 9 日	国务院印发《"十二五"国家战略性新兴产业发展规划》。规划面向经济社会发展的重大需求，提出了节能环保产业、新一代信息技术产业、生物产业、高端装备制造产业、新能源产业、新材料产业、新能源汽车产业七大战略性新兴产业的重点发展方向和主要任务
33	2012 年 7 月 9 日	工业和信息化部公布了 2012 年 19 个行业淘汰落后产能的名单（第一批），力争在9 月底前全部关停列入公告名单内企业的落后产能。淘汰落后产能企业名单（第一批）涉及炼铁、炼钢、焦炭、电石、铁合金、电解铝、铜冶炼、铅冶炼、锌冶炼、水泥、平板玻璃、造纸、酒精、味精、柠檬酸、制革、印染、化纤、铅蓄电池 19个行业
34	2012 年 8 月 20 日	国家环境保护部公布了对广西华银铝业有限公司的行政处罚决定书，华银铝业年产160 万吨氧化铝项目一期工程停止生产，这是国内因配套建设环境保护设施未经环保部门验收，而被责令停产的最大氧化铝项目
35	2012 年 9 月 1 日	《国务院关于促进企业技术改造的指导意见》发布，提出要以加快转变经济发展方式为主线，以促进工业转型升级、提升产业竞争力为主攻方向，完善政策、加强管理，增强企业技术创新能力、加快创新成果产业化、改造提升传统产业、培育发展新兴产业
36	2012 年 9 月 6 日	欧盟委员会宣布启动对中国出口的所有光伏组件和部件进行反倾销调查。这是迄今为止欧盟委员会立案的最大金额反倾销调查，也是我国迄今遇到的金额最大的贸易诉讼
37	2012 年 9 月 25 日	中国首艘航空母舰"辽宁号"正式交接入列，为高附加值船舶和先进海洋工程装备研制奠定了坚实的基础
38	2012 年 10 月 25 日	随着第 16 颗北斗导航卫星顺利入轨，北斗区域卫星导航系统建设完成。北斗区域卫星导航系统不仅将使我国摆脱对 GPS 的依赖，也将衍生出卫星导航定位产业

序号	时间	事　件
39	2012 年 11 月 2 日	我国四台多品种国产重大装备与极限制造新产品交付使用。此次交付的四台超重型的极限装备是国家级重大专项,从吨位、体积上都创下了世界之最。该极限装备的交付使用也标志着我国在超重型机床研发领域进入世界领先行列
40	2012 年 11 月 18 日	欧盟高等法院裁定奥康公司在欧盟反倾销案中胜诉,对中国企业通过司法途径和国际规则维护自身权益起到引领和示范作用
41	2012 年 12 月 8 日	中国海洋石油有限公司获得加拿大政府批准,以 151 亿美元收购加拿大尼克森公司,是中国企业目前在海外完成的最大宗收购案
	2013 年	
42	2013 年 1 月 1 日	国务院印发《能源发展"十二五"规划》,阐明我国能源发展的指导思想、基本原则、发展目标、重点任务和政策措施,是"十二五"时期我国能源发展的总体蓝图和行动纲领
43	2013 年 1 月 26 日	我国自主发展的运—20 大型运输机首次试飞取得圆满成功。该型飞机是我国依靠自己的力量研制的一种大型、多用途运输机,可在复杂气象条件下执行各种物资和人员的长距离航空运输任务
44	2013 年 1 月 30 日	工业和信息化部、国家发展改革委、环境保护部联合发布关于开展工业产品生态设计的指导意见,引导企业开展工业产品生态设计,促进生产方式、消费模式向绿色低碳、清洁安全转变
45	2013 年 2 月 6 日	国务院印发我国首部循环经济发展战略规划——《循环经济发展战略及近期行动计划》,确定了循环经济近期发展目标:到"十二五"期末,我国主要资源产出率提高 15%,资源循环利用产业总产值达到 1.8 万亿元
46	2013 年 3 月 29 日	中国银监会发布《关于深化小微企业金融服务的意见》,意在支持银行加大对小微企业的信贷支持力度,助力银行提高小微企业金融服务的水平和能力,促进小微企业可持续发展、推动产业升级和经济结构转型
47	2013 年 4 月 2 日	工业和信息化部、国家发展和改革委员会、教育部、科学技术部、财政部、环境保护部、住房和城乡建设部、国家税务总局八部委联合发布《关于实施宽带中国 2013 专项行动的意见》
48	2013 年 4 月 10 日	李克强总理主持召开国务院常务会议,决定进一步扩大营业税改征增值税试点,将交通运输业和部分现代服务业"营改增"试点在全国范围内推开,适当扩大部分现代服务业范围,将广播影视作品的制作、播映、发行等纳入试点
49	2013 年 7 月 3 日	国务院总理李克强主持召开国务院常务会议,原则上通过了《中国(上海)自由贸易试验区总体方案》。强调在上海外高桥保税区等 4 个海关特殊监管区域内,建设中国(上海)自由贸易试验区
50	2013 年 7 月 4 日	国务院发布《关于促进光伏产业健康发展的若干意见》,从规范产业发展秩序、推动企业兼并重组、支持关键技术创新、拓展国内应用市场、加强配套体系建设等方面做了统筹规划,综合施策促进光伏产业健康发展
51	2013 年 7 月 5 日	国务院办公厅日前发布《关于金融支持经济结构调整和转型升级的指导意见》,要求金融机构更好地发挥对经济结构调整和转型升级的支持作用
52	2013 年 7 月 19 日	中国人民银行宣布,自 2013 年 7 月 20 日起全面放开金融机构贷款利率管制。取消金融机构贷款利率 0.7 倍的下限,由金融机构根据商业原则自主确定贷款利率水平。取消票据贴现利率管制,改变贴现利率在再贴现利率基础上加点确定的方式,由金融机构自主确定。对农村信用社贷款利率不再设立上限

序号	时间	事　件
53	2013 年 7 月 24 日	国务院总理李克强主持召开国务院常务会议，决定按照公平税负原则，从 8 月 1 日起，对小微企业中月销售额不超过 2 万元的增值税小规模纳税人和营业税纳税人，暂免征收增值税和营业税，并抓紧研究相关长效机制
54	2013 年 8 月 11 日	国务院印发《关于加快发展节能环保产业的意见》，提出了近 3 年促进节能环保产业加快发展的目标：到 2015 年，节能环保产业总产值要达到 4.5 万亿元，产值年均增速保持在 15%以上，产业技术水平显著提升，为实现节能减排目标奠定坚实的物质基础和技术保障
55	2013 年 8 月 14 日	经国务院常务会议讨论通过，国务院印发《关于促进信息消费扩大内需的若干意见》
56	2013 年 8 月 23 日	工业和信息化部发布《信息化和工业化深度融合专项行动计划（2013—2018 年）》，全面部署两化深度融合。理由是：《信息化和工业化深度融合专项行动计划（2013—2018 年）》是落实党的十八大提出的"推进信息化和工业化深度融合"的重要举措，是工业和信息化部推进两化深度融合的全面部署
57	2013 年 9 月 4 日	工业和信息化部印发《产业关键共性技术发展指南（2013 年）》，确定了当前优先发展的节能环保与资源综合利用、原材料、装备制造、消费品工业、电子制造业、软件和信息技术服务业、通信业和信息化与生产性服务业八大领域，共 261 项技术。《产业关键共性技术发展指南（2013 年）》中涉及的技术体现了大力培育战略性新兴产业、加快提升和改造传统产业、推进产业结构优化升级、促进经济发展方式转变的需求
58	2013 年 9 月 6 日	国务院总理李克强主持召开国务院常务会议，研究部署有效落实引导民间投资激发活力健康发展的措施。会议要求，各有关部门要认真落实新一届政府推出的深化行政审批制度改革的一系列措施；尽快在金融、石油、电力、铁路、电信、资源开发、公用事业等领域向民间资本推出一批符合产业导向、有利于转型升级的项目；全面清理和修订有关民间投资的行政法规、部门规章及规范性文件
59	2013 年 9 月 13 日	财政部、科技部、工业和信息化部、发展改革委四部门联合发布关于继续开展新能源汽车推广应用工作的通知，通知明确，2013 年至 2015 年继续开展新能源汽车推广应用工作
60	2013 年 9 月	财政部、国家税务总局印发《财政部 国家税务总局关于研究开发费用税前加计扣除有关政策问题的通知》（财税〔2013〕70 号），将研究人员的五险一金、药品的临床试验费、研发成果的鉴定费用等 5 类费用纳入税前加计扣除的研发费用范围，企业研究开发费用税前加计扣除的范围进一步扩大
61	2013 年 10 月 15 日	国务院印发《关于化解产能严重过剩矛盾的指导意见》。指导意见分别提出了钢铁、水泥、电解铝、平板玻璃、船舶等行业分业施策意见，并确定了当前化解产能严重过剩矛盾的 8 项主要任务
62	2013 年 11 月 3 日	由中国船舶重工集团公司承担研制的我国首个实验型深海移动工作站完成总装，即将展开水下试验。目前，我国是继美、法、俄、日之后世界上第五个掌握 3 500 米以上大深度载人深潜技术的国家。我国的"蛟龙号"保持着载人深潜 7 062 米的世界纪录
63	2013 年 12 月 31 日	工业和信息化部、国家发展和改革委员会、财政部、人力资源和社会保障部、商务部、海关总署、国家税务总局、国家工商行政管理总局、中国银行业监督管理委员会九部门联合发布《关于促进劳动密集型中小企业健康发展的指导意见》

续表

序号	时间	事　件
64	2013 年	工业和信息化部委托全国工商联对《国务院关于进一步支持小型微型企业健康发展的意见》（国发〔2012〕14 号）的贯彻落实情况开展评估，评估工作得到党中央、国务院领导的充分肯定和高度评价，对推动政策贯彻落实发挥了重要作用；工业和信息化部与全国工商联联合召开了小微企业发展座谈会，听取小微企业发展情况和意见建议，全国政协副主席、全国工商联主席王钦敏，工业和信息化部部长苗圩出席座谈会并讲话。两部门在以往合作的基础上，建立部际合作机制，从建立多层级的联系制度、联合召开座谈会、联合开展调研、促进军民融合、加强信息交流与沟通等方面加强合作，这是两部门贯彻落实三中全会精神、促进中小企业和非公有制经济健康发展的重要举措，也标志着两部门的合作进一步深化和加强
	2014 年	
65	2014 年 1 月 6 日	国家科技部发布了《节能减排与低碳技术成果转化推广清单（第一批）》，引导企业采用先进、适用的节能与低碳新工艺和新技术，推动相关产业的低碳升级改造，供各类工业企业、财政投资或产业技术资金、各类绿色低碳领域的公益、私募基金及风险投资机构等用户在进行节能和减少温室气体排放技术升级和改造时参考
66	2014 年 2 月 10 日	为贯彻落实《工业清洁生产推行"十二五"规划》，加快重点行业先进清洁生产技术应用和推广，提高行业清洁生产水平，大幅降低污染物排放强度，工业和信息化部组织编制了《稀土行业清洁生产技术推行方案》。确定低碳低盐无氨氮稀土氧化物分离提纯技术、稀土精矿低温硫酸化动态焙烧技术、非皂化萃取分离稀土技术、模糊/联动萃取分离工艺为加快推广技术
67	2014 年 3 月 1 日	商务部网站 3 月 1 日发布消息称，据世界贸易组织秘书处统计，2013 年中国已成为世界第一货物贸易大国。2013 年我国货物进出口总额为 4.16 万亿美元，其中出口 2.21 万亿美元，进口 1.95 万亿美元。这是一百多年来发展中国家首次成为世界货物贸易冠军，也是中国继成为全球第二大经济体、最大外汇储备国和最大出口国之后的又一突破
68	2014 年 3 月 10 日	先进稀土材料产业技术创新战略联盟启动会召开，是国家科技部通过的稀土行业唯一的试点联盟。联盟集聚了 6 家稀土大集团，及国内重点稀土材料企业、科研机构和高等院校共 33 家成员单位，共同致力于产业技术创新，解决我国稀土产业发展中所面临的重大关键技术问题，促进我国稀土行业健康有序发展
69	2014 年 3 月 3 日	工业和信息化部、水利部、全国节约用水办公室印发联合公告，发布了《国家鼓励的工业节水工艺、技术和装备目录（第一批）》（以下简称《目录》）。《目录》共筛选了 91 项节水技术装备，涵盖了钢铁、火电、石化、化工、纺织、造纸、食品和发酵等高耗水行业及部分共性通用技术领域，包括工艺技术装备内容、推广前景、应用实例等内容
70	2014 年 3 月 15 日 至 4 月 28 日	ARJ21-700 飞机 104 架机在北美圆满完成自然结冰试验试飞，并实现了 3 万公里环球飞行。这是中国首款自主研制的涡扇喷气支线客机首次飞出国门开展特殊气象环境下的试验试飞，同时实现了飞越亚美欧三大洲和太平洋、大西洋的环球飞行。2014 年 12 月 30 日，中国民用航空局在北京向中国商飞公司颁发 ARJ21-700 飞机型号合格证。这标志着我国首款按照国际标准自主研制的喷气支线客机通过中国民航局的适航审定，同时也向世界宣告我国拥有了第一款可以进入航线运营的喷气客机，并具备了喷气式民用运输类飞机的研制能力和适航审定能力
71	2014 年 4 月 1 日	由工业和信息化部、国家发展改革委、财政部、人力资源和社会保障部、国土资源部、环境保护部、住房和城乡建设部、商务部、工商总局、质检总局、安全监管总局和统计局 12 个部门相关司局组成的化解水泥、平板玻璃产能严重过剩矛盾部际司局级工作机制在工业和信息化部机关正式成立并召开第一次工作会议

序号	时间	事　件
72	2014 年 5 月	全面启动信息化和工业化融合管理体系贯标试点工作。理由是：信息化和工业化融合管理体系贯标是推进信息化和工业化深度融合的重要抓手
73	2014 年 5 月 26 日	国务院办公厅印发《2014—2015 年节能减排低碳发展行动方案》，进一步硬化节能减排降碳指标、量化任务、强化措施，对今明两年节能减排降碳工作作出具体要求。今明两年节能减排降碳的具体目标是：2014—2015 年，单位 GDP 能耗、化学需氧量、二氧化硫、氨氮、氮氧化物排放量分别逐年下降 3.9%、2%、2%、2%、5%以上，单位 GDP 二氧化碳排放量两年分别下降 4%、3.5%以上
74	2014 年 5 月 30 日	国务院总理李克强主持召开国务院常务会议，确定进一步减少和规范涉企收费、减轻企业负担。一是正税清费，依法将有税收性质的收费基金项目并入相应税种。二是建立涉企收费清单管理制度。三是清理规范行政审批前置服务收费。四是新设涉企行政事业性收费和政府性基金项目，必须有法律法规规定。建立企业负担举报和反馈机制，严查乱收费、乱罚款和摊派等行为
75	2014 年 6 月 24 日	经国务院批准，工业和信息化部会同相关部委印发了《国务院办公厅印发<国家集成电路产业发展推进纲要>的通知》，作为新时期指导我国集成电路产业发展的纲领性文件，明确了"需求引领、创新驱动、软硬结合、重点突破、开放发展"的五项基本原则，凝练了"着力发展集成电路设计业、加速发展集成电路制造业、提升先进封装测试业发展、突破集成电路关键装备和材料"推动产业发展的四项主要任务
76	2014 年 7 月 21 日	国务院办公厅印发《关于加快新能源汽车推广应用的指导意见》，明确以纯电驱动为新能源汽车发展的主要战略取向，重点发展纯电动汽车、插电式混合动力汽车和燃料电池汽车
77	2014 年 8 月 8 日	财政部、国家税务总局、工业和信息化部发布公告，2014 年 9 月 1 日至 2017 年 12 月 31 日，对购置的新能源汽车免征车辆购置税
78	2014 年 8 月 6 日	国务院印发了《关于加快发展生产性服务业 促进产业结构调整升级的指导意见》，强调促进我国产业逐步由生产制造型向生产服务型转变：一是鼓励企业向产业价值链高端发展；二是推进农业生产和工业制造现代化；三是加快生产制造与信息技术服务融合。这是国务院首次对生产性服务业发展做出全面部署
79	2014 年 8 月 25 日	国家发展和改革委员会发布了《国家重点推广的低碳技术目录》，涉及煤炭、电力、钢铁、有色、石油石化、化工、建筑、轻工、纺织、机械、农业、林业 12 个行业，共 33 项国家重点推广的低碳技术
80	2014 年 9 月 17 日	我国石油企业经过近 5 年努力，在四川盆地取得页岩气勘探突破，探明首个千亿方整装页岩气田，勘查开发技术基本实现国产化，开始进入规模化开发初期阶段
81	2014 年 9 月 25 日	国务院印发《关于依托黄金水道推动长江经济带发展的指导意见》，部署将长江经济带建设成为具有全球影响力的内河经济带、东中西互动合作的协调发展带、沿海沿江沿边全面推进的对内对外开放带和生态文明建设的先行示范带。意见提出了七项重点任务：提升长江黄金水道功能；建设综合立体交通走廊；创新驱动促进产业转型升级；全面推进新型城镇化；培育全方位对外开放新优势；建设绿色生态廊道；创新区域协调发展体制机制
82	2014 年 10 月 2 日	国务院近日印发《关于加强地方政府性债务管理的意见》，强调按照"疏堵结合、分清责任、规范管理、防范风险、稳步推进"的原则，建立"借、用、还"相统一的地方政府性债务管理机制。一是加快建立规范的地方政府举债融资机制。二是对地方政府债务实行规模控制和预算管理。三是控制和化解地方政府性债务风险。地方政府对其举借的债务负有偿还责任，建立债务风险应急处置和责任追究机制。建立对违法违规融资和违规使用政府债务资金的惩罚机制

续表

序号	时间	事　件
83	2014 年 10 月 13 日	国家发展改革委、工业和信息化部联合印发《2014—2016 年新型显示产业创新发展行动计划》，进一步加强新型显示产业宏观布局，引导产业集聚发展，提升发展质量和效益
84	2014 年 10 月	国家科技部经过严格审查，将我国自主研发的"3N～4N 超高纯稀土金属及合金"列入"2014 年度国家重点新产品计划"，产品绝对纯度达到 4N～4N5，实现批量化稳定生产，使我国高纯稀土金属及合金受制于人的局面得到改观
85	2014 年 10 月	财政部、国家税务总局印发《关于完善固定资产加速折旧企业所得税政策的通知》（财税〔2014〕75 号），明确对生物药品制造业，专用设备制造业，铁路、船舶、航空航天和其他运输设备制造业，计算机、通信和其他电子设备制造业，仪器仪表制造业，信息传输、软件和信息技术服务业 6 个行业的企业 2014 年 1 月 1 日后新购进的固定资产，可缩短折旧年限或采取加速折旧的方法。同时，对上述 6 个行业的小型微利企业新购进的研发和生产经营共用的仪器设备单位价值不超过 100 万元的，允许一次性计入成本费用在计算应纳税所得额时扣除，超过 100 万元的可缩短折旧年限或采取加速折旧的方法；对所有行业企业持有的单位价值不超过 5 000 元的固定资产，允许一次性计入当期成本费用在计算应纳税所得额时扣除
86	2014 年 11 月 3 日	国家发展改革委、财政部、工业和信息化部联合印发《关键材料升级换代工程实施方案》
87	2014 年 11 月 6 日	国家发展改革委、工业和信息化部联合印发《重大节能技术与装备产业化工程实施方案》
88	2014 年 11 月 6 日	国家发展改革委、环境保护部、财政部、国家质检总局、工业和信息化部、国管局、国家能源局七部委联合印发燃煤锅炉节能环保综合提升工程实施方案
89	2014 年 12 月 9～ 11 日	中央召开的经济工作会议全面阐述了中国经济发展新常态：中国经济正在向形态更高级、分工更复杂、结构更合理的阶段演化，经济发展正从高速增长转向中高速增长，经济发展方式正从规模速度型粗放增长转向质量效率型集约增长，经济结构正从增量扩能为主向调整存量、做优增量并存的深度调整，经济发展动力正从传统增长点转向新的增长点。中央确定重点实施"一带一路"、京津冀协同发展、长江经济带三大战略等措施，主动适应经济发展新常态
90	2014 年 12 月 12 日	召开国务院常务会议部署推广上海自贸试验区试点经验、加快制定完善负面清单，推动更高水平的对外开放。会议要求，除涉及法律修订等事项外，在全国推广包括投资、贸易、金融、服务业开放和事中事后监管等方面的 28 项改革试点经验，在全国其他海关特殊监管区域推广 6 项海关监管和检验检疫制度创新措施。依托现有新区、园区，在广东、天津、福建特定区域再设 3 个自由贸易园区
91	2014 年 12 月 30 日	国家军民融合公共服务平台通过验收，投入使用
		2015 年
92	2015 年 3 月 9 日	2015 年智能制造试点示范专项行动实施方案
93	2015 年 4 月 30 日	2015 年 4 月 30 日，中共中央政治局召开会议审议通过《京津冀协同发展规划纲要》。2015 年 11 月，工业和信息化部会同发展改革委、科技部、农业部、商务部联合印发《京津冀协同发展产业升级转移规划（2015—2020 年）》。成功举办"2015 京津冀产业转移系列对接活动"，实现签约项目 151 个，协议投资额达 4500 亿元。积极推动三大电信运营商取消京津冀手机长途漫游费
94	2015 年 5 月 8 日	我国实施制造强国战略的第一个十年行动纲领——《中国制造 2025》正式发布

序号	时间	事　件
95	2015 年 6 月 1 日	国家能源局、工业和信息化部、国家认监委联合发布实施《关于促进先进光伏技术产品应用和产业升级的意见》，启动光伏"领跑者"计划，推动国内先进光伏产品的大规模市场化应用
96	2015 年 6 月 15 日	2015 年 6 月 15 日，中共中央政治局常委、国务院总理李克强到工业和信息化部考察并作重要讲话。李克强总理强调指出，要扎实推进"中国制造 2025"，努力形成我国经济发展新动能；要做大做强我国装备，打造我国制造新优势；要推动国际产能和装备制造合作，带动形成优进优出新格局；要抓好"互联网＋"行动计划的落实，打造产业发展新优势；要释放改革红利，推进简政放权、放管结合、优化服务
97	2015 年 8 月 25 日	国家制造强国领导小组和战略咨询委员会正式成立，马凯副总理任组长
98	2015 年 8 月 27 日	在莫斯科国际航空航天展览会期间，俄罗斯适航当局向运 12E 颁发了型号合格证，标志着由我国自主研制的运 12E 型机获得了出口独联体国家市场的准入证，中国民机产品向欧洲市场进军又迈出了关键一步，为国产民机竞争航空制造强国的市场份额铺平了道路。运 12 系列飞机已先后获得美国、英国、法国、澳大利亚、新西兰、委内瑞拉、哥伦比亚等 11 个国家的型号合格证/认可证
99	2015 年 9 月 1 日	9 月 1 日，国务院常务会议决定，中央财政出资 150 亿元，围绕促进中小企业发展的政策目标，充分发挥中央财政资金杠杆作用和乘数效应，通过制定优惠政策吸引社会资本投入，建立总规模 600 亿元的国家中小企业发展基金。这是政府与市场携手增强创业创新动力、破解中小企业投融资瓶颈、支持中小企业发展、有效应对经济下行压力的重大决策，是贯彻落实《中小企业促进法》、创新投融资体制机制的重要制度安排。12 月 2 日，国家中小企业发展基金理事会正式成立。12 月 25 日，国家中小企业发展基金首支实体基金在广东深圳完成设立
100	2015 年 9 月 15 日	国际标准化组织（ISO）于 2015 年 9 月 15 日通过决议成立 ISO 稀土技术委员会，秘书处由中国承担。这意味着我国成为稀土国际标准化工作的领跑者
101	2015 年 9 月 16～17 日	工业和信息化部召开国家新型工业化产业示范基地工作交流会，总结"十二五"示范基地创建工作的成效与经验，研讨"十三五"深入推进示范基地发展的思路和举措，促进"中国制造 2025"重大目标任务在示范基地的贯彻落实
102	2015 年 9 月 30 日	《中国制造 2025》重点领域技术路线图正式发布
103	2015 年 9 月	财政部、国家税务总局印发《关于进一步完善固定资产加速折旧企业所得税政策的通知》（财税〔2015〕106 号），明确对轻工、纺织、机械、汽车四个领域重点行业的企业 2015 年 1 月 1 日后新购进的固定资产，可由企业选择缩短折旧年限或采取加速折旧的方法。同时，对上述行业的小型微利企业 2015 年 1 月 1 日后新购进的研发和生产经营共用的仪器设备单位价值不超过 100 万元的允许一次性计入成本费用在计算应纳税所得额时扣除，超过 100 万元的可缩短折旧年限或采取加速折旧的方法
104	2015 年 11 月 2 日	C919 大型客机首架机在中国商飞总装制造中心浦东厂房内总装下线。C919 大型客机是我国首款按照国际适航标准研制的干线民用飞机，具有完全自主知识产权。11 月 29 日，我国自行研制的 ARJ21-700 新支线飞机从上海飞往成都，正式交付给成都航空公司，标志着我国走完了喷气式支线客机设计、试制、试验、试飞、取证、生产、交付全过程

序号	时间	事　件
105	2015 年 11 月 12 日	为进一步发挥指南的指导作用，工业和信息化部围绕国内外产业发展现状和趋势，通过广泛征求意见，掌握行业发展动态与热点，研究提出了《产业关键共性技术发展指南（2015 年)》。《产业关键共性技术发展指南（2015 年)》共确定优先发展的产业关键共性技术 205 项，其中，节能环保与资源综合利用 48 项、原材料工业 42 项、装备制造业 49 项、消费品工业 27 项、电子信息与通信业 39 项
106	2015 年 11 月 25 日	工业和信息化部印发"互联网+"三年行动计划，提出以加快新一代信息通信技术和工业深度融合为主线
107	2015 年 11 月	财政部、国家税务总局、科技部联合印发《关于完善研究开发费用税前加计扣除政策的通知》（财税〔2015〕119 号)，明确从 2016 年 1 月 1 日起，一是放宽享受加计扣除政策的研发活动和费用范围，外聘研发人员劳务费、试制产品检验费、专家咨询费及合作或委托研发发生的费用等可按规定纳入加计扣除；二是允许企业追溯过去 3 年应扣未扣的研发费用予以加计扣除；三是简化审核，对加计扣除实行事后备案管理，对可加计扣除的研发费用实行归并核算。完善研发费用加计扣除政策，是落实创新驱动发展战略、以定向结构性减税拉动有效投资、推动"双创"、促进产业升级的重要举措
108	2015 年 12 月 6 日	国家发展和改革委员会发布了《国家重点推广的低碳技术目录（第二批)》，涉及煤炭、电力、建材、有色金属、石油石化、化工、机械、汽车、轻工、纺织、农业、林业 12 个行业，涵盖新能源与可再生能源、燃料及原材料替代、工艺过程等非二氧化碳减排、碳捕集利用与封存、碳汇等领域，共 29 项国家重点推广的低碳技术
109	2015 年	密集出台政策打响工业"稳增长，调结构"攻坚战
110	2015 年	工业和信息化部推动出台了加快新能源汽车推广应用的十多项利好政策，我国新能源汽车产业快速发展

附录二 "十二五"期间重点行业标志性产品[28]

（一）新一代喷气式干线客机 C919

成果描述： 自主研制的首款新一代喷气式干线客机 C919 下线，标志着我国成为世界上少数几个掌握研发制造大型客机能力的国家。

研制单位： 中国商飞公司等。

诞生时间： 2015 年。

附图 2-1　新一代喷气式干线客机 C919

（二）高寒高速列车

成果描述： 高速列车关键核心技术取得重大突破，自主研发了有"高铁大脑"之称的列队网络控制系统，创造了每小时 605 公里的试验室滚动试验最高速度，研发了世界首列高寒高速列车，这也是目前世界上适用于零下 40 摄氏度高寒地区、运营速度最快的动车组。

研制单位： 中车长春轨道客车股份有限公司等。

诞生时间： "十二五"期间。

---

[28] 主要由行业协会整理申报，排名不分先后。

附图 2-2　高寒高速列车

（三）"海马号" 4 500 米作业级无人遥控潜水器

成果描述：标志着我国全面掌握了大深度无人遥控潜水器的各项关键技术，并在关键技术国产化方面取得实质性的进展。"海马号"是我国深海高技术领域继"蛟龙号"载人潜水器之后的又一标志性成果。

研制单位：上海交通大学等。

诞生时间：2014 年。

（四）"天河二号"超级计算机

成果描述："天河二号"是当今世界上运算速度第二快的超级计算机，综合技术处于国际领先水平。有五大特点：一是高性能，峰值速度和持续速度都创造了新的世界纪录；二是低能耗，能效比为每瓦特 19 亿次，达到

附图 2-3　"海马号" 4 500 米作业级无人遥控潜水器

了世界先进水平；三是应用广，主打科学工程计算，兼顾了云计算；四是易使

用，创新发展了异构融合体系结构，提高了软件兼容性和易编程性；五是性价比高。

研制单位：国防科学技术大学。

诞生时间：2013 年。

（五）400 马力无级变速拖拉机

成果描述：突破了电液控制的无级变速传动系（CVT）及控制器软硬件、整车综合电液控制、重载齿轮强化、整体焊接式车架制造、传动系测试等关键技术研究，开发了 400 马力无级变速重型拖拉机一代样机，是我国农机行业的重大突破。

研制单位：中国一拖集团。

诞生时间：2014 年。

附图 2-4　400 马力无级变速拖拉机

（六）4 500 马力压裂车

成果描述：全球单机功率最大的压裂设备。

研制单位：山东杰瑞石油服务集团股份有限公司。

诞生时间：2014 年。

附图 2-5　4 500 型阿波罗涡轮压裂车

（七）五轴联动叶片数控磨床

成果描述： 国家重大专项突破产品。

研制单位： 秦川机床工具集团股份有限公司。

诞生时间： 2015 年。

附图 2-6　五轴联动叶片数控磨床

（八）10 万立方米超大型空分装置

成果描述： 宁煤 400 万吨煤制油项目提供。

研制单位： 杭州杭氧股份有限公司。

诞生时间： 2015 年。

附图 2-7　10 万立方米超大型空分装置

（九）120 万吨/年乙烯三机

成果描述： 我国首台套。

研制单位： 沈阳鼓风机集团有限公司。

诞生时间： 2015 年。

附图 2-8　120 万吨/年乙烯三机

（十）大直径聚乙烯离心机设备

成果描述： 中国石油东北炼化工程公司吉林机械分公司研发的国内首台大直径聚乙烯离心机设备通过验收，各项指标达到国际先进水平，标志着聚乙烯原料中的悬浊液分离技术迈上新台阶。

  研制单位: 中国石油东北炼化工程公司。

  诞生时间: 2015 年。

(十一) 断矩形顶管机

  成果描述: 世界最大断面矩形盾构式顶管机。

  研制单位: 中铁工程装备集团有限公司。

  诞生时间: 2015 年。

附图 2-9 世界最大断面矩形盾构式顶管机在大连下线

(十二) 全液压钻机

  成果描述: 这是我国成功研制的首台全液压钻机,标志着我国在牙轮钻机制造方面取得重大突破,也突破了该行业世界最高作业海拔纪录。

  研制单位: 武汉重型机床集团有限公司。

  诞生时间: 2015 年。

(十三) 自动采矿台车

  成果描述: 国内首台自动采矿台车,与进口设备相比,该设备具有噪声低、自动换杆快等优点,同时钻头冲击频率是目前进口台车的两倍。

  研制单位: 河北宏远液压机械有限公司。

诞生时间：2014 年。

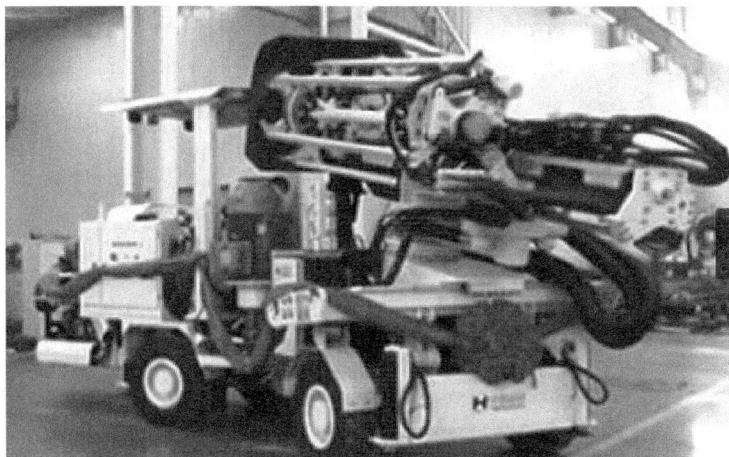

附图 2-10　国内首台自动采矿台车

（十四）70 吨级 7008LC 大型液压挖掘机

成果描述： 自主研发首套，该机型自重 67 吨，斗容 4 立方米，挖高 11 米多，挖深 8 米多，挖远 12 米多，爬坡度 70%，各项性能指标均优于进口机型，拥有多项独立自主的核心技术优势和完全的自主知识产权，其中多项设计为国内首创。

研制单位： 中国兵器工业集团公司。

诞生时间： 2014 年。

附图 2-11　70 吨级 7008LC 大型液压挖掘机

（十五）单相交流特高压大容量

成果描述： 世界首台特高压大容量现场组装变压器研制成功，是我国变压器行业攻破整体运输 1 500MVA/1 000kV 变压器研制难关后，再一次填补世界特高压变压器研制领域空白。

研制单位： 天威保变电气股份有限公司。

诞生时间： 2014 年。

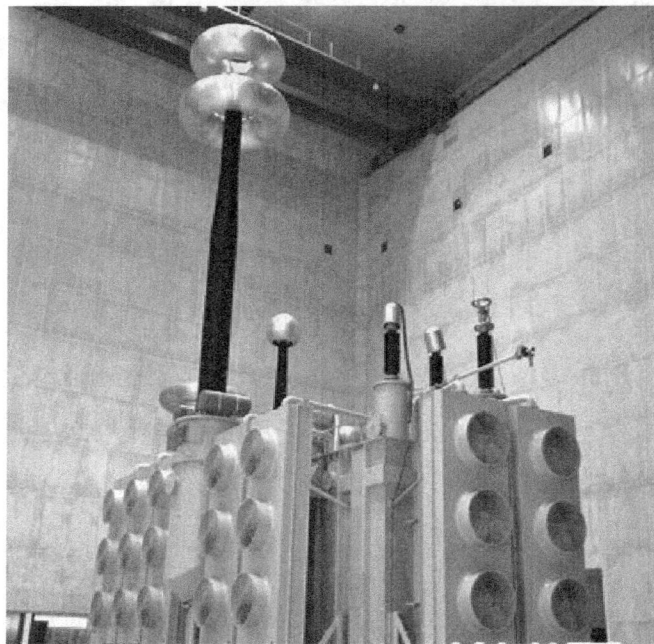

附图 2-12　单相交流特高压大容量

（十六）1 000MW 全空冷水轮发电机组

成果描述： 该产品为世界领先，中国首创。

研制单位： 哈尔滨电气集团公司。

诞生时间： 2014 年。

（十七）百万千瓦压水堆核电机组用大型铸锻件

成果描述： 填补国内空白，技术指标达到国际先进水平，部分锻件的制造技术达到国际领先水平，对于实现大型核电设备的国产化、产业化，保障我国核电发展战略的实施均具有重大意义。

研制单位： 中国第一重型机械集团公司、中国第二重型机械集团公司、上海电气集团、上海重型机器厂有限公司。

诞生时间： 2012 年。

（十八）20MW 级高速直联变频调速电驱压缩机组

成果描述： 填补国内空白，达到国际先进水平，标志着我国天然气长输管道关键设备国产化取得重大突破。

研制单位： 沈阳鼓风机集团股份有限公司、上海电气集团上海电机厂有限公司、哈尔滨电气动力装备有限公司、上海广电电气（集团）股份有限公司、荣信电力电子股份有限公司、中国石油西气东输管道公司。

诞生时间： 2012 年。

（十九）天然气长输管线 30MW 级燃驱压缩机组

成果描述： 实现了我国工业燃气轮机领域关键产品的重大突破，填补了国内空白，结束了长期以来我国在燃气轮机领域依靠进口的历史。

研制单位： 中船重工第七〇三研究所、哈电集团哈尔滨汽轮机厂有限责任公司、沈阳鼓风机集团股份有限公司、中国石油西气东输管道公司。

诞生时间： 2014 年。

附图 2-13　天然气长输管线 30MW 级燃驱压缩机组

（二十）10万Nm³/h空分装置及配套压缩机组

成果描述： 10万Nm³/h等级空分装置用压缩机组由首次采用国际先进的轴流+离心共轴技术的空压机和多轴多级齿轮组装式增压机组成，很好地满足了空分流程中大流量、高压比、高性能的工艺要求。沈鼓集团先后攻克了大轮毂比高效叶轮设计、转子高可靠性设计、高端加工工艺研究、机组智能控制系统开发、机组装置成套设计等40多个瓶颈性技术难题。该机组在我国首个自主建设的10万千瓦功率等级试车台位上完成了全速全压全负荷性能试验，机组效率高达89%，综合性能指标达到国际先进水平。这标志着我国高端制造再获重大突破，煤炭深加工核心装备跻身世界先进行列。沈鼓集团成为继西门子、曼透平之后的全球第三家能够生产该设备的企业。

研制单位： 杭州杭氧股份有限公司、沈阳鼓风机集团股份有限公司、杭州汽轮机股份有限公司。

诞生时间： 2015年。

附图2-14　10万Nm³/h空分装置及配套压缩机组

（二十一）56″Class900高压大口径全焊接球阀

成果描述： 填补国内空白，达到国际先进水平，标志着我国油气管道关键设备国产化发展到新阶段。

研制单位：上海电气阀门有限公司、成都成高阀门有限公司、五洲阀门有限公司。

诞生时间：2015 年。

（二十二）±800kV 特高压直流输电关键成套技术装备研制及产业化

成果描述：该项目开发的成套设备已成功装备在我国"云南—广东"和"向家坝—上海"两项 ±800kV 特高压直流工程中，累计直流输电 3 489km，输送容量达 1 140 万千瓦。为解决我国资源集中在西部，而东部能源短缺的问题，提供了相应的解决办法，为确保"十二五"期间国民经济的发展对电力装备的需求奠定了一定的基础。

附图 2-15　56″ Class900 高压大口径全焊接球阀

研制单位：西安西电变压器有限责任公司。

诞生时间：2011 年。

附图 2-16　±800kV 特高压直流输电关键成套技术装备

（二十三）螺旋桨用重型七轴五联动车铣复合机床

成果描述：可以实现对大型螺旋桨一次装夹多桨叶、多表面的曲面进行加工，能够高精、高效地完成螺旋桨的所有车铣加工工序，为我国船舶行业使用先进的现代升力面理论优化设计方法设计螺旋桨提供了工艺保证。该装备的成功研制，提高了我国重型机床的研制水平和大型船舶的制造能力。

研制单位：武汉重型机床集团有限公司。

诞生时间：2011 年。

附图 2-17　螺旋桨用重型七轴五联动车铣复合机床

（二十四）600MW 等级超临界 "W" 型火焰锅炉

成果描述：600MW 超临界 "W" 型火焰锅炉已在珙县、福溪、南宁等电厂陆续成功投运，达到了预期目的，具有良好的经济效益、推广应用价值和巨大的社会效益。

研制单位：东方电气集团锅炉股份有限公司。

诞生时间：2013 年。

（二十五）高效、超高效电动机设计、制造、测试技术研究及系列产品开发

成果描述：攻克了高效、超高效电动机设计、制造的关键技术及生产工艺、材料等技术瓶颈，开发出符合 IEC 要求的高效、超高效电动机系列产品。多项成果达到了国际先进水平。成果已成功转让山东华力等 50 多家企业，覆盖全国重点区域。

研制单位：上海电器科学研究所（集团）有限公司。

诞生时间：2013 年。

附图 2-18　高效、超高效电动机

（二十六）1 000 吨、2 000 吨履带起重机关键技术及产业化

成果描述：该项目打破了欧美、日本对此类产品的多年垄断，使我国成为全球第三个掌握千吨以上超大型履带起重机研发及制造技术的国家，打破了该吨级产品依赖进口的局面，满足了国家重大工程建设的急需。

研制单位：徐工集团工程机械股份有限公司。

诞生时间：2013 年。

（二十七）12 000 吨航空及铝合金板材张力拉伸机装备

成果描述：获 2014 年度中国机械工业科学技术特等奖，同时获得 2015 年国家科学技术进步二等奖。该装备的成功研制解

附图 2-19　1 000 吨、2 000 吨履带起重机

决了我国大型铝合金板材万吨级拉伸机装备从无到有的问题，是我国铝合金厚板生产技术和装备的重大突破，对提高我国大飞机制造国产化率提供了原材料

保障，体现了我国重大技术装备设计与制造水平的不断提高。

研制单位：中国重型机械研究院股份公司、中信重工股份有限公司、中南大学、西安交通大学、清华大学。

诞生时间：2014年。

附图 2-20　12 000 吨航空及铝合金板材张力拉伸机装备

（二十八）国产先导式大流量电液比例阀系列产品

成果描述：围绕工业装备和工程机械所需的先导式电液比例阀，攻克了多项关键核心技术，形成了比例阀系列，最高工作压力 35MPa、最大额定流量可达到 3 000L/min，在中位泄漏、动态响应时间、电器功率损耗等方面超越国外同类产品。建成了高压大流量比例阀生产线及其装配试验基地，具备年产高压大流量比例阀 20 000 台的生产能力。研制的系列产品已在国防军工、锻压、冶金、工业液压系统等领域得到应用，经济效益和社会效益显著。

研制单位：北京华德液压工业集团有限责任公司。

诞生时间：2014年。

附图 2-21　国产先导式大流量电液比例阀系列产品

（二十九）80 万千瓦水轮发电机组

成果描述： 全世界容量最大的水轮发电机组。

研制单位： 哈尔滨电气集团、东方电气集团。

诞生时间： 2014 年。

（三十）发电机断路器成套装置

成果描述： 打破了国外企业的垄断，使我国成为国际上少数该类高端设备生产国家之一。

研制单位： 西安西电开关电气有限公司。

诞生时间： 2012 年。

（三十一）MK84250/15000-H 型 250 吨超重型数控轧辊磨床

成果描述： 通过技术攻关，解决了多项关键技术，如重载作用下的静压支撑与工件高精度回转技术、加工误差的检测技术等，研制出当今国际上最大加工能力 250 吨的数控轧辊磨床，用于轧辊制造厂大型轧辊的磨削加工，可实现热连轧机组与宽厚板机组支承辊、工作辊等粗磨与精磨加工，完成辊身、辊颈、托肩的外圆、锥面等部位磨削。数控轧辊磨床已经形成系列化产品，解决了我国大型轧辊制造瓶颈技术装备难题，通过本项目技术研究，使我国超重型极端制造技术获得突破，为钢铁工业提供关键加工设备。

研制单位： 上海机床厂有限公司。

诞生时间： 2009—2013 年。

附图 2-22　MK84250/15000-H 型 250 吨超重型数控轧辊磨床

（三十二）数控重型桥式龙门五轴联动车铣复合机床

成果描述：该机床是目前国内龙门通过宽度最大的超重型数控龙门移动式动梁五轴联动车铣复合机床，结束了我国在核电装备制造和超重型零件制造所需设备长期依赖进口的局面，打破了西方国家长期以来在重型高档数控龙门铣床方面对我国的封锁，极大地提高了核电和船舶制造业的竞争力，同时对国防军工行业都有十分重大的意义。

研制单位：北京第一机床厂。

诞生时间：2009—2012 年。

附图 2-23　数控重型桥式龙门五轴联动车铣复合机床

（三十三）数控重型曲轴铣车复合加工机床

成果描述：研制成功用于加工万匹马力以上船舶柴油机的数控重型曲轴铣车复合加工机床，该机床的研发成功满足了国家造船业的需求，填补了国家在重型曲轴加工装备领域的空白，对推动我国大型舰船发展具有战略意义。

研制单位：齐重数控装备股份有限公司。

诞生时间：2009—2012 年。

附图 2-24　数控重型曲轴铣车复合加工机床

（三十四）HTM125600 型五轴车铣中心

成果描述：开发成功 HTM125600 型铣车复合五轴联动铣车加工中心，此机床可满足船用柴油机对于重型曲轴的急切需求，为我国船用柴油机重型曲轴生产开辟了一条新道路，而且也可以用于电力部门的大型电机转子、汽轮机转子、生产冶金企业重型轧辊等一些重型装备企业的重大而复杂轴盘系零件的生产，满足国家重大装备和国内各行业对高档重型铣车复合机床的需求。

研制单位：沈阳机床集团有限公司。

诞生时间：2009—2012 年。

附图 2-25　沈阳机床集团开发的 HTM125600 型五轴车铣中心

（三十五）DLDL-250 型超重型数控卧式镗车床

成果描述： 开发成功 $\Phi5\,000 \times 20\,000$mm、承重 500 吨的超重型数控卧式镗车床，用于超重型轧辊、大型船舶（航空母舰）舵轴、超临界汽轮机转子、水轮发电机转子及大电机主轴的加工。该机床广泛应用于冶金、交通、能源、重机制造、军工等领域，是国家战略装备的关键加工设备，对国家经济和国防安全具有重要的战略意义。

研制单位： 武汉重型机床集团公司。

诞生时间： 2009—2013 年。

附图 2-26　DLDL-250 型超重型数控卧式镗车床

（三十六）大型快速、高效数控全自动冲压生产线

成果描述： 研制成功具有完全自主知识产权的 64 000kN 大型快速、高效数控全自动冲压生产线，并以本项目为突破口，开发出 42 000～60 000kN 系列全自动冲压生产线，达到国际同类产品先进水平，批量装备我国汽车制造业，彻底改变了我国大型快速、高效数控全自动冲压生产线进口局面。该产品已经批量出口美国福特公司等著名汽车制造商，实现了我国大型快速、高效数控全自动冲压生产线重大成套设备出口的突破。

研制单位： 济南二机床集团有限公司。

诞生时间： 2009—2014 年。

附图 2-27　大型快速、高效数控全自动冲压生产线

（三十七）THM 系列精密卧式加工中心

成果描述： 高精度卧式加工中心是我国航空航天、汽车、船舶、模具行业急需的关键设备，也是数控机床的主要发展方向之一。目前高精度加工中心市场基本被国外产品占据，影响产业安全。目前该系列精密型卧式加工已经在汽车及其零部件、通用机械、航空航天、模具等各行业得到了应用，对提升我国精密机床技术和性能起到了积极的推进作用。

研制单位： 四川普什宁江机床有限公司。

诞生时间： 2009—2014 年。

附图 2-28　THM 系列精密卧式加工中心

（三十八）TGK46100 高精度数控卧式坐标镗床

成果描述：高精度数控卧式坐标镗床是精密机械制造的工作母机，代表了我国机床工业的制造水平。该机床的主要技术指标达到了国际同类产品的先进水平。该机床主要用于精密机械关键件精密加工，本项目填补了国内空白，可满足市场对精密工作母机的需求，为振兴我国的装备制造业做出了突破性贡献。

研制单位：沈阳机床集团、昆明机床股份有限公司。

诞生时间：2009—2014 年。

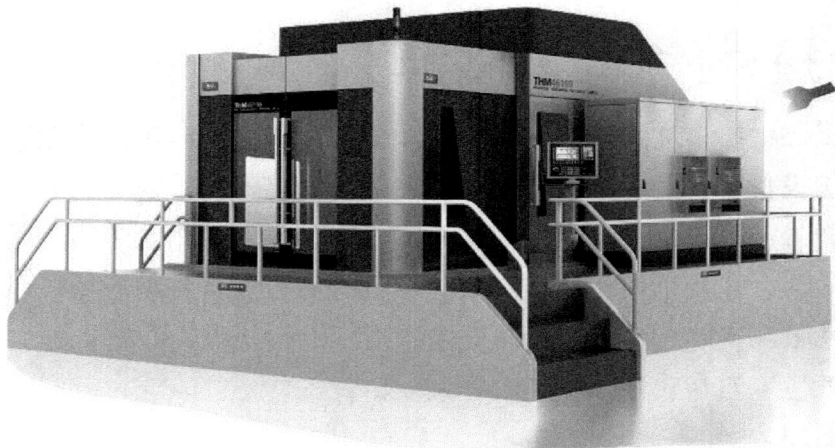

附图 2-29　TGK46100 高精度数控卧式坐标镗床

（三十九）VGW800-MT 型五轴立式铣车复合加工中心

成果描述：本机床具备高达 60m/min、1g 加速度的性能指标，具有铣、车、磨功能，相比传统机型具有更高的材料去除率。本机型中所采用的数控系统、智能电源及伺服驱动器、伺服电机、力矩电机、主轴电机以及电主轴和双回转工作台全部由大连光洋科技工程有限公司提供。本机床适用于通用机械加工、模具制造、汽车、航空航天、船舶、石油化工、通信等行业。

研制单位：大连科德数控有限公司。

诞生时间：2011—2014 年。

附图 2-30　VGW800-MT 型五轴立式铣车复合加工中心

（四十）数控切点跟踪曲轴磨床

成果描述： 该项目以数控切点跟踪曲轴磨床为核心，针对曲轴精密、高效的磨削要求，通过技术创新，成功开发出了曲轴精加工敏捷生产线成套装备，并形成了从曲轴随动式（切点跟踪）磨削的相关理论、方法、工艺、功能部件、整机制造到应用的完整技术体系，实现了曲轴非圆磨削成套装备技术研发和应用的重大突破。项目获得国家授权发明专利 10 项，授权实用新型专利 3 项。项目荣获 2014 年度国家机械工业最高科技大奖——中国机械工业科学技术奖特等奖。

研制单位： 北京第二机床厂有限公司。

诞生时间： 2011—2014 年。

附图 2-31　数控切点跟踪曲轴磨床

（四十一）汽车发动机关键零件高效加工柔性自动线

成果描述： 设计制造了多条柔性加工自动线及敏捷加工自动线，适应了汽车零件批量生产和产品更新换代改型的需要。特别是汽车发动机关键件如缸体、缸盖、瓦盖、曲轴、连杆及差速器壳体等，大都采用此类高效自动化装备来加工完成，对于推动我国汽车工业装备升级具有重要意义。

研制单位： 大连机床集团有限公司。

诞生时间： 2009—2014 年。

附图 2-32　汽车发动机关键零件高效加工柔性自动线

（四十二）QMK009 型数控锥齿轮磨齿机

成果描述： QMK009 型数控锥齿轮磨齿机采用创新的数字产形轮展成磨削工艺，用指状砂轮或小直径盘状砂轮，实现了加工方法和机床结构的原始创新。该机床通过多轴联动来磨削大型曲线齿锥齿轮，并可实现多种齿制锥齿轮的磨削加工，即不仅可以磨削 Gleason 弧齿锥齿轮和直齿锥齿轮，还可以磨削 Klingelnberg 延伸外摆线锥齿轮。该机床的开发成功，解决了我国大型重载圆锥齿轮的热处理后精密加工难题，填补了国际空白，使我国在国际上处于大型高精度硬齿面锥齿轮制造的先进行列，解决了船舶、石油和建材等行业对大型锥齿轮磨齿机的急需，对我国发展大型、高精度传动装备具有重要意义。

研制单位： 秦川机床工具集团。

诞生时间：2011—2014 年。

附图 2-33　QMK009 型数控锥齿轮磨齿机

（四十三）Y31320 型大型、高精度、数控滚齿机

成果描述：开发出 Y31320 型大型、高精度、数控滚齿机，机床的技术性能达到世界先进水平，打破了国外对精密大型数控滚齿机的垄断，缩小了我国齿轮装备行业与国外的差距，整体提升了国内齿轮机床的技术水平。该机床满足了我国国内风电设备、船舶工业、重型汽车、工程机械等行业对高速、精密大型数控滚齿机的需求，取代了进口产品，显著提升了我国齿轮及齿轮装备行业的技术创新能力和国际竞争能力。

研制单位：重庆机床工具集团。

诞生时间：2011—2014 年。

附图 2-34　Y31320 型大型、高精度、数控滚齿机

（四十四）TK6932 型超重型数控落地铣镗床

成果描述：研制成功世界最大的 TK6932 型超重型数控落地铣镗床，并在用户单位得到应用。该机床配以铣镗主机、回转工作台等构成大型加工单元，可对超重型零件完成铣、镗、钻、铰、切沟槽等加工，实现五轴联动及空间曲面的重切削加工，该机床的开发成功对于提高我国大型精密机械装备的制造水平具有重要意义。

研制单位：齐齐哈尔二机床集团。

诞生时间：2009—2013 年。

附图 2-35　TK6932 型超重型数控落地铣镗床

（四十五）9 米级超大型铝合金整体环件

成果描述：这是迄今为止世界范围内最大级别的铝合金整体环件，对满足我国未来航天事业需求、推动我国航天工业发展有着极其深远的影响。

研制单位：中铝西南铝与天津特钢精锻有限公司。

诞生时间：2015 年 4 月。

附图 2-36 9 米级超大型铝合金整体环件

（四十六）三代 7000 系航空铝合金预拉伸厚板

成果描述：丰富发展了相关基础理论，在工业化制造技术方面取得了重大突破，填补了国内多项空白，使我国在该领域迈入国际先进行列，对保障重大型号工程急需、推动以航空铝材为代表的高端铝加工产业发展和提高国际竞争力有重大作用。"十二五"期间，该项目所涉及的重大共性关键技术和产品的成套工业化制造技术，先后获得国家科技进步二等奖 1 项、国防科技进步一等奖 1 项、中国有色金属工业科学技术奖一等奖 2 项。

研制单位：北京有色金属研究总院、西南铝业（集团）有限责任公司、东北轻合金有限责任公司、中南大学、东北大学。

诞生时间：2012 年。

附图 2-37　三代 7000 系航空铝合金预拉伸厚板

（四十七）高铁用大规格复杂截面型材

成果描述：该技术针对我国高速列车、轻轨地铁等对高性能、大规格复杂截面铝型材的迫切需求，通过与龙口市丛林铝材有限公司、南车青岛四方机车车辆股份有限公司产学研合作和联合攻关，历经十余年完成。该项目系统开展了高性能材料设计、大直径铸锭制备与处理、挤压工艺和模具设计与制造、材料变形与控制、型材后处理工艺与装备等技术的创新研究，研发了系列高性能铝合金材料和挤压用大规格优质铸锭制备工艺与技术，构建了高速列车车体用高性能铝合金材料制备技术体系；研究揭示了挤压变形机理及工艺模具参数对型材质量的影响规律，研发了高性能铝型材挤压工艺、模具设计及制造技术，研制出系列大规格复杂截面铝型材挤压模具；研发了高性能、大规格复杂截面铝型材等温挤压及型材后处理装备与技术，保障了铝型材的优异综合性能和几何精度。

研制单位：龙口市丛林铝材有限公司、山东大学、南车青岛四方机车车辆股份有限公司。

诞生时间：2015 年（获 2015 年度国家科学技术进步奖二等奖）。

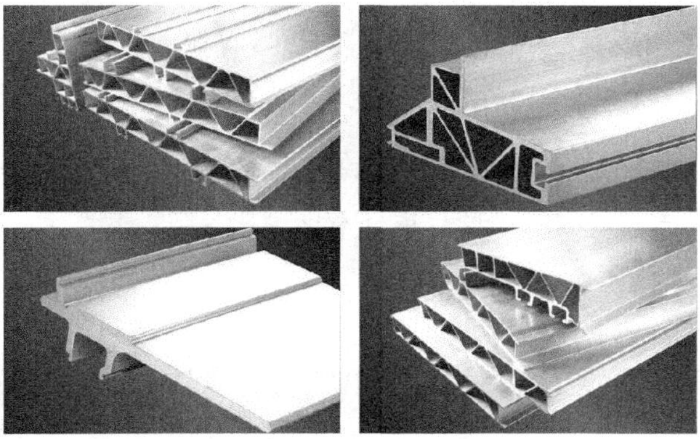

附图 2-38　高铁用大规格复杂截面型材

（四十八）国内直径最大白铜管

成果描述： 直径 325 毫米，壁厚 4 毫米，长度可达 6 米，目前国内直径最大，可以替代进口的超大口径白铜管。

研制单位： 中铝洛阳铜业有限公司。

诞生时间： 2011 年 10 月 26 日。

（四十九）钛合金航空旋翼机欧亚 001 号

成果描述： 这标志着宝钛集团在钛合金深度应用方面取得了新进展，目前公司已具备批量生产旋翼机的能力，并已拿到 15 架国外订单。

研制单位： 宝钛集团控股的欧亚公司与澳大利亚 TAG 航空公司。

诞生时间： 2013 年 11 月 27 日。

附图 2-39　钛合金航空旋翼机欧亚 001 号

（五十）中色（宁夏）东方集团研制出国内最大钛"饼"

成果描述： 这意味着该公司已具备大型高端、高附加值钛及钛合金锻件的加工能力，且技术水平达到国内领先水平。

研制单位： 中色（宁夏）东方集团钛材分公司。

诞生时间： 2015 年 9 月 6 日。

（五十一）单槽容积最大为 $320m^3$ 的系列大型浮选机

成果描述： 项目针对我国经济快速发展对矿产资源的巨大需求，成功研制了单槽容积最大为 $320m^3$ 的系列大型浮选机，适应了市场的迫切需求，可显著提高选矿处理能力和技术指标，简化配置，降低能耗。

项目的成功开发与应用使我国成为世界上掌握大型浮选机关键技术的三个国家之一。项目产品已出口到澳大利亚、加拿大、蒙古、哈萨克斯坦、秘鲁、南非、沙特等国家，目前已有 20 000 多套设备应用在世界各地。近三年直接经济效益 14.52 亿元，间接经济效益 36.68 亿元。

该项目获得国家科学技术进步二等奖。

研制单位： 北京矿冶研究总院。

诞生时间： 2012 年。

附图 2-40　单槽容积最大为 $320m^3$ 的系列大型浮选机

（五十二）国际热核聚变实验堆用高性能超导材料

成果描述： 经过十余年的努力，发明了国际热核聚变实验堆（ITER，International Thermonuclear Experimental Reactor）用高性能多芯复合 NbTi 和 Nb3Sn 超导线材制备整套关键技术，建成了国际一流水平的生产线，完成了工程化试制和批量化生产，完成了向 ITER 计划的批量供货。该成果获得 2015 年度国家技术发明二等奖。

研制单位： 西北有色金属研究院、西部超导材料科技股份有限公司。

诞生时间： 2014 年。

附图 2-41　国际热核聚变实验堆用高性能超导材料

（五十三）国 IV 标准车用贵金属催化剂

成果描述： 项目解决了满足国 IV 排放标准催化剂开发及产业化生产过程中存在的催化材料复合、贵金属涂层担载、贵金属区域分布、工艺与设备匹配等关键技术问题，研制开发出具有竞争实力的、满足国 IV 以上排放标准的车用贵金属催化剂产品。该成果形成了具有我国自主知识产权的国 IV 车用贵金属催化剂产品及产业化制备技术，在催化剂制造工艺的先进性、产业化设备的自动化程度、技术成果的系统化与集成化性能等方面达到国际先进水平，打破了国外公司对机动车尾气净化催化剂技术的垄断，为我国机动车污染防治和节能减排战略做出了贡献。

研制单位： 贵研铂业股份有限公司、昆明贵金属研究所。

诞生时间： 2011 年。

附图 2-42　国 IV 标准车用贵金属催化剂

（五十四）多晶硅高效节能环保生产新技术、装备与产业化

成果描述： 多晶硅是战略性原材料，是应用范围巨大、产业关联度极高的行业，有了高纯的多晶硅，才能制造满足集成电路和太阳能电池要求的硅片。该成果开创了我国多晶硅全流程与规模化生产工艺的先河，突破了多晶硅高效沉积理论难题，首次创立了节能还原炉系统设计方法，成功研制了国际单炉产量最高、单位能耗最低的节能工艺与装备，解决了多晶硅生产高能耗问题，成果推广后，使我国的多晶硅规模提高了千倍、能耗降低了 66%，实现了清洁、无害化生产，消除了社会对多晶硅"高污染、高能耗"的误解。"十二五"期间，我国多晶硅产量超越欧美，彻底打破了国外的技术封锁和市场垄断，为我国光伏产业发展成为数不多的可以同步参与国际竞争的、保持国际先进水平的产业提供了强有力的支撑。2012 年 12 月获得国家科技进步二等奖。

研制单位： 中国恩菲工程技术有限公司、洛阳中硅高科技有限公司。

诞生时间： 2011 年。

附图 2-43　国家唯一的多晶硅材料制备技术国家工程实验室

（五十五）10 吨/年石墨烯微片工业化制备及其在海工装备重防腐涂料中的应用

成果描述：利用自主开发的新型氧化还原石墨烯微片制备工艺建成的 10 吨/年石墨烯微片生产装置，以石墨为原料生产的石墨烯微片质量稳定可控，重复性好，产品具有优异的导电性、物理机械性能和化学稳定性，该工艺在官能团控制、氧化石墨纯化以及缺陷修复等方面具有创新性。利用该工艺生产的石墨烯微片作为功能助剂，开发出锌烯重防腐（导静电）两种新型涂料。锌烯重防腐涂料的锌粉含量只有传统富锌底漆中的 30%左右，涂层拉开法附着力≥15MPa，耐雾盐性能 2 000h 以上，综合性能明显优于传统的富锌底漆，总体技术达到国际先进水平。所开发的锌烯重防腐涂料产品已率先应用于海上风力发电塔筒，正常运行时间超过 2 000h。

研制单位：常州第六元素材料科技股份有限公司、中海油常州涂料化工研究院有限公司、江苏道森新材料有限公司。

诞生时间：2015 年。

（五十六）满足国 V 排放标准的汽油车尾气催化剂及产业化

成果描述：在工业和信息化部"稀土稀有金属新材料研发和产业化专项——汽

267

车尾气稀土催化器研发及产业化"与"863"计划"高性能汽车尾气催化剂制备及应用技术"等项目的支持下，成功解决了高性能铈基储氧材料和含磷氧化铝的可控制备、催化剂配方设计、汽油车催化剂贵金属减量、高精度定量涂覆和系统集成等技术性难题，开发的尾气净化催化剂产品在储氧量、贵金属利用率、涂覆精度和机动车尾气污染物转化能力等关键技术参数指标上达到国 V 排放标准，市场占有率大幅提升，2014 年与 2015 年销售额分别达到 13.1 亿元与 18.7 亿元，整个生命周期估计产值约 100 亿元，社会效益与经济效益显著。2015 年成功为通用汽车批量配套（120 万台套），实现了国产稀土汽车催化剂在国际主流汽车品牌市场应用的零的突破，打破了国际汽车催化剂市场被海外跨国公司垄断的格局。

研制单位：无锡威孚环保催化剂有限公司、天津大学。

诞生时间：2015 年。

（五十七）新型铈磁体系列产品

成果描述：新型铈磁体制备技术实现了双/多主相调控、低温烧结和矫顽力增强技术等系列技术的创新和应用，显著降低了生产成本，大大拓展了稀土铈元素的应用，大幅减少了资源紧缺的镨钕金属消耗，形成了自主知识产权和独具中国资源特色的铈磁体产业，使我国的稀土、永磁稀土、可用稀土资源翻一番，实现了稀土资源的平衡利用，并带动上下游的新产品、新技术开发，促进全产业链创新。

研制单位：钢铁研究总院。

诞生时间：2012—2015 年。

（五十八）超高性能烧结钕铁硼磁体

成果描述：通过组织调控技术集成和创新，大幅度降低了烧结钕铁硼磁体中的镝和铽等重稀土用量，在安泰科技、中科三环和宁波韵升等主要生产企业推广和应用，成功实现了（BH）max（MGOe）+Hcj（kOe）≥72 的超高性能烧结钕铁硼磁体批量生产，降低了我国重稀土资源的消耗，使我国主流生产企业的技术水平显著提高，高端钕铁硼产品在国际市场的份额进一步提高，主流企业的生产水平达到国际先进水平。

研制单位：中国钢研科技集团有限公司、北京中科三环高技术有限公司、宁波韵升股份有限公司、烟台正海磁性材料有限公司、中国科学院宁波材料技术与工程研究所。

诞生时间：2014 年。

（五十九）特高压柔性直流输电控制保护系统

成果描述：柔性直流输电技术是改变我国电网发展格局的战略性选择，该技术在我国的工程化应用，可提高现有输/配电网的安全稳定水平，促进可再生能源的低成本模块化开发利用，促进电力产业结构升级与优化，解决我国能源领域节能环保等重大问题，为我国带来巨大的经济效益和社会效益。基于该技术的特高压柔性直流输电控制保护系统近两年先后成功应用于国家"863"示范项目——世界首个多端柔性直流输电工程——广东汕头南澳多端柔性直流输电工程，以及世界最高电压与最大容量的云南省罗平鲁西背靠背直流异步联网工程项目中。

研制单位：北京四方继保自动化股份有限公司。

诞生时间：2013—2015 年。

附图 2-44　特高压柔性直流输电控制保护系统罗平项目屏柜

（六十）DM4748 高性能永磁铁氧体

成果描述：代表当前国内永磁铁氧体行业的最高水平。具有优异的剩余磁感应强度 Br，成分配比利于生成较好的晶型，利于保持较高的饱和磁化强度及取向度。在应用上可以满足各种永磁电机的使用要求，对促进电机产品的节能化、微型化具有非常重要的意义。产品打破了日本技术的垄断，在永磁铁氧体技术领域填补了国内空白，达到国际领先水平。

研制单位：横店集团东磁股份有限公司。

诞生时间：2015 年。

（六十一）应用海信"深度动态背光控制的超高清液晶显示关键技术"的海信 ULED 超高清液晶电视产品

成果描述：海信 ULED 超高清液晶电视，在背光多分区动态控制技术、峰值亮度控制技术、纳米量子点和背光扫描控制技术等方面突破了多个超高清显示技术瓶颈，实现了高动态范围、高色域、高清晰度、高运动流畅度的显示效果，首次领先日韩企业把液晶显示画质效果提升到世界一流水平。海信 ULED 电视产品已经在显示领域累计申请国内专利 170 余项，国外专利 15 项，已获得美国及欧洲专利授权，并主持制定了相关国际、国内标准。海信 ULED 电视产品的成功推出，实现了中国企业在高端产品上能够与世界一流企业竞争，一定程度上解除了日韩企业希望借助 OLED 颠覆中国电视产业的危机。

研制单位：海信集团有限公司。

诞生时间：2015 年。

附图 2-45　海信 ULED 超高清液晶电视产品

（六十二）海信高清超短焦激光家庭影院电视

成果描述： 在国家"863"计划的支持孵化及持续的研发攻关下，海信通过在超短焦投影光机模组、超高亮度激光光源模组等核心技术上的创新，解决了家用激光显示的高分辨率、高色纯度、环境可靠性等行业技术难题。

研制单位： 海信集团有限公司。

诞生时间： 2015 年。

附图 2-46　海信高清超短焦激光家庭影院电视

（六十三）HiCON6.0 交通信号控制系统

成果描述： "十二五"期间，海信自主研发的 HiCON6.0 交通信号控制系统，超越了国内外同行控制系统，打破了国外 SCATS 和 SCOOT 系统在信号控制领域的垄断局面，信号控制产品连续多年国内市场占有率第一。累计共授权国内发明专利及实用新型 26 项，国外发明专利 2 项，软件著作权登记 13 项。突破了单路口瓶颈自动解锁、区域拥堵需求控制、图形化参数配置等多项行业技术难题，达到国际先进水平。

研制单位： 海信集团有限公司。

诞生时间： 2013 年。

附图 2-47　HiCON6.0 交通信号控制系统

（六十四）高品质超高清电视图像处理显示芯片 HS3700

成果描述：高品质超高清电视图像处理显示芯片 HS3700 结合了海信自主已有的在模组、芯片和整机等方面的优势技术，进一步加深了在超高清产品方面的研发深度，突破了画质处理芯片中用于解决分辨率变换、画质增强、帧率变化、背光控制等多种视频后处理过程中的关键技术，掌握了核心处理算法和芯片及整机开发技术，建立了系统的超高清相关芯片及整机开发能力，最终形成了国际一流的自主技术品牌，提升了整机竞争力。

附图 2-48　高品质超高清电视图像处理显示芯片 HS3700

研制单位：海信集团有限公司。

诞生时间：2015 年 5 月（投产应用）。

（六十五）8.5 代 TFT-LCD 面板生产线

成果描述：京东方北京第 8.5 代 TFT-LCD 生产线项目是国内首条 TFT-LCD 高世代生产线，也是北京市电子工业史上单体投资额最大的工业项目。项目由京东方自主建设，并拥有自主知识产权。产线的建成投产打破了海外巨头对显示产业核心技术及市场的垄断，改写了我国大尺寸显示屏完全依赖进口的历史，解决了我国彩电产业的缺"屏"之痛，对于填补国内产业空白、促进中国电视产业转型具有重要的战略意义。项目总投资 280.3 亿元，包括阵列、彩膜、成盒和模组四部分生产工序，产品以 7 英寸至 110 英寸液晶显示屏为主，目前产能 14.5 万片玻璃基板/月，产品平均良率达 96%以上。在"技术领先、全球首发、价值共创"的自主创新理念指引下，京东方北京 8.5 代线自主研发了全球首款 110 英寸 8K 和 98 英寸 8K 超高清显示屏、110 英寸 4K 超高清显示屏、超高清裸眼 3D 显示屏、透明显示等创新产品，在超高清、高透过率、低功耗、多功能集成、透明显示等诸多全球前沿技术领域取得了显著成绩。

研制单位：京东方科技集团股份有限公司。

诞生时间：2011 年。

（六十六）110 英寸超高清显示屏

成果描述：京东方全球首款 110 英寸 4K×2K 超高清显示屏采用京东方独有的 ADSDS 超硬屏技术，拥有 178 度超宽视角、3 840×2 160 的分辨率，达到 4 倍于 FHD 的 UHD（Ultra HD）超高清级别。产品亮度高达 1 000nits，在室外公共显示场所也能够实现高品质显示。10bit 色彩技术可呈现 10.7 亿色，远高于主流显示色彩数，使得色彩更加丰富艳丽，画质更为清晰。该产品 2013 年入选吉尼斯世界纪录。在此基础上，京东方推出了 110 英寸 8K×4K 超高清显示屏，产品集超大尺寸超高分辨率面板分区驱动技术、超大尺寸面板拼接曝光技术等众多大尺寸面板高端技术于一体，视角达到 178 度，亮度达 600nits，分辨率为 7 680×4 320，是目前主流高清电视分辨率的 16 倍，能够完美实现超大尺寸的 8K×4K 超高清显示。该产品是目前全球最大尺寸的 8K×4K 显示屏，获

CEATEC 2015"生活方式创新产品大奖"。

研制单位：京东方科技集团股份有限公司。

诞生时间：2012 年和 2015 年。

（六十七）第 6 代 AMOLED 生产线

成果描述：京东方第 6 代 AMOLED 生产线是中国首条面向柔性显示的 AMOLED 生产线,该条生产线填补了国内高世代柔性 AMOLED 生产线的空白, 对提升我国半导体显示产业技术水平、进一步完善产业结构、优化产业布局具 有重要的战略意义。该条生产线将采用柔性 AMOLED 显示技术,使用柔性基 板制造成超薄、超轻、可弯曲的产品,应用于高端手机及新一代穿戴显示系统。 凭借深厚的技术积累和不断的技术瓶颈突破,京东方第 6 代 AMOLED 生产线 2015 年 5 月开工建设,计划于 2017 年投产,我国将成为全球第二个自主掌握柔 性显示技术并有能力实现量产的国家。

研制单位：京东方科技集团股份有限公司。

诞生时间：2015 年。

（六十八）交叉背接触高效太阳能电池

成果描述：交叉背接触（IBC）高效太阳能电池通过半导体高端工艺制备表 面无栅线的晶硅太阳能电池,大幅提升产品的光/电转换效率,使其最大限度地 趋近相关指标的工业生产极限。该项技术是目前已实现的最高效晶硅光伏技术, 长期由美国 SunPower 公司掌握。我国常州天合光能有限公司通过长期的自主研 发掌握了该技术生产工艺,并实现了小规模量产。标准太阳能电池转换效率达 到 23%,标准组件功率达到 320W 以上。

研制单位：天合光能有限公司。

诞生时间：2015 年。

（六十九）LNG 低温高压铸造球阀

成果描述：打破了国外产品在该领域的垄断。

研制单位：重庆川仪自动化股份有限公司。

诞生时间：2014 年。

（七十）台山核电站 1 号机组 175 万千瓦核能发电机

成果描述： 全世界最大单机容量核能发电机。

研制单位： 东方电机有限公司。

诞生时间： 2013 年。

（七十一）240MVar/1000kV 单相单柱特高压电抗器

成果描述： 世界首台。

研制单位： 天威保变电气股份有限公司。

诞生时间： 2013 年。

（七十二）10kg/s（千克/秒）通用型多功能谷物联合收割机

成果描述： 创造了中国收割机最大喂入量的纪录。

研制单位： 国机集团所属中国农机院。

诞生时间： 2013 年。

（七十三）三代核电 AP1000 壳内电缆

成果描述： 世界核电工业的一项空白。

研制单位： 江苏上上电缆集团有限公司。

诞生时间： 2013 年。

（七十四）高强度汽车板

成果描述： 拓展了先进超高强钢产品规格、镀层和强度级别产品的应用，具备第二、第三代超高强钢工业大生产技术和批量供货能力。

研制单位： 宝钢集团。

诞生时间： "十二五"期间。

（七十五）低温压力容器用镍合金钢板

成果描述： 替代进口，产品质量达到国际先进水平，满足国内制造 LNG 储罐及船用要求。

研制单位：南京钢铁股份有限公司。

诞生时间："十二五"期间。

（七十六）铁路快速客车辗钢整体轮

成果描述：生产工艺先进，产品处于国际同类产品先进行列，满足高铁装备制造要求，获得用户高度评价。

研制单位：马鞍山钢铁股份有限公司。

诞生时间："十二五"期间。

（七十七）海洋石油平台用热轧 H 型钢

成果描述：实现海洋石油平台用钢的国产化，填补了国内空白，质量达到国际先进水平。

研制单位：马鞍山钢铁股份有限公司。

诞生时间："十二五"期间。

（七十八）高性能桥梁用钢

成果描述：高性能桥梁系列用钢 Q420qE、Q460qE 具有优异低温冲击韧性、抗疲劳断裂性能和焊接性能，用于大跨度桥梁建设，为港珠澳跨海大桥、南京长江二桥、武汉天兴洲长江大桥等国家重点工程提供保障。

研制单位：鞍钢股份有限公司

诞生时间："十二五"期间。

（七十九）高磁感取向硅钢

成果描述：高端 HiB 钢已成功应用于 500～1 000kV 级别大型变压器制造，保证超高压变压器的各项指标均优于设计标准，达到世界先进水平。

研制单位：武汉钢铁股份有限公司。

诞生时间："十二五"期间。

（八十）高标准轴承钢

成果描述：高碳铬轴承钢质量稳定，达到世界先进水平，供应国外知名轴承生产商如 SKF、SCHAEFFLER 等约占 50%。

研制单位： 江阴兴澄特种钢铁有限公司。

诞生时间： "十二五"期间。

（八十一）超超临界火电机组用锅炉管

成果描述： 锅炉管长时性能稳定要求高，是国家战略型产品，对于企业投资大、周期长、技术难度高、市场准入门槛高。"十二五"期间，在 600℃ 超超临界电站耐热钢技术突破和大规模工业应用的基础上，实现 630℃ 超超临界锅炉管技术突破、工业生产及工程应用。

研制单位： 宝钢集团。

诞生时间： "十二五"期间。

（八十二）高性能双相不锈钢

成果描述： 高性能双相不锈钢的镍合金含量低，强度高，具有优异的耐腐蚀性能，是公认的高科技含量、高附加值的战略产品。宝钢、太钢通过研究开发，在普通双相不锈钢 3Re60、329J4 的基础上，率先开发出了包括 S32101、S32003、S31803、S32304、S32750 等在内的新一代经济型、超级双相不锈钢以及中厚板、薄板、无缝管、螺纹钢筋等多个规格的产品，产品实物质量达到国际先进水平，填补了国内空白。产品先后在三峡工程、港珠澳大桥、海外 PDO 天然气管线、AP1000 核电等重大工程项目建设中得到广泛应用，满足了石油、化工、建筑、核电、海水淡化、真空制盐、纸浆造纸、脱硫环保装备等高端行业的需求。

研制单位： 宝钢集团、太钢集团。

诞生时间： "十二五"期间。

（八十三）原油船货油舱用耐蚀钢

成果描述： 随着国际海事组织将货油舱用耐腐蚀钢作为涂层防护的唯一强制性标准的发布实施，对我国的造船工业和钢铁工业已经形成了严重的技术壁垒，因此，迫切需要进行耐腐蚀油船货油舱用钢板的研制，打破国外技术和产品的垄断。"十二五"期间，钢铁行业协会组织钢铁企业、科研院所、检测认可和材料用户单位，通过搭建"产、学、研、检、用"一体化协作的循环创新模式，快速实现了原油船货油舱耐蚀钢及配套焊接材料的批量化稳定生产和实船应用，制定了检测评价、标准规范等，打破了国外技术垄断。成果对钢铁产业结构调整、增强船舶制造业竞争力有重要意义。

研制单位：鞍钢集团。

诞生时间："十二五"期间。

（八十四）压水堆核电站核岛主设备材料

成果描述：超大型锻件核岛压力容器、蒸发器、主管道和堆内构件过去主要依靠进口，国家将其列入到两个重大专项——"核电关键设备超大型锻件研制"和"核电站关键材料性能研究"中。经过多年来多个单位的共同研究，这些关键大型锻件已实现国产化。项目整体技术处于国际先进，锻造主管道等研发处于国际领先。国产化后，国外相关大型锻件大幅度降价，对在我国大力发展第三代核电战略有显著的技术推动作用。

研制单位：宝钢集团。

诞生时间："十二五"期间。

附录三 "十二五"期间重点行业突破关键性技术[29]

（一）煤炭综采成套装备智能系统开发与示范应用

成果描述： 实现了采煤工作面设备的智能化控制及自动化生产。

研制单位： 太原重型机械集团煤机有限公司和西山煤电（集团）有限责任公司等单位。

技术突破时间： 2014 年。

（二）WP10/WP20 系列重型高速发动机及关键技术

成果描述： 针对国内重型发动机关键技术缺失的现状，在发动机动力性开发、制动安全技术、节能技术、排放和噪声控制技术、电控技术、可靠性开发技术和制造技术等关键技术的开发方面取得了突破，成功开发出了拥有完全自主知识产权的 WP10/WP20 系列重型高速发动机。

研制单位： 潍柴动力股份有限公司。

技术突破时间： 2011 年。

附图 3-1　WP10/WP20 系列重型高速发动机

---

[29] 主要由行业协会整理申报，排名不分先后。

（三）高海拔高寒高压直流成套设备关键技术与装备

成果描述： 项目完成单位攻克了高海拔下空气外绝缘能力降低带来的设备绝缘、热交换能力降低带来的冷却装置设计等技术难题，成功研制出高海拔地区±400kV 直流输电工程用晶闸换流阀等换流站成套设备并实现产业化，掌握了高海拔地区高压直流输电设备的设计、制造和试验技术。该项目的成功实施，支撑了青藏直流工程的建设，解决了西藏冬春季电力供应紧缺的问题，大力支援了地方经济建设，提高了当地居民的生活水平，对促进青海、西藏地区社会和谐发展具有重要意义。

研制单位： 中国西电集团公司、特变电工沈阳变压器集团有限公司。

技术突破时间： 2013 年。

附图 3-2　高海拔高寒高压直流成套设备关键技术与装备

（四）极端条件下重大承压设备的设计、制造与维护

成果描述： 国际上首次建立极端承压设备全寿命周期风险识别与控制技术方法体系，为极端承压设备基于风险与寿命的设计制造与维护搭建了共性技术平台；攻克了高韧性材料开发、多相流传热工艺优化、冷裂纹与再热裂纹控制等关键技术，研制出世界上最大的低温乙烯球罐、世界上最大的低温甲醇洗装置缠绕管式换热器等 7 类重大产品，为百万吨乙烯等国家重大工程提供了长寿命、高可靠性的技术装备。

研制单位： 合肥通用机械研究院。

技术突破时间： 2013 年。

附图 3-3　极端条件下重大承压设备

（五）高端重载齿轮传动装置关键技术及产业化

成果描述： 获得 2014 年度国家科学技术进步二等奖。项目在重载齿轮传动创新设计、振动噪声抑制、高效高精度制造、性能评价等方面取得了重大突破，解决了设计制造关键技术难题。打破了欧美等发达国家的技术垄断，彻底改变了高端重载齿轮传动装置依赖进口的局面，支撑了我国风电机组、大型船舶、海洋平台等高端装备的升级和发展。

研制单位： 南京高速齿轮制造有限公司、重庆大学、郑州机械研究所、杭州前进齿轮箱集团股份有限公司。

技术突破时间： 2014 年。

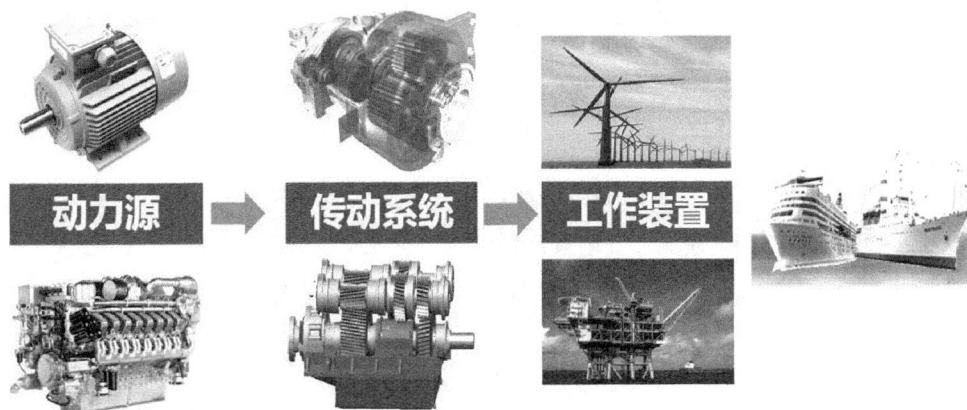

附图 3-4　高端重载齿轮传动装置

（六）曲轴柔性、精密、高效磨削加工关键技术与成套装备

成果描述： 获得 2014 年度中国机械工业科学技术特等奖。该成果是针对国内典型用户的典型曲轴零件开发的曲轴精加工敏捷生产线成套装备，将曲轴精加工原有的 7 道磨削工序缩减为 4～5 道，大大缩短了曲轴精加工的工艺路线，提高了生产线精加工的工艺能力和柔性，适合多品种大批量的国内加工现状。该成果弥补了我国在此技术领域的空白，整体技术水平达到国际先进水平，部分指标达到国际领先水平，可实现替代进口的目标。

研制单位： 北京第二机床厂有限公司、清华大学。

技术突破时间： 2014 年。

附图 3-5　曲轴柔性、精密、高效磨削加工关键技术与成套装备

（七）大型先进压水堆核电核岛主设备超大型锻件研制及应用

成果描述： 针对锻件超大、形状复杂、技术标准要求高等难点，攻克了低 Si 控 Al 钢制造、双端不对称同步压下变截面筒体类锻件成形、大型奥氏体不锈钢电渣重熔锻件晶粒度控制和裂纹防控锻造等一系列技术，获得了 2014 年度中国机械工业科学技术特等奖。该项目的研制成功，解决了制约我国核电发展的大型锻件瓶颈问题，拥有自主知识产权，达到国际领先水平，其经济效益和社会效益十分显著。

研制单位： 中国第一重型机械集团公司、中国第二重型机械集团公司、上海重型机器厂。

技术突破时间： 2014 年。

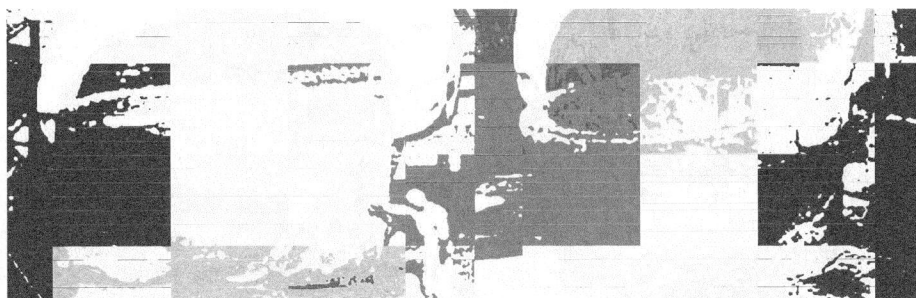

附图 3-6　大型先进压水堆核电核岛主设备超大型锻件

（八）航天薄壁结构车装焊一体化数控复合加工装备与工艺技术

成果描述： 研制的车装焊一体化数控复合加工装备实现了国内首个全搅拌摩擦焊制造的全尺寸新一代运载火箭储箱，综合技术水平达到国内领先、国际先进水平，已成功应用于新一代大型运载火箭 $\Phi3350$ 液氧储箱的生产，实现了对现役运载火箭 CZ-4 型号三级共底储箱的研制生产。

研制单位： 上海航天设备制造总厂。

技术突破时间： 2014 年。

附图 3-7　航天薄壁结构车装焊一体化数控复合加工装备与工艺技术

（九）废弃电器电子产品资源回收再利用技术

成果描述： 形成了一套完整的产业链，推进了我国环保装备产业发展。建立了废电子电器产品等"城市矿产"资源开发示范工程，有力地带动了再生资源综合利用行业的发展。截至 2014 年年底，建成的废弃电器电子产品处理示范基地已累计拆解处理"四机一脑"产品超过 800 万台，总处理重量达到 20 万吨，实现收入近 7 亿元。

研制单位： 惠州 TCL 环保资源有限公司。

技术突破时间： 2014 年。

附图 3-8　废弃电器电子产品资源回收再利用技术

（十）装载机、挖掘机类工程机械再制造技术

成果描述： 形成的逆向物流体系和信息管理系统、再制造拆解技术、再制造清洗技术及再制造加工工艺等成套关键零部件再制造技术，可广泛推广应用到其他土石方工程机械及其他机电产品再制造中，为机械装备的再制造产业发展提供核心技术支持，具有广阔的应用前景。

研制单位： 广西柳工机械股份有限公司。

技术突破时间： 2014 年。

（十一）全数字化高速、高精运动控制及伺服驱动技术

成果描述： 奠定了新一代数控系统硬件平台基础。研发具有自主知识产权的新一代数控系统，用于数控机床运动控制的现场总线技术，打通数控机床实时控制信息公路；使数控系统支持伺服驱动多种控制模式，获取各种伺服反馈信息，奠定数控机床机电优化所需的数据传输基础；大幅度简化数控机床电气系统连接，大幅度提升数控机床的整体可靠性；同时也为更深程度的车间级信

息集成提供底层工况数据支持；为数控机床远程监控、故障诊断提供数据支持；打通数据瓶颈，提升了控制节拍和数控机床整体动态性能。

研制单位： 华中数控股份有限公司、广州数控设备有限公司、大连光洋科技工程有限公司、沈阳高精数控有限公司、沈阳机床集团公司等。

技术突破时间： 2009—2015 年。

（十二）动态综合误差补偿技术

成果描述： 动态综合误差补偿技术是提升机床精度的最经济、有效的途径。该技术是以通过对机床—工艺系统的误差建模、参数识别和补偿控制等软件措施来改善加工精度。误差补偿是一种可快速、经济提高机床加工精度的手段，也是促进我国中低档数控机床向高档发展所需突破的关键技术之一。热误差是影响机床精度的最重要和难以解决的问题之一，国外先进的数控系统已经配备了热误差补偿功能，但是实行对外技术封锁，且其产品价格高昂。

研制单位： 华中数控股份有限公司、广州数控设备有限公司、大连光洋科技工程有限公司、沈阳高精数控有限公司、沈阳机床集团公司等。

技术突破时间： 2009—2015 年。

（十三）难加工材料超高速磨削技术

成果描述： 超高速磨削是当今先进制造领域最为引人关注的高效加工技术之一，是国内外磨削界的研究前沿和重点研究课题。超高速磨削在欧洲、日本和美国等发达国家发展很快，国际生产工程研究学会（CIRP）将超高速磨削技术确定为面向 21 世纪的中心研究方向之一。航空航天难加工材料高速、超高速磨削技术研究，不仅能够大幅度提升在难加工材料高效加工领域的技术创新，其研究成果还可为航空航天型号工程和下一代飞行器的设计与制造提供技术指导，为航空航天难加工材料的高速、超高速磨床的设计与制造提供科学依据，对于所属专项成败具有一定的作用。此外，该技术还可直接为本专项其他项目或课题的研发提供理论依据和基础试验数据。

研制单位： 上海机床厂限公司、北京第二机床厂有限公司、陕西秦川机床工具集团公司、湖南大学等。

技术突破时间：2009—2015年。

（十四）多轴联动加工技术

成果描述：多轴联动加工技术是发展五轴联动、复合加工等高档数控机床的核心技术，为提高机床的设计质量和效率、提高设计水平、降低设计成本，多轴联动数控主机的研发打下良好的基础。叶轮和螺旋桨是关系到国家安全的关键基础件，主要采用多轴联动数控加工制造。在由传统工艺向多轴数控加工工艺转变的过程中，由于缺乏多轴数控编程和多轴数控加工经验、螺旋桨多轴数控编程软件及其他工装夹具等配套条件，致使螺旋桨多轴数控加工机床无法发挥其应有的加工质效，远远不能满足国家重大工程的需求。该技术的突破解决了加工关键技术。叶片多轴联动加工技术的成功实施，打破了国外五轴联动机床和数控编程软件在我国航空发动机叶片制造领域的垄断局面，推动国产机床及编程系统在高端装备制造领域的应用和普及，提升了我国航空发动机的自主研制水平和能力，同时可推广应用于燃气轮机、蒸汽轮机等军民用透平机械领域，具有良好的示范带动作用。

研制单位：华中数控股份有限公司、广州数控设备有限公司、大连光洋科技工程有限公司、沈阳高精数控有限公司、北京第一机床厂、北京机电院机床公司、陕西秦川机床工具集团公司、沈阳机床集团公司、济南二机床集团公司等。

技术突破时间：2009—2015年。

（十五）高精度直接驱动技术

成果描述：直驱技术使用电机及控制技术替代原有的机械传动，具有无磨损，受力均匀，速度及动态响应能力、精度及精度保持性更高的优点。目前，直驱技术已成为高档数控机床上包括主轴、转台等回转功能部件，直线运动平台的技术潮流，已在国际数控机床行业开始普及，成为数控机床高档化的重要标志。直驱技术对于我国机床行业的意义在于我们可以规避在传统传动部件包括精密齿轮、精密蜗轮蜗杆、滚珠丝杠等领域材料技术、加工技术方面的差距，采用新技术实现跨越式发展。目前，高精度直接驱动技术的突破推动数控机床在高速电主轴、直线电机、直驱转台、直驱数控摆角铣等方面的应用，使得数控机床的总体结构和性能有了跨越性进步。

研制单位：华中数控股份有限公司、广州数控设备有限公司、大连光洋科技工程有限公司、沈阳高精数控有限公司、北京第一机床厂、北京机电院机床公司、陕西秦川机床工具集团公司、沈阳机床集团公司、大连机床集团公司、济南二机床集团公司等。

技术突破时间：2009—2015 年。

（十六）复杂难处理镍钴资源高效利用关键技术

成果描述：全球优质镍矿资源日趋紧缺、复杂低质镍钴原料提取技术亟待研究。成果揭示了金川矿床侧列尖灭再现成矿规律，拓展了深、边部及残、盲矿体的控制和利用空间，新增资源价值达 2 825.88 亿元；开发出顶吹熔炼—闪速熔炼—自热熔炼三炉系联动的镍冶炼新技术，实现了复杂难处理镍钴矿料的高效利用；开发出高品质电积镍、镍盐生产新工艺和高品质电积钴、电池级钴化学品新技术，从而形成了完整配套的复杂低质镍钴原料采、选、冶基础理论和创新技术体系，推动了我国镍钴工业的科技进步，有效维护了中国镍钴资源的战略安全。

研制单位：金川集团股份有限公司。

技术突破时间：获 2012 年度国家科技进步一等奖。

附图 3-9　金川集团三炉系联动技术——富氧顶吹炉系统

（十七）新型阴极结构铝电解槽重大节能技术及铝电解槽高效节能控制技术

成果描述： 采用新型阴极结构铝电解槽技术进行节能改造，不仅在国内外首次实现了新型阴极结构高效节能电解槽的系列化生产，而且达到了吨铝电能消耗比项目实施前的全国平均水平降低 1 200kWh 以上的显著节能目标。

研制单位： 中国铝业股份有限公司、东北大学、中南大学。

技术突破时间： 获 2014 年度国家科学技术进步二等奖。

附图 3-10　新型阴极结构铝电解槽重大节能技术

（十八）硫磷混酸协同体系高效处理复杂白钨矿新技术

成果描述： 该技术可以经济有效地处理 WO_3 品位在 40% 以上的钨精矿。若钨精矿品位过低（20%～30%），则冶炼回收率迅速跌落。而我国白钨资源多属于低品位共伴生矿，禀赋本来就低，随着开发更是不断下降，要选出 30% 以上的品位，选矿回收率又急剧下降，导致选冶回收率难以兼顾。另外，环保要求越来越严格，节能减排也已成为影响钨冶炼企业生存与可持续发展的关键因素。

研制单位： 技术突破单位——中南大学；产品生产单位——厦门钨业股份有限公司。

技术突破时间： 获 2011 年度国家科技进步一等奖。

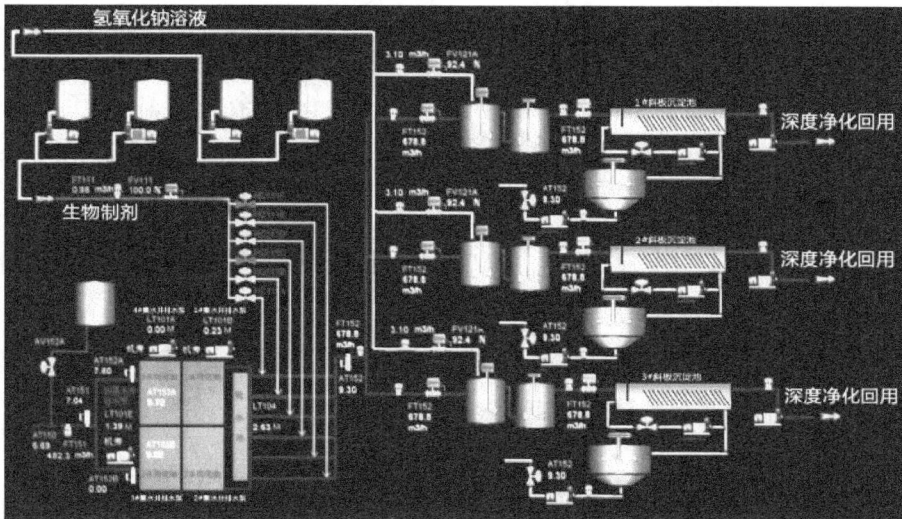

附图 3-11　重金属废水生物制剂处理工艺及控制系统

（十九）超强化旋浮铜冶炼和自氧化还原精炼工艺研发及产业化应用

成果描述： 闪速冶炼是世界先进、主流的铜冶炼工艺，但核心技术和关键设备长期被国外垄断。项目通过开展理论研究、计算机仿真、关键设备研制、工业试验等，自主开发出一套完整的超强化、低能耗、环保好的铜熔炼、吹炼、精炼新工艺体系及核心装备，实现了铜冶炼理论、工艺、装备的重大创新。该技术打破了国外对先进铜冶炼核心技术的长期垄断，对推动中国有色冶金技术和装备的发展、提升铜冶炼行业的整体技术和节能环保水平、促进中国铜冶炼技术和装备向国外输出具有重大意义。

研制单位： 阳谷祥光铜业有限公司。

技术突破时间： 获 2013 年度国家科技进步二等奖。

附图 3-12　旋浮铜冶炼技术生产实景

（二十）铜管高效短流程技术装备研发及产业化

成果描述： 实现了白铜管铸轧生产、大口径铜合金管铸轧生产、电子热管铸轧生产、微合金化耐蚀铜管生产。协助企业解决铜管铸轧设备的改进与研制，包括三辊轧机轧辊空间运动轨迹计算、与坯料接触轨迹计算、形面设计、模具材料改进、四辊轧机计算与设计、浮动芯头拉拔模具摩擦磨损预测、表面处理及结构改进。

研制单位： 金龙精密铜管有限公司、中国科学院金属研究所、北京科技大学。

技术突破时间： 获 2015 年度国家科学技术进步二等奖。

（二十一）复杂难处理钨矿高效分离关键技术及工业化应用

成果描述： 项目从研发到工业应用已有十多年时间，对不同矿石系统地进行了 40 多个小型、6 个扩大及 10 个工业试验，在湖南黄沙坪、宁化行洛坑、甘肃新洲、湖南柿竹园、江西阳储山、湖南新田岭、青阳百丈岩、黑龙江双鸭山等 20 多个钨选厂生产应用，技术指标显著提高，回收率平均超过 70%。此外，即将投产的湖南柿竹园 3 000 吨选厂和湖南瑶岗仙等 12 家钨矿设计也采用了本技术。

研制单位： 广州有色金属研究院、北京矿冶研究总院、湖南柿竹园有色金属有限责任公司等。

技术突破时间： 获 2014 年度国家科学技术进步二等奖。

附图 3-13　黑白钨矿物分流关键设备高梯度磁选机生产车间

（二十二）底吹熔炼—熔融还原—富氧挥发连续炼铅新技术

成果描述： 底吹熔炼—熔融还原—富氧挥发连续炼铅技术是中国恩菲工程技术有限公司开发的具有自主知识产权的先进铅冶炼工艺，该工艺具有环保好、生产成本高、金属回收率高、能耗低、自动化程度高等特点。该技术已通过2016年国家科技进步奖评审。

研制单位： 中国恩菲工程技术有限公司。

技术突破时间： 2011年。

附图 3-14　最大氧气底吹铅熔炼炉——济源金利铅冶炼厂

（二十三）复杂难处理资源可控加压浸出技术

成果描述： 本项目聚焦有色金属资源保障、产业升级和清洁生产重大战略需求，成功发明了复杂难处理资源可控加压浸出技术，提出了以"最小化学反应量原理"构建新的可控加压浸出技术的总体思路，在工艺技术创新上取得了重大突破。

研制单位： 北京矿冶研究总院。

技术突破时间： 获2015年度国家技术发明二等奖。

附图 3-15　江铜贵溪冶炼厂铜砷渣回收工程

（二十四）复杂锡合金真空蒸馏新技术及产业化应用

成果描述： 该项目属于有色金属冶金和资源再生领域。针对传统冶金技术处理复杂锡合金资源利用率低、环保影响大、生产成本高等问题，项目组突破了一系列基础理论问题和关键工程技术难题，成功开发了真空蒸馏处理复杂锡合金的新技术，成果先后在全球锡生产龙头企业云锡集团等 19 家国内企业建成 36 条生产线，在美国、英国、西班牙建成 6 条生产线，上述 42 条生产线累计年处理复杂锡合金 15 万吨。项目成果在全球冶炼行业及二次资源回收领域具有广阔的应用前景。

研制单位： 昆明理工大学、云南锡业集团有限责任公司、昆明鼎邦科技有限公司、来宾华锡冶炼有限公司、江西自立环保科技有限公司。

技术突破时间： 获 2015 年度国家科学技术进步二等奖。

（二十五）有色冶炼含砷固废治理与清洁利用技术

成果描述： 该项目开发出了冶炼有害元素（砷）污染动态评价系统，创新开发了有价含砷固废中砷与相似元素锑、铋的分离技术，研究开发了满足各种需求的固砷新技术，发明了脱砷后物料梯级深度回收锑、铋等多金属新工艺，实现了锑、铋的回收率由原有工艺的 50% 左右提高到 95% 以上。该技术工艺居国际领先水平。

研制单位：中南大学、锡矿山闪星锑业有限责任公司、长沙有色冶金设计研究院有限公司等。

技术突破时间：获 2014 年度国家科学技术进步二等奖。

（二十六）大型汽轮发电机组次同步振荡的控制与保护技术

成果描述：依托煤炭基地建设大型电站并采用串联电容补偿（即串补）或高压直流技术实现远距离输电是我国电力工业发展的突出特点，而发电厂中的汽轮发电机组与串补交流/高压直流电网相互作用会引发次同步振荡，严重威胁机组轴系安全和电网稳定。该项技术针对这一重大隐患，成功解决了大型汽轮发电机组复杂多模态次同步振荡的控制与保护难题，有效保障了电力生产安全。同时相关装备在国内与国际的众多工程中击败 GE 等世界知名企业，全面并有效打破国际垄断。

研制单位：北京四方继保自动化股份有限公司。

技术突破时间：2013 年 1 月。

附图 3-16　大型汽轮发电机

（二十七）高性能各向异性粘结磁 NdFeB 磁体制备技术

成果描述：针对各向异性粘结磁 NdFeB 磁体压模成型这一工艺过程，探索最佳工艺条件，解决批量化生产的技术难题，打破国外公司对各向异性粘结钕铁硼磁体产品的垄断。对各向异性粘结磁 NdFeB 磁体的规模化生产具有重要意义，对我国开发出具有自主知识产权的高性能各向异性粘结磁 NdFeB 磁体制备技术，并填补此项技术在我国的应用空白，具有重大的工程价值。

研制单位：横店集团东磁股份有限公司。

技术突破时间：2013 年。

（二十八）铁氧体宽温超低损耗实现技术

成果描述：该技术实现了在–40℃～140℃宽温度范围内，使铁氧体损耗处于低损耗水平，损耗比目前市场上产品低 10%，处于国际领先水平，对整个电子产业的高效率和节能化有重要意义。

研制单位：横店集团东磁股份有限公司。

技术突破时间：2013 年。

（二十九）铁氧体超高频低损耗实现技术

成果描述：该技术实现了在 1～3MHz 超高工作频率下铁氧体材料拥有低损耗特性，材料性能处于国际先进水平，对实现我国电子器件的超高功率密度具有重要的战略意义。

研制单位：横店集团东磁股份有限公司。

技术突破时间：2015 年。

（三十）高性能低成本细晶粒无钴金属陶瓷制备技术

成果描述：突破行业关键技术，获 2011 年度国家技术发明二等奖。

研制单位：华中科技大学。

技术突破时间：2011 年。

（三十一）大型新型干法水泥生产线粉磨关键装备的研发与应用

成果描述：突破行业关键技术，获 2011 年度国家科学技术进步二等奖。

研制单位：合肥水泥研究设计院、合肥中亚建材装备有限责任公司。

技术突破时间：2011 年。

（三十二）太阳能电池用微铁高透过率玻璃成套技术及产业化开发

成果描述：突破行业关键技术，获 2011 年度国家科学技术进步二等奖。

研制单位：蚌埠玻璃工业设计研究院、中国建材国际工程集团有限公司、信义光伏产业（安徽）控股有限公司。

技术突破时间：2011 年。

（三十三）触媒法合成高品质金刚石关键设备与成套工艺技术开发

成果描述：突破行业关键技术，获 2011 年度国家科学技术进步二等奖。

研制单位：郑州华晶金刚石股份有限公司、中原工学院、郑州磨料磨具磨削研究院。

技术突破时间：2011 年。

（三十四）高质量晶体元器件和模块与全固态激光技术

成果描述：突破行业关键技术，获 2011 年度国家科学技术进步二等奖。

研制单位：中国科学院福建物质结构研究所、福建福晶科技股份有限公司。

技术突破时间：2011 年。

（三十五）洁净钢冶炼用耐火材料关键技术与工业应用

成果描述：突破行业关键技术，获 2011 年度国家科学技术进步二等奖。

研制单位：武汉科技大学、宝山钢铁股份有限公司、武汉钢铁股份有限公司、濮阳濮耐高温材料（集团）股份有限公司、北京利尔高温材料股份有限公司、浙江自立股份有限公司、上海彭浦特种耐火材料厂。

技术突破时间：2011 年。

（三十六）结构/功能复合化新型导电陶瓷的设计、成套制备技术与应用

成果描述：突破行业关键技术，获 2012 年度国家技术发明二等奖。

研制单位：武汉理工大学。

技术突破时间：2012 年。

（三十七）硼酸盐激光自倍频晶体制备技术及其小功率绿光激光器件商品化应用

成果描述：突破行业关键技术，获 2012 年度国家技术发明二等奖。

研制单位：山东大学、中国科学院理化技术研究所、青岛镭视光电科技有限公司。

技术突破时间：2012年。

（三十八）汽车玻璃深加工的关键制造技术及应用

成果描述：突破行业关键技术，获2012年度国家技术发明二等奖。

研制单位：福建工程学院、福耀玻璃工业集团股份有限公司。

技术突破时间：2012年。

（三十九）高品质耐火材料制备过程微结构控制技术与工业应用

成果描述：突破行业关键技术，获2012年度国家技术发明二等奖。

研制单位：武汉科技大学、北京科技大学、武汉钢铁（集团）公司、北京首钢耐材炉料有限公司。

技术突破时间：2012年。

（四十）低钙水泥体系及其在重点工程中防治碱集料反应的应用

成果描述：突破行业关键技术，获2012年度国家科学技术进步二等奖。

研制单位：南京工业大学。

技术突破时间：2012年。

（四十一）水泥窑纯低温余热发电成套工艺技术及装备

成果描述：突破行业关键技术，获2012年度国家科学技术进步二等奖。

研制单位：中信重工机械股份有限公司、西安交通大学、杭州锅炉集团股份有限公司。

技术突破时间：2012年。

（四十二）现代混凝土流动性调控与超早强关键技术及应用

成果描述：突破行业关键技术，获2013年度国家技术发明二等奖。

研制单位：江苏省建筑科学研究院有限公司、江苏博特新材料有限公司。

技术突破时间：2013年。

（四十三）土木工程用高性能纤维复合材料制备及应用关键技术

成果描述： 突破行业关键技术，获 2013 年度国家科学技术进步二等奖。

研制单位： 中冶建筑研究总院有限公司、中材科技股份有限公司、清华大学、东南大学、南京海拓复合材料有限责任公司、南京诺尔泰复合材料设备制造有限公司。

技术突破时间： 2013 年。

（四十四）混凝土裂缝分龄期防治新材料和新技术及其应用

成果描述： 突破行业关键技术，获 2013 年度国家科学技术进步二等奖。

研制单位： 东南大学、重庆大学、河海大学、西卡（中国）有限公司、科之杰新材料集团有限公司、山东省建筑科学研究院、南京派尼尔科技实业有限公司。

技术突破时间： 2013 年。

（四十五）浮法玻璃微缺陷控制与节能关键技术及产业化应用

成果描述： 突破行业关键技术，获 2013 年度国家科学技术进步二等奖。

研制单位： 蚌埠玻璃工业设计研究院、中国建材国际工程集团有限公司、安徽建筑工业学院。

技术突破时间： 2013 年。

（四十六）新型红外硫系玻璃制备关键技术及应用

成果描述： 突破行业关键技术，获 2014 年度国家技术发明二等奖。

研制单位： 宁波大学、云南北方驰宏光电有限公司。

技术突破时间： 2014 年。

（四十七）高增益玻璃光纤与单频光纤激光器成套制备技术及其应用

成果描述： 突破行业关键技术，获 2014 年度国家技术发明二等奖。

研制单位： 华南理工大学。

技术突破时间： 2014 年。

（四十八）现代预应力混凝土结构关键技术创新与应用

成果描述： 突破行业关键技术，获 2014 年度国家科学技术进步一等奖。

研制单位： 东南大学、同济大学、中国建筑股份有限公司、中交公路规划设计院有限公司、中国建筑科学研究院、柳州欧维姆机械股份有限公司、西部中大建设集团有限公司、中国建筑第八工程局有限公司、中国建筑一局（集团）有限公司。

技术突破时间： 2014 年。

（四十九）超高性能混凝土抗爆材料成套制备技术、结构设计及其应用

成果描述： 突破行业关键技术，获 2014 年度国家科学技术进步二等奖。

研制单位： 东南大学、中国人民解放军理工大学、江苏省建筑科学研究院有限公司、江苏苏博特新材料股份有限公司。

技术突破时间： 2014 年。

（五十）结构陶瓷典型应用条件下力学性能测试与评价关键技术及应用

成果描述： 突破行业关键技术，获 2014 年度国家科学技术进步二等奖。

研制单位： 中国建筑材料科学研究总院、中国建材检验认证集团股份有限公司、中国科学院金属研究院。

技术突破时间： 2014 年。

（五十一）混凝土结构耐火关键技术及应用

成果描述： 突破行业关键技术，获 2014 年度国家科学技术进步二等奖。

研制单位： 哈尔滨工业大学、华南理工大学、中冶建筑研究总院有限公司、上海市建筑科学研究院（集团）有限公司、北京建筑大学、广州市泰堡防火材料有限公司、长沙民德消防工程涂料有限公司。

技术突破时间： 2014 年。

（五十二）石墨烯的电分析化学和生物分析化学研究

成果描述： 突破行业关键技术，获 2015 年度国家自然科学二等奖。

研制单位：清华大学。

技术突破时间：2015 年。

（五十三）混凝土结构裂缝扩展过程双 K 断裂理论及控裂性能提升基础研究

成果描述： 突破行业关键技术，获 2015 年度国家自然科学二等奖。

研制单位： 浙江大学、香港科技大学、大连理工大学、汕头大学。

技术突破时间： 2015 年。

（五十四）高性能稀土基汽车尾气催化剂研发及产业化

成果描述： 通过突破和集成稀土—贵金属资源技术、稀土—贵金属协同作用技术、催化剂工艺技术等关键核心技术，产生了以稀土—贵金属材料为核心的具有国际竞争力的满足国 V 以上排放标准的高性能稀土基汽车尾气催化剂产品。在催化剂制造工艺的先进性、产业化设备的自动化程度、技术成果的系统化与集成化性能等方面达到国际先进水平，打破国外公司对机动车尾气净化催化剂技术的垄断，为我国机动车污染防治和节能减排战略做出贡献。

研制单位： 贵研铂业股份有限公司、昆明贵金属研究所。

技术突破时间： 2015 年。

（五十五）稀土铈基脱硝催化剂技术及其应用

成果描述： 自主研发的高效稀土铈基复合氧化物脱硝催化剂新体系，主要性能优于传统的钒钛体系，环境友好，无二次污染，实现了轻稀土资源的高值利用。为国内外烟气脱硝提供了高效、安全的核心技术，2014 年建成了国内外首条铈基脱硝催化剂生产线（年产 5 万 m^3）。2016 年 11 月，与北方稀土合作，又一条产能 5 万 m^3/年的生产线开工建设。已在电力、化工、玻璃及水泥行业等的 80 多个脱硝工程中成功应用，具有广阔的市场前景，推动了国内外脱硝新兴产业的健康发展。

研制单位： 山东天璨环保科技有限公司、南京工业大学。

技术突破时间： 获 2015 年中国发明专利奖。

（五十六）稀土永磁材料的组织调控技术与集成创新

成果描述： 依托稀土功能材料开发和中试平台及合作单位的研发和技术力量，在磁体综合性能的提高、特殊性能的强化、应用领域的扩展等方面，取得了多项国际先进和领先的技术成果，大幅度降低了镝和铽等重稀土的用量，在安泰科技、中科三环和宁波韵升等主要生产企业推广和应用，降低了我国重稀土资源的消耗，使我国高端钕铁硼产品在国际市场的份额进一步提高，生产水平达到国际先进水平。荣获国家科技进步二等奖和冶金科技进步一等奖。

研制单位： 中国钢研科技集团有限公司、北京中科三环高技术有限公司、宁波韵升股份有限公司、烟台正海磁性材料有限公司、中国科学院宁波材料技术与工程研究所。

技术突破时间： 获 2014 年度国家科技进步二等奖。

（五十七）新型铈磁体的制备技术及产业化

成果描述： 新型铈磁体制备技术经过多年的开发，实现了双主相调控、低温烧结和矫顽力增强技术的创新和应用，显著降低了生产成本，初步形成产业规模，大大拓展了稀土铈元素的应用，大幅减少了资源紧缺的镨钕金属消耗，形成了自主知识产权的铈磁体产业，使我国稀土永磁稀土可用稀土资源翻一番，实现了稀土资源的平衡利用。

研制单位： 钢铁研究总院。

技术突破时间： 2015 年。

（五十八）10kA 新型节能环保下阴极稀土电解槽及其工程化配套技术

成果描述： 我国自主研发出 10kA 新型节能环保下阴极稀土电解槽，获得下阴极电解制备稀土金属整套工程化技术，电耗降低 46.45%，能量利用率增至 33.79%，氟化物消耗降低 50.37%，阳极消耗提高 33.37%，电效和收率分别高达 80.15% 和 95.14%，实现了稀土熔盐电解过程的节能环保，该槽型有望成为未来工业化应用的新槽型。

研制单位： 北京有色金属研究总院、有研稀土新材料股份有限公司。

技术突破时间： 2013 年。

（五十九）白光 LED 用新型高性能荧光粉产业化制备技术

成果描述： 国产白光 LED 荧光粉受国外专利壁垒制约，且制备技术落后致使高端产品严重依赖高价进口。针对上述问题，经过"十二五"期间的持续研究，发明了白光 LED 用新型高性能铝酸盐/氮化物荧光粉，并突破了其国内产业化制备技术，迫使国外产品价格平均下降 80% 以上，为 LED 荧光粉国产化和中国 LED 产业发展做出了重要贡献。

研制单位： 北京有色金属研究总院、有研稀土新材料股份有限公司。

技术突破时间： 获 2014 年中国有色金属工业协会科学技术一等奖。

（六十）各向同性稀土粘结磁粉产业化制备技术

成果描述： 突破高性能各向同性粘结磁粉产业化制备技术，成功开发出的新型耐热耐蚀稀土永磁粉，对实现我国高性能稀土粘结磁粉的制备具有重要的产业意义，相关技术共申请相关发明专利 20 余项，其中国外专利申请10 余项。

研制单位： 有研稀土新材料股份有限公司。

技术突破时间： 2014 年。

（六十一）4N 级超高纯稀土金属集成化制备技术

成果描述： 自主开发出超高真空条件下（真空度可达 $10^{-8} \sim 10^{-7}$）低温蒸馏、升华及分馏提纯技术、复合磁场固态电迁移等多项稀土金属高纯化技术；将开发的冷坩埚区熔技术及电子束熔炼、悬浮熔炼等多种深度提纯手段耦合应用到稀土金属提纯上；集成创新 3 套可覆盖 16 种稀土金属的高效制备和提纯工艺技术及装备。该项目成果整体达到国际先进水平。

研制单位： 北京有色金属研究总院、有研稀土新材料股份有限公司。

技术突破时间： 2014 年。

（六十二）废旧 FCC 催化剂及胶渣综合回收利用技术

成果描述： 针对废旧 FCC 催化剂表面附着原油的特性，开发了废旧 FCC催化剂的表面除油技术，大大减轻了后续工艺的污染负荷；根据其中稀土、铝和重金属等元素的赋存状态，开发出了低成本无污染的二次资源提取工艺，实现了有价元素高效清洁无害化回收利用。在此基础上将技术与装备耦合、集成和优化，获得了全套具有自主知识产权的废旧 FCC 催化剂及其胶渣无害化综合回收利用工程化技术，实现了废弃物的全部利用，其中稀土收率大于 90%，REO 纯度大于 99%，铝收率大于 80%，富硅渣中硅含量大于 90%。回收的稀土化合物和偏铝酸钠可回用于合成 FCC 催化剂，质量标准均达到了 FCC 催化剂生产的要求，同时富硅渣可用于制备水泥和陶瓷等材料。已申报 PCT 专利 2 项，中国发明专利 2 项。该技术已在中石化催化剂公司齐鲁分公司进行工程化应用，并建立了 500 吨/年规模的胶渣综合处理示范线。

研制单位：北京有色金属研究总院、有研稀土新材料股份有限公司。

技术突破时间：2015 年。

（六十三）闪烁晶体用高纯无水稀土卤化物及其产业化制备技术

成果描述：自主开发出无水 LaBr$_3$、CeBr$_3$、GdBr$_3$、YCl$_3$、LuI$_3$、GdI$_3$、YI$_3$、CeI$_3$、EuI$_2$、CLYC 等一系列高纯无水稀土卤化物新产品及其高效制备技术，产品纯度可达 99.95%以上，水、氧杂质含量低于 100ppm。相关产品经国内多家高校、科研院所和企业试用，可满足单晶生长的需求。

研制单位：北京有色金属研究总院、有研稀土新材料股份有限公司。

技术突破时间：2015 年。

（六十四）非皂化萃取分离稀土新工艺

成果描述：为了解决稀土分离提纯过程中的环境污染问题，基于稀土串级萃取理论，针对 P204 和 P507 硫酸体系、P507 盐酸（硝酸）体系、中重稀土萃取分离体系等不同稀土资源及不同的萃取分离体系，自主开发了混合萃取剂协同萃取技术、萃取过程酸平衡技术、稀土浓度梯度及平衡酸度调控技术等一系列非皂化萃取分离关键技术，解决了非皂化萃取过程有机相稀土负载量低、分离能力低等难题，突破了皂化有机相萃取分离稀土的传统模式，在 7 家大型稀土企业实现了工业应用。

研制单位：北京有色金属研究总院、有研稀土新材料股份有限公司。

技术突破时间：获 2012 年度国家技术发明奖二等奖。

（六十五）低碳低盐无氨氮分离提纯稀土新工艺

成果描述： 针对稀土分离提纯过程消耗大量液氨、碳铵、盐酸、液碱等未循环利用，存在化工材料消耗高、资源综合利用率低、"三废"污染重等问题，首次提出并研发成功碳酸氢镁溶液皂化萃取分离和沉淀回收稀土的原创性技术，自主研发稀土分离过程产生的镁盐废水和 CO_2 温室气体低成本回收利用技术。通过技术与装备耦合创新，获得了具有原始知识产权的低碳低盐无氨氮分离提纯稀土成套新工艺，解决了稀土冶炼分离过程的氨氮或高盐废水排放问题，实现氨氮零排放、镁盐废水和 CO_2 的闭路循环利用，降低消耗，节约生产成本，提高了稀土资源利用率。

研制单位： 北京有色金属研究总院、中铝广西有色稀土开发有限公司、有研稀土新材料股份有限公司。

技术突破时间： 2011 年。

（六十六）水泥窑选择性非催化还原（SNCR）烟气脱硝技术

成果描述： 该技术形成了一系列自主知识产权，具有双还原剂切换、还原剂喷量自动调节、喷枪组件可伸缩、系统双反馈等独创性，工程应用监测数据表明，利用该技术可有效治理减排烟气中 60%以上的氮氧化物，氨逃逸控制在 $10mg/Nm^3$ 以内，且一次性投资较少，运行费用较低，系统稳定可靠，主要技术经济指标达到国际先进水平。

研制单位： 江苏科行环保有限公司。

技术突破时间： 2013 年。

（六十七）模块化梯级回热式清洁燃煤气化技术

成果描述： 通过系统优化、集成创新和两年多的成功运行，该技术形成了安全、清洁、高效、经济的模块化煤制气工艺，碳转化率达到 85%，系统热效率达到 95%，生产的煤气热值不低于 1 350kcal/Nm³、含尘量不高于 $10mg/Nm^3$、硫化氢不高于 $20mg/Nm^3$。该技术经济、环保、安全和能源综合利用效益显著，总体达到国际同类先进水平。建材工业节能减排压力较大，推广先进的清洁煤制气技术，推进源头减排，可为工业绿色发展提供有力支撑，促进传统产业转型升级。

研制单位： 安徽科达洁能股份有限公司。

技术突破时间： 2015 年。

（六十八）离子型稀土原矿绿色高效浸萃一体化新技术

成果描述： 针对低品位离子型稀土矿硫酸铵浸取、碳酸氢铵（或草酸）沉淀回收稀土过程存在的大量氨氮污染地下水、工艺流程长、稀土回收率低、含放射性废渣、难以处置等问题，自主开发出生态环境友好型镁盐及其复合体系浸取离子型稀土原矿新技术、低浓度稀土浸出液非皂化与非平衡耦合离心萃取富集新工艺，在广西崇左六汤稀土矿山建立了成年处理能力 40 万立方稀土浸出液浸萃一体化技术示范线，并实现连续稳定运行。该成果 2016 年入选工业和信息化部稀土行业"十二五"十大突破技术之一。

研制单位： 有研稀土新材料股份有限公司、中铝广西有色稀土开发有限公司、北京有色金属研究总院、郑州天一萃取科技有限公司。

技术突破时间： 2014 年。

（六十九）各向同性稀土粘结磁粉产业化制备技术

成果描述： 突破了高性能各向同性粘结磁粉产业化制备技术，成功研发出单炉容量大于 100kg 的智能连续快淬炉，并开发相应的控压熔炼快淬技术、连续晶化、氮化工程化技术，同时建成一条 1 000 吨高性能稀土粘结磁粉生产线。相关技术突破了国外对高性能各向同性粘结磁粉制备技术的垄断，满足了我国不断发展的电机产品对高性能各向同性磁粉的应用要求。

研制单位： 有研稀土新材料股份有限公司。

技术突破时间： 2014 年。

（七十）4N 级超高纯稀土金属集成化制备技术

成果描述： 根据各种稀土金属的物化特性及主要杂质类型、含量和分布特征，优化集成了 3 条超高纯稀土金属高效制备和提纯技术路线，并开发出成套的工程化技术和专用装备，实现了 16 种稀土金属提纯工艺的全覆盖。为发展具有我国资源特色稀土功能材料提供关键原材料，引导我国稀土产业向功能材料以及器件制造领域跨越式发展具有重要意义。

研制单位：北京有色金属研究总院、有研稀土新材料股份有限公司。

技术突破时间：2014 年。

（七十一）白光 LED 用新型高性能荧光粉及其产业化制备技术

成果描述：白光 LED 荧光粉核心专利早期几乎全部由国外企业掌握，严重制约了我国 LED 荧光粉及器件销往国际的可能。针对国产白光 LED 荧光粉受国外专利壁垒制约，且制备技术落后致使高端产品严重依赖高价进口的现状，成功开发出百余款新型高性能铝酸盐及氮化物荧光粉，所封装冷白色（Ra 为 70）和暖白色（Ra 为 80）白光 LED 器件光效分别达 160lm/W 和 145lm/W，达到国际先进水平。突破了国外在白光 LED 用荧光粉及封装器件领域的专利垄断，为国产 LED 荧光粉及器件出口提供了重要的知识产权保障。

研制单位：北京有色金属研究总院有研稀土新材料股份有限公司。

技术突破时间：获 2014 年中国有色金属工业协会科学技术一等奖。

（七十二）海信计算机辅助手术系统及外科智能显示系统

成果描述：该套系统为腹腔（肝、胆、脾、胰、泌尿、胃肠等）精准外科手术提供高效、精准、简洁的影像重建及量化模拟分析系统和整体解决方案。这套系统解决了外科临床手术需求的一个痛点，实现了数字化精准医疗，改写了外科医生手术的思维模式和方法，打破了中国高科技数字医疗设备完全依赖进口的窘境，惠及全球患者，引领中国数字医疗进入世界领先行列。

研制单位：海信集团有限公司。

技术突破时间：2015 年。

附图 3-17 海信外科智能显示系统

附图 3-18　海信计算机辅助手术系统

（七十三）晶片直接封装（Chip on Board）技术

成果描述：作为光纤通信用高速光模块的核心封装技术，晶片直接封装（Chip on Board）技术是将光芯片直接封装在电路板上，采用有源光缆设计技术、12 路 μm 级高精度透镜阵列技术（Lens Array）、多通道无源耦合技术，自主开发设计的刚柔结合和立体排布的高速 PCB 设计技术，突破了 TO-CAN 封装模式中封装材料对速率的限制以及封装造成的空间限制，晶片直接封装技术可以用于生产高密度的光模块，使得海信的光模块带宽达到世界一流的 600Gbit/s 带宽。本项目目前已经累计研发出 20 多款基于 COB 技术的光模块，特别是推出了 4×10Gbit/s QSFP+ SR4、4×25Gbit/s QSFP28 SR4 等高端光模块，很好地满足了市场需求，填补了国内空白。

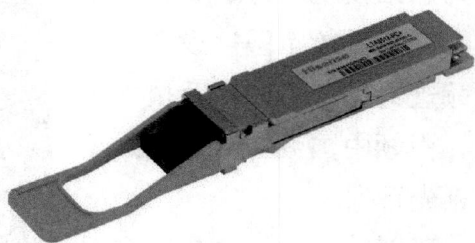

附图 3-19　100Gbit/s QSFP28 100M 光模块

研制单位：海信集团有限公司。

技术突破时间（投产应用时间）：2014 年。

（七十四）成熟万吨级多晶硅生产技术

成果描述：通过多年来的自主发展，在国内首先掌握了成熟的万吨级多晶硅生产技术，建设完成 3 条、每条年产能 1.5 万吨的多晶硅生产线，多晶硅生产综合能耗降至近 100kWh/kg，并通过自主技术改造实现多晶硅生产副产物的循环利用，循环利用比例接近 100%。

研制单位：江苏中能硅业科技发展有限公司。

技术突破时间：2012 年。

（七十五）高精度圆网印花及清洁生产关键技术研发与产业化

成果描述：突破了传统圆网印花"印制精度低、自动化水平低、化学品用量大、能耗水耗高"等多项技术局限，大幅度提高了产品精细度和色彩丰富性，极大地拓展了圆网印花的品种范围，产品质量和附加值大幅提升。创新开发的具有自主知识产权的高精度圆网印花技术及装备，对纺织印染行业的技术进步和产业升级具有重要的推动和示范作用。

研制单位：愉悦家纺有限公司。

技术突破时间：2011 年 12 月。

（七十六）棉冷轧堆染色关键技术的研究与产业化

成果描述：首次发现并实现了通过控制染液与布卷的相对温度来保证产品质量，彻底颠覆了国外冷轧堆染色必须分别控制染液和布卷绝对温度的理论；创新性地研发了织物带液率及碱浓度自动检测调控系统、均匀混液循环调控系统、专用缝头装置和打卷张力自动控制系统。

研制单位：华纺股份有限公司。

技术突破时间：2011 年 12 月。

（七十七）个性化服装规模化定制技术

成果描述：自主研发了涵盖公司运营各个层面的 30 多个子信息系统，包括 3D 下单系统、自动匹配版型系统、WMS 物料实时管理系统，MES 生产执行系统等；开发了信息化版型数据库和工艺管理数据库，实现了研发设计程序化、自动化；建成了 3D 打印逻辑的数字化工厂，数据和信息实时共享，以数据驱动、人机互动、关键环节实现了智能化、全球协同、全员在线、实时同步，以大工业流水线的手段和工业化的效率及成本制造个性化产品。

研制单位：青岛红领集团。

技术突破时间：2011—2015 年。

（七十八）千吨级干喷湿纺碳纤维、聚酰亚胺、芳纶 1414 等高性能纤维产业化关键技术及自主装备

成果描述：高性能碳纤维属于技术密集型和政治敏感性的战略材料，是"中国制造 2025"新材料中高性能复合材料的重要支撑。多种高性能纤维的突破，对国防军工、民用领域应用有重要的支撑作用。

研制单位：中复神鹰碳纤维有限责任公司、东华大学、江苏鹰游纺机有限公司、江苏奥神新材料股份有限公司、河北硅谷化工有限公司、烟台泰和新材料股份有限公司等。

技术突破时间：分别为 2012—2014 年、2013 年、2015 年。

（七十九）筒子纱数字化自动染色成套技术与装备

成果描述：该装备实现了筒子纱染色从手工机械化、单机自动化到全流程数字化、系统自动化的跨越，使我国成为全世界首家突破全流程自动化染色技术并实现工程化应用的国家。

研制单位：山东康平纳集团有限公司、机械科学研究总院、山东鲁泰股份有限公司。

技术突破时间：2012 年。

（八十）复合熔喷非织造材料的关键制备技术

成果描述：项目的实施显著提升了我国熔喷非织造技术和装备水平，将引领国内外过滤材料行业发展，大大提升了我国过滤材料的产品档次，拓展了非织造材料的应用领域，提高了产品的国际竞争力，对我国产业用纺织品行业的结构调整、转型升级发挥了重要的促进作用。

研制单位：天津工业大学、中国人民解放军总后勤部军需装备研究所、天

津泰达洁净材料有限公司等。

技术突破时间：2012 年。

（八十一）千吨级纯壳聚糖纤维产业化及应用关键技术

成果描述：系统研究了多种虾、蟹壳的壳聚糖提取技术，实现了原料品种多元化；开放了高效低降解的真空刮膜复合脱泡工艺，低能耗原料输送、大容量纺丝、阶梯式中水回用和清洁生产技术；研制了大流量计量泵、多孔数组合喷丝板等关键生产设备；集成创新了千吨级纯壳聚糖纤维生产成套技术和装备，总体技术达到国际领先水平。

研制单位：海斯摩尔生物科技有限公司。

技术突破时间：2013 年。

（八十二）高强聚酯长丝胎基布产业化技术

成果描述：打破了国外公司的技术垄断，填补了国内空白，推动我国聚酯纺粘技术及装备的进步，大幅降低装备投资成本及生产成本，提高了资源利用效率，降低了原材料消耗，实现了后整理的绿色环保，提高了我国改性沥青防水卷材材料的技术和质量水平，提高了工程建设质量标准，推动防水卷材产业的产品升级换代、产业结构调整及持续健康发展，具有良好的经济效益和社会效益，为我国由产业用纺织品大国向强国迈进做出了重大贡献。

研制单位：大连华阳化纤科技有限公司、安国市中建无纺布有限公司等。

技术突破时间：2013 年。

（八十三）新型环保浆料及上浆工艺技术研发及应用（半糊化&泡沫）

成果描述：环保问题已经影响到纺织企业的可持续发展，新型环保浆料及上浆工艺技术的研发及应用，对推动我国的绿色纺织发展具有重要意义。

研制单位：鲁泰纺织股份有限公司、江南大学等。

技术突破时间：分别为 2013 年、2015 年。

（八十四）薄带连铸连轧工艺、装备与控制工程化技术集成

成果描述：冶金及材料研究领域内的一项前沿技术，是钢铁工业中最典型

的高效、节能、环保短流程技术，也是钢铁工业中最具挑战性的技术。宝钢薄带连铸技术的产业化研究于"七五"期间展开。2011年，宝钢启动薄带连铸连轧工业化示范生产线建设。2014年建成后，生产线进入试生产运行。经过多年的积累，宝钢已拥有从工艺、设备、控制、产品到技术服务的薄带连铸产业化全套技术，处于国际先进水平。

研制单位：宝钢集团。

技术突破时间："十二五"期间。

（八十五）微细粒复杂难选红磁混合铁矿选矿技术装备

成果描述：项目通过科技攻关和集成创新，解决了微细粒磨矿、分级、浮选、浓缩等关键技术难题，标志着长期以来困扰我国的微细粒红磁混合铁矿选矿关键技术实现了历史性突破，对推动微细粒难选资源的开发利用起到了引领和示范作用，为我国特大型矿山的建设提供了宝贵的经验。

研制单位：太钢集团。

技术突破时间："十二五"期间。

（八十六）无底柱分段崩落法理论创新与核心技术

成果描述：针对制约采选成本、效率的矿石贫化问题，项目实现了理论与技术的重大突破，创立了以崩落体为核心的系统优化理论，整体技术达到国际领先水平。

研制单位：鞍钢集团矿业公司。

技术突破时间："十二五"期间。

（八十七）低温高磁感取向硅钢制造技术

成果描述：获国家科技进步一等奖。宝钢低温高磁感取向硅钢的稳定批量生产，改变了国内取向硅钢技术长期落后的状况，改变了国产取向硅钢长期处于低档次的状况，改变了超高压变压器用高等级取向硅钢产品长期依赖进口的被动局面，标志着我国取向硅钢技术跻身世界先进水平，具备从研发、产线自主集成到产业化的核心能力。同时，为国内下游制造商降低生产成本、提升竞争力发挥了重要作用，并满足了国家重点工程的需求，有力地支撑了国家能源战略。

研制单位： 宝钢集团。

技术突破时间： "十二五"期间。

（八十八）快速变频幅脉冲冷却控制模具扁钢在线预硬化技术装备

成果描述： 结合东北特钢大连基地环保搬迁项目，提出"快速变频幅脉冲冷却控制"在线淬火新原理，开发出国内外首条我国首创、具有独立知识产权的"快速变频幅脉冲冷却控制模具扁钢在线预硬化"生产线，并一次投产成功。节能、清洁生产效果极显著。

研制单位： 东特钢铁。

技术突破时间： "十二五"期间。

（八十九）新一代节能高效连续热处理关键技术

成果描述： 自主开发拥有我国自主知识产权的节能高效连续热处理核心技术，提高我国冶金工业高技术含量、高附加值冷轧及涂镀产品的生产工艺技术水平和装备水平，打破长期依赖进口或引进的局面。建成高强钢产品的专用生产线，满足汽车、运输、先进制造等产业对高强度钢产品的需求，提升我国冶金工业"双高"冷轧及涂镀产品的生产工艺技术和装备水平。

研制单位： 宝钢集团。

技术突破时间： "十二五"期间。

（九十）低温多效蒸馏海水淡化技术

成果描述： 该技术在获得大量淡水资源的同时，不仅实现了煤气和蒸汽零放散及工业废水零排放，还开创了沿海钢铁企业余能余热利用的新模式，节能效果、社会效益和经济效益显著。

研制单位： 首钢集团。

技术突破时间： "十二五"期间。

（九十一）烧结烟气循环技术

成果描述： 宝钢集团宁波钢铁公司 430 平方米烧结机上成功应用了烧结烟

气循环系统，这是国内首套烧结废气余热循环利用的节能减排项目，填补了国内大型烧结机废气循环利用和多种污染物深度净化的空白，被列为国家发展改革委低碳技术创新及产业化示范项目。其使用效果如下：一是非选择性与选择性循环并存，可综合利用主烟道废气和冷却热废气；二是固体燃料消耗降低 6%，粉尘和 SO_x 排放量大幅度降低，NO_x 排放量少量降低。

研制单位：宝钢集团。

技术突破时间："十二五"期间。

（九十二）中温余热回收发电技术

成果描述：包括利用加热炉余热、转炉饱和蒸汽的发电机组；烧结余热发电技术等。"十二五"期间在钢铁行业大面积推广应用。2010 年年底，71 台烧结机配备了 38 套余热发电机组。截止到 2015 年年底，302 台烧结机配备了 167 套余热机组。

研制单位：钢铁企业。

技术突破时间："十二五"期间。

（九十三）中厚板超快冷技术

成果描述：提出和建立了热轧钢铁材料新一代 TMCP 工艺技术体系。提出了以超快冷为核心的新一代热轧钢铁材料控制轧制和控制冷却工艺原理及技术路线。开发出国内具有自主知识产权的热轧中厚板、带钢的超快冷成套技术装备。

研制单位：东北大学。

技术突破时间："十二五"期间。

（九十四）特大型超深高含硫气田安全高效开发技术

成果描述：获得国家科学技术进步特等奖，建立了国内首座复杂山地油气田应急救援基地，研发了全气田四级关断联锁控制技术，确保了生产安全。

研制单位：中原油田普光分公司、西南石油大学。

技术突破时间：2013 年。

（九十五）超深水半潜式钻井平台技术

成果描述： 针对南海特殊灾害环境条件的超深水半潜式钻井平台设计方法，首创了超深水隔水管安全控制方法及海底本质安全型防喷器控制方法，建立了超深水半潜式钻井平台总装建造和配套技术体系，研制了具有世界先进水平的我国首座超深水半潜式钻井平台，实现了我国海洋油气资源开发从浅水到超深水的历史性跨越，使我国成为继美国、挪威之后第三个具备超深水半潜式钻井平台设计、建造、调试、使用一体化综合能力的国家。

研制单位： 中海石油（中国）有限公司、中海油研究总院、上海外高桥造船有限公司、中国船舶工业集团公司第七〇八研究所、西南石油大学、上海交通大学、中海油田服务股份有限公司、海洋石油工程股份有限公司、中海石油深海开发有限公司、中国科学院力学研究所、中国船级社、大连理工大学、哈尔滨工程大学、江苏亚星锚链股份有限公司、山东悦龙橡塑科技有限公司、无锡市东舟船舶附件有限公司、江苏科技大学、重庆科技学院。

技术突破时间： 2014 年。

（九十六）环烷基稠油生产高端产品技术

成果描述： 攻克了稠油深加工这一国际性难题，首创了分采品质纯正的环烷基稠油技术并形成年产 300 万吨规模，发明了中压加氢改质技术生产变压器油，国际首创了全氢型环烷基馏分高压串联技术生产白色橡胶油，开发了临氢降凝技术生产冷冻机油，创制出系列高等级沥青替代进口。该项目形成授权专利 30 件、技术秘密 15 件、国家行业标准 19 项、专著 3 部、高端产品 75 种，形成了自主知识产权的成套技术，建成了百万吨级稠油深加工基地，实现了我国稠油深加工技术从空白到国际先进的历史性跨越。主要产品如白色橡胶油和冷冻机油市场占有率位居世界第一，变压器油位居世界第二，有力支撑了我国国防和边疆经济建设。

研制单位： 中国石油克拉玛依石化公司牵头，中国石油润滑油公司、石油化工科学研究院等。

技术突破时间： 2011 年。

（九十七）罗布泊盐湖年产 120 万吨硫酸钾成套技术

成果描述：该成套技术的开发，提升了我国硫酸钾产业的技术水平，经鉴定达到世界领先水平；应用该技术建成的世界最大硫酸钾生产装置运行稳定，经济效益与社会效益十分显著，是发展民族工业的成功典范。

研制单位：国投新疆罗布泊钾盐有限责任公司等。

技术突破时间：2014 年。

（九十八）制笔行业关键材料及制备技术研发与产业化

成果描述：一是高精密 24 工位笔头自动加工机达到了瑞士米克朗公司（MIKRON）技术指标，可替代进口。二是笔头用的易切削不锈钢线材投入生产，加工产出的笔头成品质量与进口线材基本一致。三是中性墨水、水性墨水、中油墨水三条墨水示范生产线均已投入生产，产出产品可逐步替代或部分替代国外进口。四是通过笔头与墨水匹配相关技术的研究，形成了圆珠笔书写润滑度检测方法，圆珠笔墨水长期稳定性快速检测及评价方法，建立了笔头与墨水匹配技术典型数据库，及笔头与墨水匹配技术评价体系的基本框架和评价模型，利用匹配技术制造的圆珠笔类产品质量接近国际先进水平，填补了行业空白。项目的实施打破了国外产品在该领域的垄断，提升了我国制笔行业的整体实力和技术水平。

研制单位：上海晨光文具股份有限公司、贝发集团股份有限公司、上海纳诺微新材料科技有限公司、真彩文具股份有限公司、天津大学、大连理工大学、东华大学、温州大学、中科院沈阳金属所、太原钢铁集团有限公司、山西英可奥化工技术有限公司、贵州博士化工有限公司、韶关盛怡文具有限公司、青岛昌隆文具有限公司、苏州雄鹰笔墨科技有限公司、常熟和甸制笔科技有限公司、上海英雄（集团）有限公司、天津市鸵鸟墨水有限公司、西安建筑科技大学、沈阳市盛天特种钢丝厂、温州天骄笔业有限责任公司、浙江英代文具有限公司。

技术突破时间："十二五"期间。

（九十九）基于拉伸流变的塑料高效节能加工成型技术和设备

成果描述：开发了拉伸形变支配的叶片塑化挤压系统、低速大扭矩直接驱动装置、拉伸形变支配的塑化挤压系统过程智能化控制系统、叶片式短热机械历程塑化注射系统及成套装备，集成了拉伸流变支配注射成型技术、高动态响应的负载感应液压驱动技术以及注射成型过程智能控制技术。建成高效节能挤出和注射成型装备产学研生产示范基地，形成了年生产 200 台套拉伸流变注塑机的生产规模，建成了多层复合薄膜无螺杆共挤吹塑成型生产示范线及日产 50 万支的高速高效 PET 瓶胚无螺杆注射成型生产示范线。推广应用了 200 余台具有自主知识产权的挤出或注射设备。实现比常规装备节能 20%以上，对提高我国的塑料成型加工技术及装备整体水平和国际竞争力具有重大意义。

研制单位：华南理工大学。

技术突破时间："十二五"期间。

后　记

　　"十二五"期间，是我国深化改革开放、加快转变经济发展方式的攻坚时期，工业作为国民经济的支柱产业，从转型升级、结构调整、技术创新、质量提升、两化融合等方面都取得了很大的发展，但也仍然存在一些尚未攻克的难点和问题。《中国工业"十二五"发展回顾》全面总结回顾了"十二五"期间工业发展的成就和问题，梳理了工业重点行业"十二五"期间突破的关键技术、标志性产品和重点政策，期待读者可以从全局、客观的角度看到"十二五"期间我国工业发展的全貌，为"十三五"工业发展提供经验，引导社会形成良好的"制造强国"文化。

　　工业和信息化部，作为工信领域的主管部门，协同创新推动我国加快由"制造大国"向"制造强国"转变的步伐。中国信息通信研究院是工业和信息化部下属的重点研究机构，多年来一直从事信息通信、工业经济等领域的研究工作。本报告由工业和信息化部指导，中国信息通信研究院主编。期待搭建起政府与社会各界沟通的桥梁，共同推动"中国梦"的实现。本报告得到了中国石油和化学工业联合会、中国钢铁工业协会、中国有色金属工业协会、中国建材联合会、中国汽车工业协会、中国机械工业联合会、中国纺织工业联合会、中国轻工业联合会、中国医药企业管理协会、中国电子信息行业联合会、中国工业节能与清洁生产协会等单位的大力支持，在此表示感谢。

　　由于编者能力有限，报告中存在诸多不足之处，恳请广大读者批评指正。

编　者

2017 年 4 月